教育領導研究
組織環境、領導者與被領導者探析

蔡進雄　著

五南圖書出版公司 印行

推薦序

　　教育影響國家社會的發展甚大，而教育領導品質與教育革新進步更是息息相關。長期以來，教育領導及校長領導是學者專家們所努力耕耘的學術園地，是以教育領導理論不斷推陳出新，從早期的特質論、領導行為論、權變領導理論、轉型領導，到現在各種新型領導理論更是紛紛被提出與討論，可見教育領導已成為當前學術研究的顯學。

　　本書架構完整，立論清晰，內容包括組織環境分析、領導者分析及被領導者分析等，具有引領學術研究之價值，例如：複雜理論、學校同形化、邊界管理、校長智慧及被領導者分析等，均是頗為新穎的教育領導思維，值得教育工作者、研究者及學習者之參考。

　　蔡進雄博士曾擔任過縣立國民中學教師、國立高級中學主任、國立臺東師範學院教育研究所專任助理教授、輔仁大學教育領導與發展研究所所長，現任職於國家教育研究院教育制度及政策研究中心主任，在教育行政實務有豐富的經驗，於教育領導學術研究亦能不斷鑽研，相信本書的出版，必能給予教育工作者新的領導思維與啟示。

　　本人從事教育學術研究或教育行政工作，始終秉持「一切為孩子」的教育理念，期望藉由教育夥伴們的共同努力，促成各項教育政策之順利推動，以造福更多莘莘學子，為國家社會培育人才。本書的核心概念，亦是倡導教育領導應以學生學習

為中心，與本人所倡導的「學習導向領導──關注學生學習」可說相呼應，有助教育實務與教育本質產生密切性的連結。

　　蔡進雄博士熱愛教育、樂於付出，對於教育領導常有創新之見解，欣見本書出版之際，樂意為其作序並推薦。

吳清山　謹識

民國一〇二年五月

自序

　　這是筆者所出版第九本教育專書，主要目的在於與學術研究同好及教育實務夥伴分享教育領導的新概念。

　　本書的書名為《教育領導研究：組織環境、領導者與被領導者探析》，內容包含組織環境、領導者與被領導者三大部分：第一部分為組織環境分析，從全球化、自我組織、專業學習社群、行政文化、邊界管理及學校同形化等闡明學校所面對內外部環境之情形及挑戰；第二大部分為領導者分析，從教育行政核心價值、校長文化、校長倫理決定、校長智慧等方面研究學校校長的領導作為；第三部分是被領導者研究，由於長期以來都側重領導者研究，本書主張被領導者與領導者應同等重要，故納為本書內容以使教育領導更為完整。

　　學如逆水行舟，不進則退，學術理論研究亦應與時俱進，筆者投入教育領導研究，同時又見證國內教育領導之發展趨勢，希望本書的出版能帶給教育夥伴一些新的想法或啟示。另外，本書多篇論文曾發表於學術研討會及教育期刊，因各研討會及期刊寫作格式要求不一，且本書多篇論文之研究方法過程略為相似，以及書中極少部分文獻與過去筆者所發表論文略有重複，均已力求格式一致或盡力改寫及引註出處，若有不足，尚祈見諒。

　　對於本書能順利完成出版，筆者心存感恩，感謝前教育部長吳清基教授的論文指導，感謝吳清山教授的提攜並為寫序，

使本書倍增光彩。感謝林思伶教授的支持與鼓勵，感謝國家教育研究院王如哲前代理院長、潘文忠副院長及郭工賓主任祕書的指導，感謝謝文全教授、黃乃熒教授、游進年教授、林新發教授、陳木金教授、湯志民教授、王保進教授、顏國樑教授、林志成教授、楊振昇教授、林明地教授、蔡培村教授、張慶勳教授等師長的教導，感謝國教院張淑姬小姐的協助校稿。感謝內人黃惠鈴老師的用心持家，感謝父母的養育之恩，長期務農的父母識字有限，當然看不懂這本書，然是我最感恩的人，所以我要將這本書獻給我最敬愛的父母。此外，本書版稅全數捐給慈善機構。

　　感謝五南圖書出版公司慨允出版本書，個人才學有限，經驗欠豐，書中如有疏漏之處，敬請教育先進不吝指正。

末學 蔡進雄　謹識
民國一○二年五月
於國家教育研究院

▤目 錄

第 III 篇　領導者研究

第 IV 篇　被領導者研究

第 I 篇

總 論

第 一 章

緒　論

第一節　本書的研究動機與目的

　　西諺有云：「有怎樣的校長，就有怎樣的學校」（As is the principal, so is the school.），校長確實是影響一所學校發展的關鍵性人物，是以校長領導研究一直是學校領導研究的重點。固然校長領導是學校領導的重要一環且對校務推動影響甚大，但研究學校領導除了探究校長領導外，還應該對於內外部環境有所分析與瞭解，此外領導者與被領導者兩者應該等量齊觀，故被領導者的研究及實踐也應該同樣被看重，如此才能發揮更大的領導效能。

　　在內外部環境分析方面，本書首先探討全球化時代下中小學校長應有的作為。面對全球化及知識社會的來臨，對於教育領導者而言是一種挑戰，有效能的校長必須處理由於全球化所產生的經濟、政治等環境改變與學校教育的關聯（Bates, 2002; Flanary & Terehoff, 2000）。而在「地球村」和「天涯若比鄰」的時代，為了教導學生具備國際觀，教育人員本身也要具備國際觀（吳清山，2003：158）。基於此，本書敘述全球化的意涵及全球化現象分析，並闡明在全球化時代下中小學校長應有的領導思維與作為。

　　在闡述全球化與教育領導之後，其次探討自我組織、混沌邊緣與校長領導。複雜理論之自我組織與混沌邊緣現象對於校長領導深具啟發，值得吾人加以探討。混沌科學的研究成果經過不斷的累積與融合，並逐步應用到化學、人類科學、經濟學當中，這些新的研究發展整合就形成了「複雜理論」

（complexity theory）之新科學，複雜理論的研究特別著重系統的自我組織（self-organization）、整體並非個體的加總、混沌邊緣現象（edge of chaos）（蔡敦浩、藍紫堂，2004：717-718）。申言之，複雜理論之承繼混沌理論對於未來無法預測之觀點，以及更重視調適、共同演化、互動關係之特性，頗有取代混沌理論之勢（陳成宏，2007：200）。換句話說，與混沌理論相較，複雜理論也不主張組織行為結果的可預測性，但更重視組織的自我調適及成員的互動關係；而混沌理論則較少著墨於此，且對環境回應調適之歷程，複雜理論比混沌理論有更多的探究（秦夢群，2010：72）。顯然地，複雜理論是學校組織內部之重要發展趨勢，Morrison（2002）也認為學校是複雜、非線性及不可預測的系統，並因而深深影響學校之領導。準此，複雜理論之自我組織與混沌邊緣現象對於校長領導有諸多啟示，值得吾人加以探討，是以本書在探討自我組織與混沌邊緣的意涵之後，從自我組織與混沌邊緣的觀點闡述校長領導的趨勢，以供學校領導之參考。

　　教師專業學習社群（professional learning community）已有諸多的理論文獻及研究（蔡進雄，2005c；DuFour, 2003；Furman, 1998；Imants, 2002；Norris, Barnett, Basom, & Yerkes, 2002；Ontario Principals' Council , 2009；Schussler, 2003；Speck, 1999；Stoll, & Louis, 2007）。專業學習社群亦是近年來國內中小學及大專院校的教育發展重點，可說是新世紀學校經營管理與領導的顯學，因此對於專業學習社群的意涵、推動專業學習社群的方式、專業學習社群的

障礙及校長應有的領導作為等議題都值得探討。質言之，將學校視為社群在教育界逐漸受到歡迎與接受（Beck, 1999; Roberts & Pruitt, 2003）。專業學習社群的發展是學校領導的重要趨勢，故本書亦從專業學習社群的意涵及 6W 加以闡述。由於後現代社會強調反中央集權、反官僚統治、傾向人性化等價值觀（譚光鼎，2010：308），且學校是以教與學為主的服務性組織，學校組織與領導應以提升教與學為主要考量，是故未來新世紀學校將強調去中心化、平權、分享、信任、合作等元素（蔡進雄，2011：154），而專業學習社群的建立正包含平權、去中心化、分享及合作等內涵，能真正回應教與學的需求，並激勵教師之教學熱情。再者，分析學校領導之內部環境宜探討學校行政文化，此乃行政文化影響學校領導之發展。申言之，過去較少有學者探討學校行政文化，由於學校行政文化與學校領導息息相關，且亦是學校組織內部之重要情境因素，故本書將學校行政文化視為學校內部情境環境分析之重要面向。此外，本書亦探究校長邊界管理及體制理論之議題。

除了探討分析學校組織內外部環境趨向外，校長領導亦是探討學校領導不可或缺的內涵，而從校長教育行政核心價值、校長智慧、校長領導行為、校長倫理決定、校長文化等不同取向分析學校領導者，乃是值得吾人探究的重點。就校長教育行政核心價值而言，建立校長教育行政之核心價值有其價值性及必要性，並有助於校長推動校務之發展及領導師生，此乃因為沒有倫理價值信念引導的校長領導容易迷失辦

學方向。再者，國內教育行政之技術面的研究可說是堆積如山，而哲學層次之倫理價值面研究則相對太少。基於此，本書從校長自己本身出發，建構國民中小學校長教育行政的核心價值，以提供校長及教育相關人員從事教育領導之參考。此外，校長領導影響一所學校發展甚大，因此校長文化確實有其研究的必要性，但國內外少有研究者探討校長文化此一議題，是故本書在此議題上具有研究之開創性及價值性。在校長領導行為方面，本書採質性研究方法，從教師的角度出發以探究教師心目中理想的校長領導行為，開啟校長領導行為研究的另一途徑。面對各種倫理議題如何進行倫理決定是校長研究的重點，故本書亦探討國中校長經常面臨的倫理議題並分析校長的倫理決定。再者，智慧是許多人終其一身所追求的理想，近年來校長智慧研究亦為人所注意，本書將以質性研究方法，分析校長智慧的重要面向及內涵。

有領導者就有被領導者，兩者都是很重要的探討議題，但過去長期以來我們都重視領導研究而忽略追隨者的探討，我們可以說被領導者研究是學校領導研究的缺口。然有關領導者行為與被領導行為之研究，前者的文獻可說是汗牛充棟，而後者相關的研究及文獻卻是零零星星。國內教育領導研究也大都是針對校長領導或教育領導者進行探討，亦少有教育研究者進行有系統的被領導者行為之實徵性研究，然而部屬行為與領導者行為兩者應等量齊觀，不能有所偏廢，否則無法有效達成組織目標，是以本書特別將被領導者視為學校領導研究的重要面向並加以探究。

綜言之，本書的研究目的主要有六：(1) 從全球化探討學校的外部環境趨勢及面對全球化學校領導應有的作為；(2) 從複雜理論、專業學習社群及學校行政文化探討學校的內部環境趨勢及學校領導應有的作為；(3) 從環境與學校相關之理論探究分析學校經營與領導的應有作為；(4) 從校長教育行政核心價值、校長智慧、校長文化、校長領導行為及校長倫理決定探究分析學校領導者；(5) 探討學校教育人員被領導者行為，且建構教育人員被領導者量表，並印證被領導者行為與被領導者滿意度的關係；(6) 根據研究結果，以提供教育行政相關單位、教育領導者及教育人員之參考。

第二節　本書的研究範圍

本書從全球化、自我組織、混沌邊緣、專業學習社群、學校行政文化、邊界管理和體制理論爬梳闡明學校之內外部環境趨勢；然學校內外部環境因素頗多，本書之學校內外部環境探討範圍有限而未能面面俱到。在學校領導者研究方面，本書從校長教育行政核心價值、校長文化、校長領導行為、校長倫理及校長智慧加以研究，其餘之校長研究議題及變項並未納入研究範圍。再者，本書是以國民中學及國民小學教育人員為研究對象並包括校長、主任及教師，但其他教育階段之教育人員並未納入研究對象。

第三節　本書的組織架構說明

茲將本書的各章組織架構，進一步臚列闡說明如下：

第一篇　總論

第一章　緒論

本章旨在闡述本書撰寫的動機及研究目的，並陳述本書的研究範圍及組織架構。

第二篇　組織環境與學校領導

第二章　全球化時代下中小學校長的領導思維與作為

本章首先闡述全球化的意涵及全球化現象分析，之後提出全球化時代下中小學校長應有的領導思維與作為。

第三章　自我組織、混淆邊緣與新世紀的校長領導

本章說明複雜理論、自我組織與混沌邊緣的意涵，並從複雜理論、自我組織及混沌邊緣論述新世紀的校長領導。

第四章　學校轉型為專業學習社群的校長領導作為

本章先敘述專業學習社群的意涵，接著探討專業學習社群的幾個 W，其次說明學習類型、學習型組織與專業學習社群，並提出學校轉型成為專業學習社群的校長領導作為，最後針對如何凝聚專業學習社群進行省思。

第五章　國民中學行政文化研究

本章先探討行政文化對於學校領導的重要性及影響性，並進一步以質性研究方法探究國民中學行政文化之現況，最後提出結論與建議。

第六章　從環境領導論校長的邊界管理

學校是開放系統但也有邊界，本文分析不同之學校與環境關係模式，並提出校長的邊界管理策略。

第七章　從體制理論探析學校同形化與異形化

本章先探討體制理論的意涵，並從體制理論分析學校同形化的現象及形成同形化的因素，之後探討學校異形化的現象，最後從求同存異闡明學校的經營方向。

第三篇　領導者研究

第八章　國民中小學校長教育行政核心價值研究

本章旨在研究國民中小學校長教育行政核心價值，首先闡述研究動機及目的，之後進行核心價值之文獻探討，並採質性研究方法以蒐集研究資料，以獲得研究結果，最後依結論提出建議，以供教育領導者及教育人員之參考。

第九章　國民中小學校長文化研究

本章之重點在於研究國民中小學校長文化之現況，進行文獻探討，運用質性研究方法，歸納整理並萃取國民中小學校長文化，再根據研究結果提出建議，以供教育領導者之參考。

第十章　教師心目中理想的校長領導行為研究：本土化之觀點與初探

本章旨在研究教師心目中理想的校長領導行為，在文獻探討之後，以教師為研究對象並運用質性方法萃取教師心目中理想的校長領導行為，以供教育領導之參考。

第十一章　國民中學校長經常面臨的行政倫理議題與倫理決定研究

本章在於探討國民中學校長經常面臨的行政倫理議題與倫理決定，在蒐集相關文獻及採用訪談方式進行研究後，分析探討國民中學校長經常面對的行政議題，並進一步探究校長之倫理決定，最後提出結論與建議。

第十二章　國民中小學校長智慧研究

本章之內容在於從校長觀點研究校長智慧之內涵及面向，在探討文獻及採用質性研究蒐集資料後，根據研究結果分析及討論，之後提出具體的結論與建議。

第四篇　被領導者研究

第十三章　學校教育人員被領導者行為量表之建構、發展與印證：本土化的觀點

本章之重點在於建構學校教育人員被領導者行為量表，並進一步加以發展與印證，共分五節分別是第一節緒論、第二節文獻探討、第三節研究設計與實施、第四節研究結果分

析與討論、第五節結論與建議。本章採量化研究建構本土化的學校教育人員被領導者行為量表，並進一步印證被領導者行為與被領導滿意度兩者的相關情形，探究被領導者行為對被領導滿意的預測力。

第十四章　主任被領導者行為研究

本章之內容在於研究主任被領導者行為，共分五節分別是第一節緒論、第二節研究方法、第三節研究結果分析與討論、第四節結論與建議。本章主要是採用質性研究，瞭解分析主任被領導者行為之情況，最後提出結論與建議，以供教育人員及被領導者之參考。

第五篇　理論與研究的匯聚

第十五章　綜合結論與未來展望

本章匯聚前述各章之理論分析及研究成果，提出綜合結論與未來展望，詳言之，本章計有兩節分別是第一節綜合結論、第二節未來研究展望。第一節是將本書第二章至第十四章之各章研究結論再加以歸納，第二節是指出學校領導研究之展望及趨向，以供未來教育領導理論及研究發展之參考。

第Ⅱ篇

組織環境
##　　與學校領導

全球化時代下中小學校長
的領導思維與作為

第一節　前言

　　由於科技和資訊的發達，世界已經逐漸趨於「同質性」（homology），因而形成一個相互關聯的「共同體」（unity）。而臺灣在 2001 年 11 月 11 日加入世界貿易組織後（World Trade Organization, WTO），也正式宣告進入全球化（globalization）的體制與浪潮之中（楊洲松，2002：116）。不論如何，全球化已成了一個不可抵擋的發展趨勢，特別是在電腦和網路科技的推波助瀾下，已經少有國家或地區能抗拒全球化的入侵（紀舜傑，2003：112）。由此可見，全球化現象已是臺灣必須面對的問題與挑戰。

　　在現今全球變遷與資訊、交通暢流的時刻，各國教育均不能一成不變的堅持區域文化傳統及個別國家意志。在全球化發展趨勢影響下，全球性的瞭解與教育（global understanding and education）即成為各國教育改革所不可或缺的課題（沈姍姍，1998：41）。易言之，為因應全球化國際局勢，有必要培養學生具備全球化的知識與國際化的視野（陳憶芬，2003：29）。鄭燕祥（2003：23）也認為學校管理應該有個別化、本土化及全球化的理念，在全球化方面應該使辦學、教學及學習獲得最大的全球相關性。此外，全球教育學者亦體認到全球教育可以在全球化的年代為學生提供更好的準備，以幫助學生提升其面對全球化未來的能力（潘瑛如、蔡錫濤，2008：123）。簡言之，在全球化時代，必須要適當發展在地人的「全球性」能力（曾嬿芬，2004：62），而學校

教育是否能因應全球化時代的來臨，進而培育具有未來競爭力之學生，校長之全球化領導思維與作為影響甚巨。

綜言之，面對全球化及知識社會的來臨，對於教育領導者而言是一種挑戰，有效能的校長必須處理由於全球化所產生的經濟、政治等環境改變與學校教育的關聯（Bates, 2002; Flanary & Terehoff, 2000）。而在「地球村」和「天涯若比鄰」的時代，為了教導學生具備國際觀，教育人員本身也要具備國際觀（吳清山，2003：158）。基於上述，本文擬先探討全球化的意涵及全球化現象分析，其次闡述在全球化時代下中小學校長應有的領導思維與作為，以提供中小學校長之參考。

第二節　全球化的意涵及全球化現象分析

壹、全球化的意涵

Giddens（1990）認為全球化是連結了遠處各地之世界性社會關係的增強，致使在地事件被遙遠異地發生的事件所形塑，反之亦然。此種關係是由於時間與空間的「壓縮」（compression）及增強世界作為一個整體的意識，使得全球凝聚成為一個「單一個體」（楊洲松，2002：117）。Cabel指出全球化乃是一種經濟統整運動，其發生源自便捷的交通運輸網與快速的國際資訊流通體系（高博銓，2000：6）。李英

明（2003：41）陳述全球化發展是一種去領土化的政治／經濟／文化趨勢力量的發展，這種發展打破了以國家中心主義或民族主義為主的認同建構途徑。朱景鵬（2004：15-16）認為互賴（interdependence）與全球化是兩個唇齒相依的概念，且常涉及三個附屬概念，分別是人類互賴、國際互賴及全球互賴。楊深坑（2005：10）也指出全球化所指的是時間與空間的壓縮、全球一家、世界一體意識之強化，以及國家之間、機構組織之間、個人之間相互依存、互相依賴之同體感與日俱增。

綜合上述各家的觀點，全球化可定義為係指世界經由國際貿易、資訊科技、交通便捷及社會互動等使得全球形成互賴關係，並逐漸凝聚成為「單一個體」的過程。詳細而言，全球化形成的原因是因為資訊科技的進步、各國之間經濟貿易漸增、人類交通進步發達，以及國與國之間人民之接觸互動頻繁等，使全球形成一種共榮共存、相互影響且相互依賴的關係，並逐漸凝聚成為單一個體之現象。

貳、全球化現象的分析

Beck 認為全球性是二十世紀末人類行為的一個無法回頭的條件，全球性的不可逆轉有八項理由（孫治本譯，1999：15-22）：(1) 國際貿易在地域上的擴展及互動密度的提高，金融市場全球網路的建立以及跨國集團權力的增長；(2) 資訊和通信技術的持續革命；(3) 對於人權的普世性要求——也就是

民主原則；(4) 全球文化工業的圖像洪流；(5) 後國際的、多中心的世界政治——政府以外的跨國行動者（如非政府組織、聯合國）的權力愈來愈大，數量愈來愈多；(6) 全球性貧窮的問題；(7) 全球性的環境破壞；(8) 在特定地點的跨文化衝突。

　　由此可知，全球化是一種不可改變的趨勢，而全球化現象又可從經濟、政治、文化、生態、科技等方面加以分析探討（朱景鵬，2004；張清濱，2008；楊洲松，2002；蔡金田，2004；Waters, 1995）：在經濟方面，人類往來互動頻繁，生產與貿易依存度提高，使經濟聯繫更為密切；在政治方面，呈現在國際組織的政治合作，逐漸棄絕單一民族國家的主宰與壟斷；在文化方面，文化不再侷限於某地，而可能是跨越國界擴及全球形成「超國家文化」；在生態方面，特別是涉及全球生態環境日益惡化之現象，需要全球性的關注與解決；在科技方面，科技的發明如電子郵件、網際網路等，使得溝通的速度加快，更使世界縮小。

第三節　全球化時代下中小學校長應有的領導思維與作為

　　全球化對高等教育的主要影響為高等教育的產業特性受到重視、高等教育力求卓越的發展方向、跨國力量對高等教育的影響日益顯著等（戴曉霞，2002：24-27），而全球化對中小學教育亦有所影響，國內九年一貫課程就明白揭示「文

化學習與國際理解」是學生應培養的十大基本能力之一。是故，在全球化的時代下，學校領導者如何加以因應並有更為具體的領導作為，是中小學校長必須思考及面對的重要課題。吳清山和林天祐（2003：116）指出：「在全球化程度愈來愈高的情勢下，教育部門在外部銜接方面，國際觀的建立、國際語言的熟悉、科技能力的建立、國際現勢的瞭解都應成為教育的重要內涵；在內部統整方面，應該強化本土優勢、提升基本能力、重視創造力。」蔡金田（2004）也認為：「在全球化教育競爭的年代，校長應該對教育環境變化有所體悟、重新認識學校教育發展的趨勢、瞭解教育是提升國家競爭力的基礎及體認教育是迎向未來發展的事業。」

廖春文（2005）建構出全球化知識經濟時代學校行政領導模式，包括知識領導、專業領導、情緒領導、變革領導、科技領導、策略領導、形象領導、走動領導、願景領導、價值領導、道德領導及人文領導等十二項領導，惟有如此，學校領導者才能迎接全球化時代的來臨與知識經濟的挑戰。廖昱琮（2006）的研究亦指出，高中職校長因應全球化應具備的能力為國際觀與國際現勢、國際語言的熟悉、科技能力的熟練與終身學習。對於全球化領導模式，陳國明（2008）則提出自我伸展、文化洞識及制變能力等三個元素。

Bush 和 Middlewood 指出領導發展深受全球化的影響，雖然教育領導與管理是在組織層級內運作，但仍會受到各種背景與脈絡變數的影響，其中最明顯的鉅觀變數就是全球化（黃乃熒等譯，2008：1-9）。因此，綜合上述各家之言，以

下從「中小學校長應有全球化教育的認知與視野」等方面闡述中小學校長在全球化下應有的領導思維與作為。

壹、中小學校長應有全球化教育的認知與視野

　　全球化教育是對全球議題、系統和概念的研究，旨在提供國際環境中有用且必備的認知、技能和態度，使其成為負責任及有文化素養的世界公民。其學習的內涵包括：全球歷史、文化的理解和欣賞、全球議題、和全球系統（林素卿，2005：46）。全球化教育之目標在於提升學生對於複雜多元社會價值或文化的瞭解，希望學生建立國際觀，不僅可以立足、發展於未來全球化的環境中，更能積極的參與建立一個更加公平、永續生存的世界（高薰芳、陳劍涵，2003：128）。

　　職此之故，中小學校長應該具有全球化教育的認知與視野，體認時代潮流及社會環境的變遷，從校園內部的管理進一步將視野關注至外部之國際及全球的轉變，並能融入於辦學理念與學校願景之中。值得注意的是，校長培育機構亦應開設全球化相關議題之課程，進而擴展校長的全球視野，以培育全球化時代的教育領導人才。

貳、中小學校長宜積極推動學生之外語學習

　　當愈來愈多的工作者必須與外國人口在同一勞動力市場競爭時，公共資源必須介入以提高人民的全球競爭力，許多

非英語國家長年以義務教育的資源教導國民英語，使得英語成為一種普遍的能力，而不是特殊階級才擁有的人力資本（曾嬿芬，2004：61）。

由於我國近來社會、經濟發展快速，國人對於國際事務及經貿活動、文化交流參與頻繁，是故國人應加強國際交流所需的語言能力，但除了國際共通的英語外，其他語文亦不能排除，才能因應不同國際區域文化之交流（許雅惠，2000：57-58）。換言之，為因應全球化的趨勢，國內對於英語的學習已成為教育政策與學校教育強調的重點，且小學階段之英語教學已經實施多年，未來中小學應該持續加強英語的學習。但除了英語外，中小學校長亦可推動其他外語的學習，不一定僅侷限於英語的學習，亦即英語學習是必須積極倡導但應該不是唯一的外語學習，而事實上國內有些中學已開設日語、法語或德語等其他外語供學生選修，值得未來繼續推展。

參、中小學校長宜具資訊素養並積極推動資訊科技教育

全球化背後重要的驅動力量是人類科技的進步，挑戰了時間和空間對人類活動的束縛（林振春，2004：5）。也就是說，形成全球化現象之重要因素之一是資訊科技的進步，是以為因應全球化的來臨，中小學校長一方面要具有資訊素養，另一方面更要積極推動資訊科技教育，使師生能熟悉及善用

資訊科技。楊洲松（2004：158-159）更指出理解與運用資訊的數位素養包括三種能力，分別是批判性思考的能力、學習如何組織知識以建立可靠資訊群聚的能力、發展搜尋資訊的能力，而隨著數位的倍數成長愈來愈快，數位化及資訊化的世界已是未來必然的趨勢。

此外，因為電腦科技的關係也會改變教師的教和學生的學，教學可透過網際網路及遠距教學之方式進行，學生的學習也可採用網路尋找資料，教學方式及學生之知識來源可說是更為多元。以美國為例，該國為科技王國，其科學技術左右整個國家的競爭優勢，因此整體而言，美國相當重視學校中科技的實際運用，例如學生藉由網際網路獲得新知能力之培養（秦夢群，2001：7）。

全球化使得學校教育重視資訊科技教育，但校長也應注意「數位差距」問題，數位差距不僅會造成財富上的差距，也會造成學生學習成就上的差距，例如離島偏遠地區之學生使用電腦及上網的機會就有可能不如城市地區的學生。因此，校長應注意弱勢學生之數位差距問題，進而採取更為積極的補救措施，以免因為「數位差距」影響學生的學業成就，造成教育機會的不平等。

肆、中小學校長宜推動學生遊學及國際交流

對於培養學生具有國際觀及全球意識，英語應該僅是個手段與工具，是用來作為進行全球移動的基礎而已，學校應

該進一步鼓勵師生進行全球性移動,實際感受異文化的多樣性與混雜性(楊洲松,2004:195)。是以,學校可與國際學校相互來往並建立姊妹校,而國際學術交流和人員互訪不再是大學的專利品,中小學也應有如此能力(吳清山,2003:159)。

目前臺灣地區中小學之國際交流及學生遊學已經愈來愈普遍,透過國際交流及學生遊學活動不僅可以讓學生接觸不同的文化,亦可培養學生之國際視野,在全球化的趨勢下是值得中小學校長關注的領域,並可經營成為學校的辦學特色。具體作法可以如下:(1)鼓勵師生參與國外遊學團;(2)與外國學校結盟為姊妹校;(3)安排師生至外國學校進行教育參訪;(4)邀請外籍教師至校授課交流;(5)鼓勵教師至國外進修研習及交流等。

伍、中小學校長宜採創新管理經營學校,並提升師生創新能力

為因應全球化的衝擊,身為教育人不能躲在象牙塔裡閉門造車或孤芳自賞,應該更以宏觀的視野和開放的作法,促進教育行政與管理體制的興革(吳清山,2003:162),而創新管理無異是學校因應全球化提升競爭力的可行之道。所謂「學校創新管理是學校領導者營造能激發創造力及創意的環境與文化,並將富有原創性及教育性的創意或點子付之實行,以建立學校特色及促進學校效能的達成。」(蔡進雄,2007a:

5）進一步而言，中小學校長應打破慣性思維，勇於創新，致力於理念思維創新、行政管理創新、課程教學創新、學生展能創新、環境美化創新、社區資源運用創新等，同時亦積極提升師生的創新能力。

綜言之，隨著時代及環境的變遷，學校受到各種內在及外在環境脈絡的影響，中小學校長不得不思考如何求新求變，以因應家長、學生的期待及全球化時代的來臨，是故校長宜積極推動創新管理，以提升師生創新能力及學校競爭力。

陸、中小學校長應兼顧全球化教育、本土化教育及多元文化教育

在全球化的活動下，本土的小社群受到相當大的衝擊，Robertson 就提出全球在地化（glocalization）的觀念，在地的文化形式會將全球化的資訊、技術等資源轉化為利用本土的方式處理，稱之為本土與全球的混合（廖炳惠，2003：37；Robertson, 1992）。Naisbitt 在《全球弔詭》（*Global Paradox*）一書也提到邁向全球化的同時，個別族群的特徵反而益形重要，且更具影響力，以語言為例，英文成為世界性語言，但母語卻更受重視與珍惜（顧淑馨譯，1994：25）。因此，中小學校長在學校領導與經營過程中，對於全球化教育與本土化教育應該有深層的批判能力，在全球化與本土化之間尋求兼顧，亦即在推動全球化教育時，不會忽略本土化教育。事實上，本土化教育與全球化教育兩者並不相衝突，本

土化教育應該是全球化教育的基礎。

再者，以我國的社會現況為例，超過 15 萬的外籍新娘主要來自東南亞各國，跨國婚姻所孕育的下一代在校園已明顯增加，在強調「全球化思維、在地化行動」（think globally, act locally）的教育中，多元文化教育更應受到重視（鄧玉英，2003：121）。換言之，在全球化教育及本土化教育下，學校教育領導者更應重視多元文化教育，透過積極推動多元文化教育使來自不同族群之學生能彼此認識瞭解、彼此尊重包容與欣賞。

柒、中小學校長應抱持終身學習之精神，不斷提升自己的能力

Friedman 在《世界是平的》（*The World is Flat*）一書中提到世界正在抹平，我們要以好的方式迎向它（楊振富、潘勛譯，2005：399）。為了因應社會的變遷及全球化時代的來臨，吾人必須養成終身學習的習慣，期能隨時具備新的技能和知識（林麗惠，2004：57）。曹俊漢（2003：251）亦指出發展中國家參加 WTO 面臨最大的挑戰就是行政機構公務人員素質的問題，而未來的行政是要具有專業化精深、效率高、作業行動快速與思想國際化等特質。Reinesmith 亦陳述成功的全球化經理人共有的特質是：應付高度競爭環境的知識與視野、概念化能力、調和組織需求的彈性、具有足夠的敏感度、不確定環境下的判斷力、能不斷反省及學習（李郁怡，

2006：127）。

　　職此之故，中小學校長應抱持終身學習之態度與精神，不斷進修學習以提升自己應具備的教育專業能力及「全球性」能力，以開展全球視野並具宏觀之辦學思維。

第四節　結語

　　全球化趨勢固然在經濟層面發展最為明顯，但是經濟事務的全球化也帶來了社會文化改變以及對教育的衝擊（蔡培村，2001：8）。全球化時代必須要有全球化教育，學校可以透過全球化教育來協助學生建立全球視野，並藉由建立多元、相互依存、尊重與包容的全球視野，促進學生未來面對多元文化及全球合作與競爭等相關議題的參與能力，做好迎接及因應全球化時代的準備（潘瑛如、蔡錫濤，2008：127；Kirkwood, 2001）。而身為學校校長對於學校教育之影響力甚巨，更需要具有全球化的領導思維與作為，如此才能引導學校與世界接軌，並培育具有全球視野及競爭力的下一代，因此本文對於中小學校長提出「應有全球化教育的認知與視野」、「積極推動學生之外語學習」、「具資訊素養並積極推動資訊科技教育」、「推動學生遊學及國際交流」、「採創新管理經營學校，並提升師生創新能力」、「兼顧全球化教育、本土化教育及多元文化教育」、「抱持終身學習之精神，不斷提升自己的能力」等七項應有之領導思維與作為。

　　總括而言，世界將邁向多元全球化並逐漸成為無界限的地球村，而新一代將會面對迅速改變及互動頻繁的大時代（鄭燕祥，2003：39）。全球化勢必也會影響臺灣政治、經濟、社會、文化、教育等方面的發展，而吾人探討在全球化時代下中小學校長應有的領導作為與思維時，其中最為重要的是，中小學校長應思考在全球化的浪潮下我們要培養學生具有何種全球化的知識、態度和核心能力，才能迎接全球化時代的衝擊與來臨。

第三章

自我組織、混沌邊緣與
新世紀的校長領導

第一節　前言

　　領導的良窳影響一個組織的優劣，優質的領導不僅影響成員的工作滿意及組織承諾，更能進而影響組織效能。依此而論，校長領導也會影響教師的工作態度及教學士氣，甚至攸關著整體的校務發展。因此，長期以來校長領導一直是教育行政之學術研究所關切的重要議題，而校長領導會受到內外環境趨勢的影響。

　　教育行政的發展演進受到理性系統模式（rational system model）、自然系統模式（natural system model）、開放系統模式（open system model）與非均衡系統模式（non-equilibrium system model）等四個理論模式的影響。其中非均衡系統模式認為系統本身即是混亂而無規則的，其中充滿許多未可預知的事件，並呈現混沌的（chaotic）的本質（秦夢群，1997：30-34）。職此之故，近年來混沌理論在教育行政學已廣泛地被探討與研究，其特性包括耗散結構、蝴蝶效應、奇特引子及回饋機能等（武文瑛，2003；陳木金，2002；蔡文杰，2000；蔡進雄，2010b；謝文全，2009）。但複雜理論之承繼混沌理論對於未來無法預測之觀點，以及更重視調適、共同演化、互動關係之特性，頗有取代混沌理論之勢（陳成宏，2007：200），值得加以探討。

　　學校是複雜、非線性及不可預測的系統，並因而深深影響學校之領導（Morrison, 2002）。依此而論，自我組織與混沌邊緣現象對於學校教育領導有所啟發，值得吾人加以探究，

是以本文以拙作〈從複雜理論探討學校領導與經營的趨勢〉一文為基礎，加以擴大歸納整理，首先探討自我組織與混沌邊緣的意涵，之後從自我組織與混沌邊緣的觀點闡述校長領導的趨勢，以供教育領導之參考。

第二節　複雜理論之自我組織與混沌邊緣

基本上，在物理世界中有三類不同的系統存在，第一是穩定狀態或周期循環的系統，如牛頓的天體力學；第二是許多分子完全雜亂的集合，如氣體分子；第三是徘徊於秩序與混沌之間，有結構但難以預期，如生態系、經濟、政治、心理。如何去捕捉游走於混沌邊緣的系統，正是複雜科學要面臨的課題（周成功，2002）。複雜科學研究的是一群「相互影響的個體」所產生的現象（林俊宏譯，2011），複雜理論特別著重自我組織及混沌邊緣現象，分述如下（蔡敦浩、藍紫堂，2004；蔡進雄，2010b）：

壹、自我組織

維基百科（2010）指出自我組織是一系統內部組織化的過程，通常是一開放系統，在沒有外部來源引導或管理之下會自行增加其複雜性。自我組織系統一般（即使不總是）會展現湧現特質（emergent properties）。原蘇聯學者魯扎溫認

為自我組織是在開放系統中，系統僅依據其內部聯繫和按照其自身的歷史，各組成部分之間自發地具有內部的協調功能和集體運動（顏澤賢，1993：75）。

Kiel 認為：「自我組織是指一個機構在績效表現和服務上，具有自我更新的能力以及能夠產生真實的斷裂式跳躍與質變的潛能，這樣的組織為達到新的秩序和結構型態，會維持一個動態的不穩定。」（吳瓊恩，1998：531）自我組織典範是具有多元性、統整性的觀點，強調歷程和發展，意指在複雜系統中，有許多各自獨立的行為者，而這些行為者以不同形式彼此產生交互作用，而且是不受外力刻意的規劃，整個系統自發性的產生某些組織性的行為，而這種行為的產生便是自我組織（莊淑琴，2002；齊若蘭譯，2002）。顏澤賢（1993：76）在《現代系統理論》一書中也指出，「自我組織過程不存在以特定方式作用於系統的外力，而是一種內部過程，自我組織結構的形成和演化是系統內部不同子系統、不同變量之間互為因果、相互作用、相互影響的結果。」

自我組織的特徵包括動態、湧現性質（或譯突現性質）（emergent properties）及去中心控制（decentralized control）。一個不是在時間中演化的系統不會展現自我組織現象，所以動態是自我組織的重要特徵之一；其次自我組織會展現湧現性質，所謂湧現意指不是計畫好的，而是突然出現的。此外，自我組織強調去中心化控制，沒有資訊階層或控制階層，全體組成單元在資訊的獲得與控制上處於平等的地位（曾威揚、李培芬，2005；盧希鵬，2009）。

　　總之，自我組織強調不受外在影響之自發性，以及組織成員間的互動性，並展現出動態、湧現及去中心化之特質。

貳、混沌邊緣

　　複雜理論是二十一世紀新興的科學，其中最重要的發現之一是任何自然及社會系統若要存活，必須游走於混沌（代表紊亂）與秩序（代表死寂）的邊緣，而處於混沌與秩序之間的一種臨界狀態，該系統才具有生機並蓬勃成長（賴世剛，2010：169）。所謂混沌邊緣（edge of chaos）即是一種介於有序與無序、現狀與創新、穩定與轉型之間的狀態（蔡敦浩、藍紫堂，2004）。混沌邊緣游移擺盪於混亂與秩序之間，將具穩定性及創造性（陳成宏，2007）。Brown 和 Eisenhardt（1998）認為混沌邊緣介於規範與混沌之間的中間地帶，它捕捉了複雜、不受掌控、變化莫測、自我組織的行為。混沌邊緣讓大腦產生創造力，讓物理產生環境適應力，更讓企業組織具有不斷變革的核心動力（蔡敦浩、藍紫堂，2004；Brown & Eisenhardt, 1998）。Waldrop 也表示混沌邊緣是停滯和混亂之間不斷變動的戰鬥區。在混沌邊緣，複雜體系能自動自發的運作、富適應性，並且充滿活力（齊若蘭譯，2002）。

　　由上述可知，混沌邊緣是介於秩序與混亂之間，並在兩者之間動態游走，組織若能呈現混沌邊緣之特質則更能顯現生命力。

第三節　從複雜理論之自我組織及混沌邊緣論新世紀的校長領導

　　複雜理論之自我組織與混沌邊緣對於新世紀的校長領導有諸多啟發，以下就以拙作（2010b）〈從複雜理論探討學校領導與經營的趨勢〉一文所提出之觀點及內容為基礎，從「基於自我組織，學校經營宜朝建立學習社群的方向發展並將組織彈性化」、「基於混沌邊緣概念，動態平衡地處理兩難困境並締造創新、展現新氣象」、「基於非線性之現象，校長宜採量子型管理」、「基於去中心化控制，校長宜多採取分散式領導型態」、「基於湧現之現象，學校經營與領導宜主動調適」、「基於共同演化，校長宜重視教師參與及彼此關係之建立」、「基於增強組織適應力，校長領導宜主動建構」等方面探討學校經營與領導的趨勢，以供教育領導者之參考（蔡進雄，2010b）。

壹、基於自我組織，學校經營宜朝建立學習社群的方向發展並將組織彈性化

　　複雜系統的開端通常是隨機而紊亂的，但系統的組成分子會自發性的自我組織。這種由下而上的行為所產生的動力，會使得系統發展出意想不到的結果（蔡敦浩、藍紫堂，2004：718）。組織透過不斷地自我組織的過程適應變動的環境，以新方法重新創造自己（賴珮珊、吳凱琳譯，2000）。自發性可說

是各種系統創造與轉化的根本動力（馮朝霖，2003：165）。

　　自我組織現象是建立在系統中組成分子連結（con-nections）、互動（interaction）及回饋（feedback）的基礎上（賴世剛，2006：7）。是故，未來的組織趨勢是走向網絡的和自然的型態，這種組織不是僵化的機械系統，而是建立在文化和策略基礎上一種有生命力的社群（許士軍，2009：21）。Eisler 亦認為教育應該從支配者模式（dominator model）轉變為夥伴關係模式（partnership model），由在上位的權力轉為共享權力，從服從命令轉為彼此間的團隊合作（方志華譯，2006）。

　　職此之故，基於自我組織之自發性及互動連結概念，學校經營與領導宜朝建立學習社群的發展方向邁進，所謂學習社群是志同道合的一群工作夥伴，自發性地時常聚在一起，談談工作上的事（蔡進雄，2009d）。易言之，未來學校經營除了科層管理及注意競爭之教育市場化現象外，還應經營專業學習社群，當學校處處有社群，學校更能具備自我組織之適應環境能力。德國物理學家 H. Haken 也認為系統可分做靠外部指令形成的他組織（如一般企業組織、機械組織），以及以成員互動而自發成為的自組織（如生態系統、社群組織），而後者靠彼此相似性與小規模的自我調適來回應環境變化，生命力反而較強（引自蘆希鵬，2009）。總之，凡事依法及無人情化之行政管理，無法靈活回應環境變遷，而一所學校愈朝向學習社群的方向發展，就會愈有活力及適應力（蔡進雄，2010b）。

　　此外，基於自我組織的概念，學校宜從科層體制轉移為

彈性組織。本質上，機械式組織的運作型態就如同「鐘擺」
（pendulum）一般，集典雅與單純於一身，但組織之中的變
遷過程通常如同火一般「不可逆轉」（irreversible process）、
「瞬息萬變」（ephemeral nature）（許元一等譯，2000）。因
此，在官僚體制之機械官僚組織中，終究會喪失人的主體性，
一旦遭受到環境的衝擊，僅能被動回應、調適而缺乏主動積
極的創發能力（彭安麗，1997：136-137）。廖春文（1995：
26）亦指出，教育行政領導理論典範在制度層次的發展趨勢，
應從強調功能分化、充滿惰性的科層體制，轉變為重視分散
流程、具備靈活彈性的扁平體制。在後現代複雜多變的情況
下，現代的科層制組織形式和管理方式已經無法游刃自如，
其組織形式和管理方式應該具有靈活性、適應性和創造性（張
文軍，1998：21）。經由上述可知，過度強調科層體制不易產
生自我組織之現象，且會壓抑自我組織的發展。總之，基於
發展自我組織，學校領導應該將組織彈性化而不是強化科層
體制。

貳、基於混沌邊緣概念，動態平衡地處理兩難困境並締造創新、展現新氣象

所有的複雜系統都有一種能力，能使秩序及混亂達到
某種特別的平衡，在混沌邊緣（the edge of chaos）的平衡
點上，系統的組成分子不會鎖定在一個位置上，但也不會分
解開來。在混沌邊緣，生命正好有足夠的穩定性來維繫生命

力，也正好有足夠的創造力，使其不負生命之名（齊若蘭譯，
2002）。混沌邊緣如同介於陸地與海洋的潮間帶，在退潮與漲
潮間將潮間帶創造成一個非常富饒的區塊，孕育許多新的海
洋生物（蔡敦浩、利尚仁、林韶怡，2007：46），宇宙間有趣
的事物，都是處於混沌邊緣不斷變化、自我調整的系統（馬
自恆，2006：4-5）。產業亦如同處於混沌邊緣，一種介於有
序與無序、現況與創新、穩定與轉型之間的狀態，並在這混
沌邊緣不斷演化成長（張惟淳，2009）。複雜理論主張組織必
須在弔詭中尋求平衡點（秦夢群，2010：48）。因此，學校經
營與領導過程中宜多運用混沌邊緣的概念，平衡地解決兩難
問題，在處理計畫與創新、科層與專業、競爭與合作等兩難
問題過程之來回、正反間締造創新、展現新氣象。

　　「過分的組織化」（over-organization）與「不足的組織
化」（under-organization）都有其缺失，前者是不必限制的都
限制了，後者是該規定的都沒規定（彭文賢，1992：221）。
過分科層及組織化缺乏創意，完全沒有規範則容易有失序之
情形，因此 Jun 就曾提出可藉由辯證法之應用，超越對立關
係，以產生更完整寬廣的創造性整合（creative syntheis）
（江明修，2000：6；Jun, 1994：138-149）。賴世剛（2010：
169）指出，他曾經以電腦模擬，將混亂的系統賦予某種程
度的控制，發現控制愈嚴密，系統所能解決的問題愈少。當
對系統的控制達到一中庸程度，系統的表現反而相對較佳。
太多的限制將導致僵化，過少的規範會造成混亂（陳成宏，
2007：202）。Hoy 和 Miskel 也認為正式組織所面對的根本兩

難困境是秩序與自由（order vs. freedom），亦即提升對某一個的重視，就會降低另一個，是以自由與秩序之間可努力取得一個健康的平衡，而不是非此即彼（either-or）（林明地等譯，2003）。Hock 認為任何組織均能和諧地結合混亂與秩序兩種特性，此即為亂序（chaord）（李明譯，2000）；Handy 亦指出弔詭的特質是容許相互對立的兩件事同時存在，我們無須解決弔詭，只須加以管理（周旭華譯，2002）。質言之，學校經營與領導過程中，教育領導者宜多運用混沌邊緣的概念，以解決兩難困境，而非使二元對立、提升衝突（蔡進雄，2010b）。

參、基於非線性之現象，校長宜採量子型管理

非線性動態過程亦是自我組織之特質之一（賴世剛，2006：6），是故基於非線性之現象，校長宜多採量子型管理而非牛頓型管理。自十七世紀以來，牛頓理論塑造了西方主要法則的模式，秉持決定論、化約論和原子論（atomistic），強調的是確定性與可預期性，但二十世紀裡量子理論讓我們看見新法則的基本架構（謝綺蓉譯，2001）。牛頓科學認為，自然界是簡單的、有法則約束的，所以最終是可控制的系統，整個科學講的是把簡單狀況組織起來。而新科學，也就是量子典範，則認為自然界是複雜的、混亂的、捉摸不定的；它講的是如何接受複雜，並從複雜中獲取最大用處。如果試圖控制，可能會適得其反（謝綺蓉譯，2001：80）。

　　Zohar 試圖將關鍵性的牛頓理論及量子物理概念運用到組織領導上，並說明牛頓型管理與量子型管理的區別，如表 3-1 所示，闡述如下（謝綺蓉譯，2001）：泰勒派的科學管理，亦即牛頓型管理，強調確定性與可預期性的價值，權力的使用是由上而下，或是由核心向外擴散；牛頓型管理將員工視為被動的角色，並將員工分配到不同的部門。牛頓型組織亦極度官僚化，所頒布的指令，或是控制的規則都不具任何彈性，而且強調公司與公司，或是同公司的部門之間，都不可避免地會產生競爭。

表 3-1　牛頓型管理與量子型管理所強調的重點比較

牛頓型管理所強調的重點	量子型管理所強調的重點
確定性	不確定性
可預期性	快速的改變；不可預期性
階級性	沒有階級之分的網路
分散式的勞工或部門之分	跨部門或整體（整合）式的努力
權力由上而下，或核心擴散	權力由許多交集、互動的中心點擴散
員工是生產過程中的被動單位	員工是共同創造的夥伴
單一觀點；只有一種最好的方法	多重的觀點；各種不同完成事情的方式
競爭	合作
僵化的架構；沉重的官僚式控制	能充分反應及有彈性的架構；不干涉的督導
效率	有意義的服務與關係
由上而下（被動反應）的運作	由下而上（實驗方式）的運作

資料來源：謝綺蓉譯，2001：146。

　　量子型管理將重點擺在不確定性的部分，量子範例不會將不確定的狀況看成是一種陷阱，反倒會視為一種機會，並進一步學習如何在這變動與不可測的環境下茁壯。因此，量子型管理比較不重視階級，而是在組織中發展出許多互動的權力和決策中心，以創造較能主動反應、有彈性的組織。量子組織亦受到實體宇宙整體、互動、共創的本質所啟發，強調合作優於競爭，因為競爭講究輸贏，而合作則可以塑造雙贏的局面（謝綺蓉譯，2001）。

　　總括來說，基於複雜理論所強調之非線性及不可預測，校長領導宜朝量子型管理之方向發展，從科層體制到彈性組織、從法職權到專家權、從互易領導到轉型領導、從授權到授權賦能、從技術行為到價值信念領導、從被動反應到主動創造（蔡進雄，2005a）。

肆、基於去中心化控制，校長宜多採取分散式領導型態

　　去中心式的控制、分散式的問題處理及多重互動是自我組織的基本機制（林俊宏譯，2010）。而分散式領導（distributed leadership）是湧現組織（emergent organization）的必要條件，在複雜組織下的領導不是關乎資深者的權力和科層（Morrison, 2002：71）。對於自我組織及湧現的領導必須去除控制與命令（Morrison, 2002：57）。Haken 也指出，一群工人若依照領導者（外部指令）

的指令做事，則即是組織（organization），自我組織（self-organization）則是領導者不存在，工人依據某種相互瞭解來協調自己的工作（引自曾威揚、李培芬，2005）。誠如李河所言，傳統的中央指揮系統像象棋，將帥被將死就沒得玩，而去中心化的網路系統就像圍棋，陣地被吃掉一小塊，慢慢奪回來就是（引自吳筱玫，2003：12）。申言之，傳統的科層體制之成員像象棋，彼此間有大小之分，而去中心化的自我組織像圍棋，每個棋子是平等的，且每個棋子都可能會發揮關鍵性的影響力。準此，新世紀的學校組織或領導宜採圍棋觀而非象棋觀，亦即學校領導宜多採取分散式的領導或組織型態，以減少中心化之控制。

分散式領導強調集體活動及集體目標，以專家為基礎而非階層權威（Copland, 2003：377-378）。Harris（2003：77）指出，領導的分散模式意指學校內之角色與內部界線要重新定義：第一，分散式領導隱含著領導者與追隨者的關係與差別變得模糊；第二，分散式領導意味著校內的分工與任務的分享；第三，分散式領導開啟所有教師在不同時間可以成為領導者的可能性。Spillane（2006：4）亦陳述領導涉及很多人而不是少數人，領導是在於領導實踐而不是角色及職位，在於互動而不僅是英雄式的行動。

強而有力的機構在各階層都有很多的領導者（Fullan, 2001：134），以單一領導來轉變整個組織是一種迷思（Keene, 2000）。目前學校領導的顯學是轉型領導，但轉型領導仍然強調個人英雄主義，試圖以領導者一己之力扭轉組織的發展；

而分散式領導認為領導應該是分散給每一個人，而非單一領導者的概念。是以在複雜理論所強調湧現組織及自我組織的概念下，學校領導宜採分散式領導，強調分權而不是集權，重視自主協調而不是權威控制（蔡進雄，2010b）。再者，要判斷系統是否呈現自我組織的現象，只要觀察系統所呈現出的秩序是否經由「由下而上」的規則演化所形成（賴世剛，2006：6），某些螢火蟲群體能同步閃爍，還有蜂群、鳥群、魚群的協調動作，就是沒有由上而下的整體計畫，而是由下而上及靠著系統中各部分的互動而形成（林俊宏譯，2010：28）。因此，倘若校長採取集權式及由上而下之權威領導則不易產生自我組織之現象，是以校長宜多採分散式領導，在去中心化控制之情境下，學校將易孕育自我組織之自主協調互動的特徵。

伍、基於湧現之現象，學校經營與領導宜主動調適

複雜理論強調事先不可預測之湧現過程及調適結果（Yukl, 2010：506）。有學者指出我們生活的世界是一個突現的複雜體，也就是人、事、物在空間的容器中不停地隨時間流竄碰撞，進而產生種種現象（賴世剛，2010：xv）。而變革與湧現在組織中是無所不在的（Morrison, 2002：57）。蔡敦浩和藍紫堂（2004）的研究指出，系統的次序是突現而非預先規劃的，因此企業應該強調的是即興策略，所謂即興策略並非漫無目的、隨波逐流，其節奏應該如同「爵士樂團

的即興演奏」（蔡敦浩和藍紫堂，2004；Brown & Eisenhardt，1998）。亦即系統的次序並不是事先規劃的，而是許多小的組成分子彼此相互作用後，讓整體「突現」出一個新的、獨特的性質（周成功，2002）。

質言之，領導這件事不是由單一個人行動所建構而是透過互動中所浮現的（Lichtenstein, Uhl-Bien, Marion, Seers, Orton, & Schreiber, 2006：4）。職此之故，學校領導宜重視領導過程中湧現之現象，並適時調適，而不是僵化地遵循原來的規劃。誠如黃乃熒（2001：118）所言，自我組織的經營強調相互的調適，藉以創造新的價值；Heifetz 亦認為領導是一種驅使調適的活動（劉慧玉譯，1999）。舉學校變革為例，學校變革過程中並非一切均以計畫進行，變革過程有很多的因素是事前無法完全掌握的。亦即，推動變革過程有些是可以掌握的必然，但有些是無法掌握的偶然，是以針對湧現之偶然，學校領導必須彈性靈活調適（蔡進雄，2010b），如同爵士樂團之即興演奏。

陸、基於共同演化，校長宜重視教師參與及彼此關係之建立

複雜理論強調共同演化的特性（陳成宏，2007），演化是各方面自我提升的結果，隨著系統變化與演進，系統也影響它的環境，沒有任何參與這場進化之舞的人可以不被彼此的改變所影響，科學家稱這種現象為共同演化（co-evolution）

（林思伶譯，2005）。

　　隨著外界環境的迅速改變，組織已由傳統的靜態結構轉變為動態之自我調整能力（許士軍，2009：14）。當代社會系統理論學家 Luhmann 也認為系統理論經過了三種典範轉變，分別是一體理論、開放系統理論及自我再製系統理論，亦即從系統與環境無關，到系統與環境互賴，到系統界定環境，其中自我再製系統理論更強調自我組織及自我再製的概念（引自黃鉦堤，2000）。Jun（1994）亦指出公共行政的發展從理性機械的設計到漸進調適的設計，進而至演化與創造的設計（江明修，2000：8）。

　　換言之，既然是共同演化、彼此影響，則參與及關係的建立即是很重要的元素，Tom Peters 在《亂中求勝》（*Thriving on Chaos*）一書中也提到，領導者的任務是把僵化的組織金字塔變成流動的循環或不斷演化的自主單位，並在工作同仁之間建立新的關係（引自李元墩、陳璧清譯，2006）。一言以蔽之，基於共同演化，校長領導應重視教師參與及彼此關係的建立，促使教育夥伴們共同參與這場教育演化之舞。

柒、基於增強組織適應力，校長領導宜主動建構

　　自我組織的系統具有適應力，並不是被動地對事件作出反應，而是會主動地把發生的情況轉變為自己的優勢，例如物種在變動的環境中不斷演化（齊若蘭譯，2002）。Morgan 亦認為組織乃是一種自我創生的系統，強調自我創造與自我

更生（林鍾沂，2002：93；戴文正譯，1995），換言之，學校可以透過自我組織適應變動的環境，並以新方法重新創造自己（賴珮珊、吳凱琳譯，2000）。準此，舉例而言，如學校感受到少子化現象的衝擊，學校除了被動適應外，還要進一步創造新機，在學生及班級人數減少後，更加強教學品質而使學生學習效果提升，學校也可藉此發展學校的特色以吸引學生就讀，如此將可化危機為轉機。

Bateman 和 Snell 指出多數變革是反應式的（reactive），而較佳的變革方式是主動式的（proactive），因為主動式變革意味著為了不確定的未來而預測並準備，採取主動，而不是被迫反應（引自張進德、楊雪蘭和朱正民譯，2002）。一個工人團體如果每個工人按照領導者發出的外部指令，而以一定的方式活動時，它就是一種組織過程；如果不存在給出的外部指令，而工人們按照互相默契的某種規則，各盡其職而協調地工作時，它就是一種自我組織過程（顏澤賢，1993：74-75）。是故，「一個口令一個動作」不是自我組織的特徵而是機械式組織的現象，且學習與自我組織一般都要求重新建構態度，強調主動多於被動，自主多於順從，靈活多於僵化，合作多於競爭，開放多於封閉，民主多於獨裁（戴文正譯，1995：121）。

因此，學校經營與管理應該採建構主義之主動精神，在適應環境之餘，還能因著環境轉變而自行創發與建構出新的學校經營特色，將阻力變成助力，創造出新的生機。過去我們的學校組織比較傾向是被動反應，因為主客觀環境是穩定

的，但隨著社會的變遷及教育的改革，校長領導再也不能以不變應萬變，而是要主動改變與創造，如此才能跟得上時代潮流的腳步並引領社會之發展。

第四節　結語

在這充滿挑戰的二十一世紀已展現出一個嶄新的領導與管理典範，完全不同於過去組織所面對的傳統典範。在過去組織的典範中，領導者所面對的是一個工業時代，一個穩定的環境，而今日的組織所面對的典範卻是一個資訊時代，一個知識時代，一個充滿變化的環境（李弘暉，2003：1；Uhl-Bien, Marion, & McKelvey, 2007）。面對不同的時代環境，管理典範亦應隨之調整以此因應多變的社會環境，而新舊管理典範的更迭更是教育領導所應關切的議題，倘若校長領導理論與思維無法推陳出新、與時俱進，則將無法有效引導校務之發展。

總括來說，學校組織與領導管理應在機械觀的科層體制、市場觀的調適因應之餘，進一步融合複雜理論之自我組織及混沌邊緣的觀點，營造自發性的學習社群，採建構主義之精神，運用分散式領導，主動創造另一種生機及優勢，並以混沌邊緣之概念，動態平衡地處理兩難問題。如圖 3-1 所示，未來教育行政組織發展將從封閉系統、開放系統、非均衡演變為複雜理論之自我組織，而本文即是從複雜理論中之自我

組織及混沌邊緣觀點，探討新世紀校長領導所應注意及發展的面向，以供教育領導者之參考。

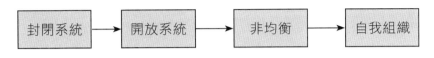

圖 3-1　教育行政組織演變

　　誠如管理大師 Peter Drucker 所言：「當我們大步跨入知識經濟時代，許多人所傳授的，而大家也都奉行不渝的管理理論，其背後的假設已經完全過時了。」因此，二十一世紀的領導者在面臨變遷迅速的環境下，必須拋棄過時的管理觀念，積極地發揮領導新思維（李弘暉，2003：18-19）。從本文的介紹中，我們也可以發現，在自我組織及混沌邊緣的新典範下，教育領導者應以有別於傳統之全新的角度看待組織、權力、領導、人群、學習及文化。當教育領導者以全新的視野看待組織觀、權力觀、領導觀、人群觀、學習觀及文化觀時，則學校經營會被帶領朝向不同的方向發展。而筆者認為自我組織及混沌邊緣之新概念理論，是值得新世紀校長領導所參考的。此外，由本文之論述可知，複雜理論之特徵是繼混沌理論之後學校組織可預見的發展趨勢，但國內教育研究領域對於複雜理論之探討尚屬萌芽階段，值得教育夥伴共同開拓。

註：本文以筆者所撰〈從複雜理論探討學校領導與經營的趨勢〉（《教師之友》，51(2)，12-19）一文為基礎，筆者再依據相關資料加以擴充修改而成。先後發表於中華民國學校行政研究研討會在 2010 年 12 月 11 日主辦之「新世紀學校革新之挑戰與展望國際研討會」，及 2010 年《學校行政》，71，117-131。

第四章

學校轉型為專業學習社群
的校長領導作為

第一節　前言——專業學習社群的意涵

　　將學校視為社群在教育界逐漸受到歡迎與接受（Beck, 1999; Roberts & Pruitt, 2003），而專業社群的定義並無定論，廣義而言，一群志同道合的人時常找時間聚在一起談談專業或工作上的事，即可稱為學習社群。若以「專業學習社群」字面來看，其路徑應是「社群→學習→專業」，也就是說，透過多人所組成的「社群」來「學習」，並進而提升「專業」成長，此一學習途徑有別於「個人→學習→專業」之專業發展型態。Westheimer（1999）認為社群有五個重要的特徵，分別是共享信念、互動及參與、互賴、關心個人及少數人觀點、有意義的關係。Sergiovanni（2000：59）將社群定義為：分享共同承諾、想法和價值而在一起的一群人，Schussler（2003）將學校視為學習社群，指出學校之學習社群可從三方面解釋：認知層面（cognitive dimension）為智性發展；情意層面（affective dimensions）包括人際關係和關愛（caring）；而思想層面（ideological dimensions）包含核心價值、願景和共享目的。Stoll 和 Louis（2007：5-6）表示專業學習社群是有共享學習願景的一群人，能彼此支持並一起工作，以探究工作實務，並共同學習提升學生學習的方法。

　　職此之故，專業學習社群可進一步定義為是一群人對所屬團體有歸屬及認同感且有共同的目標與價值，並關注於學生學習，透過平等對話、分享討論及合作協助的學習方式，以增進專業知能，最後能提升學生學習成效並促進組織目標

之達成（林思伶、蔡進雄，2005）。詳言之，專業學習社群包括共同目標與價值、關注學生學習、分享合作等重要元素。由於專業學習社群確實有助於教師專業發展及提升學生學習表現，也是未來學校經營與領導的新典範，因此本文將從「專業學習社群的幾個 W」、「學習類型與專業學習社群」、「為什麼專業學習社群聚不起來」、「學校轉型成為專業學習社群的校長領導作為」等方面探討專業學習社群，並給予校長領導一些建議，以供校長之參考。

第二節　專業學習社群的幾個 W

前述已大約說明了什麼是專業學習社群（what），接下來敘述為什麼要推動專業學習社群（why）？這個問題可從四方面加以闡述：其一，是透過社群可以滿足教師的歸屬感；其二，是經由社群教師或成員彼此可互為鷹架、專業交流，進而增進專業知能；其三，是經由團隊學習可以發揮 1 加 1 大於 2 的效果；其四，是學校從科層體制轉變為專業學習社群可以讓學校更具有活力及生命力，亦可藉此激發教師的教學熱情，而依法行政之無人味的科層體制並無助於專業學習，亦無法有效地鼓舞教師教學士氣。至於如何推動專業學習社群（how）？可依循分析、規劃、實施與檢核等幾個步驟，先分析學校的優勢及資源，之後再規劃實施，最後再檢核實施成效。而有些自發性的學習社群，行政領導者要給於充分的

支持，使自發性的專業學習社群更能永續經營，此外善用原有的領域教學研究會議或學年會議，並融入學習社群的精神亦是可行的策略之一。

誰來推動專業學習社群（who）？應該是任何人都有機會或都可以凝聚學習社群，不必然是由行政領導者來推動，且在校園內應該到處都有教師領導者，並在學習社群裡發揮影響力。而在哪裡成立專業學習社群（where）？不論是校內或跨校及網路都可以結合成為專業學習社群，特別是網路發達的時代，網路學習社群已是另一種學習途徑。最後是何時進行專業學習社群（when）？基本上，因為學習社群重視平時的互動對話，所以鼓勵分散時段的學習而不是集中時段的學習。

第三節　學習類型與專業學習社群

闡述專業學習社群的幾個 W 後，本文進一步探討不同學習類型與專業學習社群，由圖 4-1 所示。吾人以自發性與強制性為橫軸、集體及個人為縱軸，可交織成四個象限，左下的第三象限是傾向自發性的個人學習，例如個人的主動自修；右下的第四象限是傾向強制性的個人學習，例如組織規定成員每年要完成的進修時數；右上第一象限是強制性的集體學習，例如學校的主管研習營、國民中小學常舉辦的全校性集體進修研習；左上的第二象限是自發性、自然湧現的集體學

習，類似自動發起的讀書會或專業成長團體等。

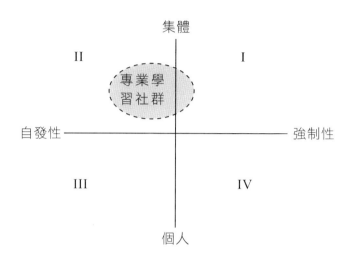

圖 4-1　學習類型與專業學習社群

　　總括說來，專業學習社群應該是在第一象限及第二象限之間，並以第二象限的學習類型為主；此外，第一象限規定式的集體學習若能逐漸轉移為自發性的集體學習，當然亦值得鼓勵與嘗試；至於第三及第四象限均屬於個人式的學習，就不能列為專業學習社群的一環。值得提醒的是，上述四種學習類型均有某種程度的學習效果，但由於組織學習有諸多優點，是以專業學習社群已成為學校經營與領導的新典範與重要趨勢。

　　另外，學習型組織與專業學習社群兩者內容重疊性頗高，均強調團隊學習，但後者更重視教師對學習的自發性及主動性。

第四節　為什麼專業學習社群聚不起來？

Scribner、Cockrell、Cockrell 和 Valentine（1999）在其研究中指出，影響教師專業社群建立的因素主要有校長領導、組織歷史、組織的優先順序、教師工作的組織，亦即：(1) 校長的領導型態及對學校改革的取向；(2) 對組織新成員所傳遞過去發生的事件；(3) 分配有限資源的政策；(4) 學校的科層組織。McLaughlin 和 Talbert（2007）認為，中學發展專業學習社群的挑戰為結構障礙、學校領導、專業文化、學生對教師不敬的文化及外在環境。

整體觀之，凝聚教師專業學習社群的瓶頸大致可從圖 4-2 加以說明。如圖 4-2 所示，在輸入的部分，專業學習社群的輸入元素有合作、分享、對話、支持等；在輸出的另一端是教師專業成長及學生學習；兩端中間的瓶頸及困境則包括工作壓力、教學時數、學校文化及意願不足等。以教師的工作壓力而言，中小學教師的工作壓力是教學負荷、學生管教及輔導、班級經營，這些工作壓力常讓教師疲於奔命，無暇與同事專業對話及互動交流，此外有些教師意願不足及習慣單打獨鬥的校園文化，也都是影響專業學習社群凝聚的因素。

總之，學習社群聚不起來的原因頗多，包括人、事、時、地、物，有些是結構及制度的問題，有些是教師心態及工作習慣的問題，有些是組織領導及組織文化的問題。易言之，諸多困難都需要去加以克服，才能有效地營造專業學習社群。

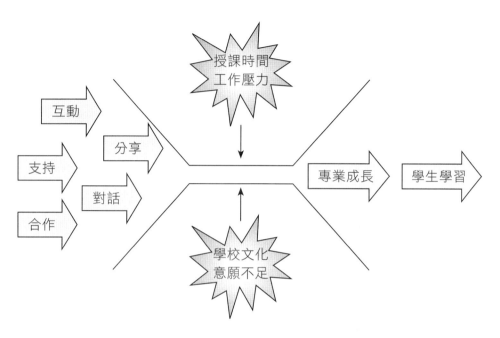

圖 4-2　凝聚專業學習社群的瓶頸

第五節　學校轉型成為專業學習社群的校長領導作為

　　孤立與疏離感將會阻礙學校發展並降低學校的組織績效（Norris, Barnett, Basom, & Yerkes, 2002：11），學校要更好應該創造更多的連結（connections）（Fiore, 2001），是以 Sergiovanni（2002）認為學校領導者要由管理者與激勵者轉變為發展者與社群建立者。Blase 和 Blase（2004：185）

甚至表示學校應該從教學領導進而發展專業學習社群，並提出發展專業學習社群的五項作法，分別是：同儕合作、教師領導、方便取得資源、增能、建構式學習及領導。Ontario Principals' Council（2009）指出專業學習社群的四根支柱分別是：合作團隊、教師能力、領導能力及專業發展，而校長在領導專業學習社群的角色為設定方向、發展成員、重新設計組織及管理教學方案。要言之，在學校轉型成為專業學習社群的過程中，校長扮演極為重要的角色。筆者整理歸納，從創造願景、創造時間、創造空間、創造文化、創造人才、創造關係、創造合作、創造學習等八方面加以闡述校長在經營專業學習社群應有的領導作為如下。

壹、創造願景

共同願景及使命是專業學習社群的重要內涵，沒有共同願景，則學習社群就沒有努力的方向。一般而言，中小學之學校及專業學習社群願景大都會以學生成長為設定圖像；此外，校長不管在創造願景或修訂願景上應讓教師參與並能儘量爭取教師的認同，使願景能真正在教師心中內化。

貳、創造時間

授課時數太多是教師凝聚學習社群的困境之一，因此校長應該設法努力讓教師們有可以共同對話的時間，例如安排

某學習領域教師有共同沒課的時間以利專業學習社群的建立，或同辦公室的教師及成員有共同對話及討論的時間。

參、創造空間

除了創造共同的時間外，規劃設計利於討論分享的空間亦是可行之道，尤其少子化的情況下，學校空餘教室及空間愈來愈多，更有利於對話空間的創造。走廊一隅及教師辦公室均可以設置讓教師們有機會坐下來談談的舒適座椅。

肆、創造文化

創造分享開放的學校文化是專業學習社群能否長期維持下去的關鍵因素，是以營造樂於分享及合作的校園文化是校長必須努力的重要方向，因為沒有分享文化的專業學習社群是空的。國內許多中小學的領域教學研究會流於形式無法發揮實質功能，其原因大都是未能融入學習社群之分享開放的文化。

伍、創造人才

所謂創造人才是校長要培養更多的教育領導者，分權及分散的領導較能孕育專業學習社群的發展，因此校長應該多創造培養學校優秀領導人才，可以是行政領導人才也可以是某科目的教學領導人才。質言之，專業學習社群的學校領導

不是集權或英雄式的領導型態，而是處處有領導者的分權式領導，並適時給予教師表現的舞台。

陸、創造關係

專業學習社群重視連結關係，所以校長要設法讓平時獨立作業、獨自教學的教師及成員有機會聚起來，並進而建立彼此的關係，藉此分享討論、增進專業成長。再者，在信任的基礎之上才易創造更為深厚的關係及連結（connection），是以如何建立教師對學校及校長的信任亦是校長領導學習社群所應關注的面向。

柒、創造合作

專業學習社群注重合作，因此在前述的關係基礎之上，校長應進一步創造教師及成員間的合作關係，以發揮 1 加 1 大於 2 的力量，不論是解決行政難題或改善課程及教學實務，透過彼此的合作往往比個人單打獨鬥更具有成效。合作式的行動研究不僅可以創造教師間的合作，也可改善或解決教育現場問題，值得嘗試與鼓勵。

捌、創造學習

學校是以教學及學習為主的教育組織，為教師創造學習的機會符合專業學習社群的精神，並能進一步提升教師的專業能力，以增進學生的學習品質。要言之，校長宜多創造教師學習的機會與環境，以利專業學習社群的建立。

第六節　專業學習社群的實例分享

以下採不列名的方式介紹筆者所見所聞的專業學習社群之實例，以供校長及學校推動專業學習社群之參考。

1. 北部某一所完全中學之自然科教師每週一下午均安排主題活動，由該科教師輪流擔任每週的負責人。一般而言，中學的領域教學研究會一學期大都召開 3-5 次會議且流於行政工作的分配，較少有深度的專業學習，該校能每週投入專業學習值得肯定。
2. 北部某所國中之國文科教師自動發起閱讀分享之學習社群，且已持續 8 年之久，可見主動發展的學習社群較能永續維持。
3. 南部一所小學教師多年前主動實施節能減碳活動，在該校教師的積極投入下，進而擴展為全市的重要教育政策。

4.國內許多大學之教授群亦常見有對某一議題有興趣的學術夥伴，時常定期聚會討論交流。

上述的學習社群均是筆者的親自觀察及經驗，由這些案例可知專業學習社群要持續經營，自發性及教師對專業及教學的熱情是相當關鍵的因素，而校長及行政層面的鼓勵與支持當然亦不可或缺。

第七節　結語──凝聚專業學習社群的省思

行文至此，筆者再從「先做人再透過社群做學問」等幾方面提出對專業學習社群的省思，以供校長在推動及實踐學習社群的參考。

壹、先做人再透過社群做學問

常言道：「做人做事做學問，做人比做事做學問重要」，推動學習社群亦然如此，亦即教師彼此互動關係良好，學習社群才能得以發展。質言之，先「做人」，建立利他的精神，再透過社群增進「做學問」（即專業成長）並自我實現。是以校長在營造學習社群宜注意成員的互動關係，將成員彼此可能衝突競爭之阻力儘量化為助力，而參與的教師也要有利他及分享的態度及價值觀。

貳、領導觀、權力觀及文化觀的改變

專業學習社群的營造可以透過分析、計畫、實踐及檢核等四個步驟加以理性規劃、線性推動，亦即先分析學校的優勢及資源，並建立方向及願景，之後再提出實踐專業學習社群的計畫，接著具體實踐及檢核成效；但是同時學校的領導觀、權力觀、文化觀及成員互動型態等亦要有所調整及轉型，否則將流於「換湯不換藥」、臨時工作任務編組及短期政令宣導，無法實質促進教師的專業成長。

就領導觀而言，社群的建立不是依靠外在的控制力量（Sergiovanni, 1996：48），所以校長宜多採民主參與式的領導；以權力觀而言，因學習社群較傾向非正式組織而非科層結構（Strike, 1999），是故校長宜多運用專家權並以身作則；就文化觀來看，宜從單打獨鬥的學校文化轉為協同合作、互動分享的校園文化，如此專業學習社群才能深耕並蓬勃成長。

參、由上而下及由下而上交融的學習社群

基本上，學習社群強調的是自發性、自願性的參與，是志同道合的工作夥伴聚在一起的專業合作與對話，所以由下而上的發展孕育較符合學習社群的精神，也較能長久。但由於教育政策的重視及推動，由上而下及透過校長的宣導重視，亦可因而引起注意並加以經營。質言之，由上而下及由下而上兩者是可以彼此交融的。

肆、推動社群主義但也尊重個人主義

專業學習社群是以社群主義為基礎，重視「同」；而個人主義強調個人自由，強調「異」。學校教師原本就是多元的組合，有著不同的專業背景及人格特質，對於已規定的學習社群，例如領域研究會議原本就是教師義務要參加的會議，但對於屬於自發性的學習社群，校長則宜採鼓勵的方式，不宜過於強制或規範，因為不情願參與的專業學習社群，其效果是有限的。

此外，社群也強調要關注個人及少數人的觀點，批判反省及個別的差異有時可以促進社群的成長且是不可避免的（Westheimer, 1999）。簡言之，校長及學校在推動社群主義及專業學習社群時，也要尊重個人主義。

伍、加強學習社群的深度、廣度及長度

國內各校專業學習社群的建立尚在萌芽中，且如圖 4-3 所示，學習社群的建立在深度、廣度及長度普遍不足。就深度而言，教師間尚欠缺深層的匯談及專業對話；就廣度而言，專業學習社群僅止於少數教師或某學習領域教師，學校中跨領域或普遍存在的各類型學習社群並不多見；就時間之長度而言，除了制式規定的學年或領域會議外，較少有持續長期的自發性專業學習社群。簡言之，校長領導學校轉型成為專業學習社群時，宜多加強教師學習社群的深度、廣度及長度。

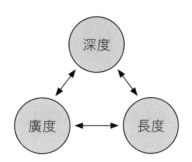

圖 4-3　學習社群的深度、廣度與長度

陸、務實經營專業學習社群

　　專業學習社群的理想情況是如前所述兼具廣度、深度及長度，但長久以來教師已習慣獨自工作及教學，加上教學工作本身就是較傾向教師個人式的活動，協同合作教學在中小學並不普遍，是以校長一時之間要全面推動專業學習社群事實上有其困難，較為務實的作法是以既有的教學研究會為基礎融入學習社群的精神，並鼓勵教師間多專業分享與對話。在時間方面，教師一天的教學及班級經營已經相當疲憊，因此聚會的時間安排儘量以上班時間為主；有些教師願意找下班時間自願成立的專業學習社群，當然更應該在物質及精神上給予支持與鼓勵。

柒、營造以學校為本位的專業學習社群

　　各校及不同教育階段學校的條件、資源及背景不一，例如大專院校的專業學習社群除了教學外，還有研究社群及跨學門的學習社群等，而中小學主要是以教學及課程發展的社群為主；再者，各校的師資及資源亦有所差異，所以校長應先分析瞭解學校可以先發展哪一類型的學習社群，並尋找核心成員，再由點、線、面逐步推動。綜言之，審慎明辨學校條件及優勢，營造以學校為本位的專業學習社群，不僅可順勢而為、容易推動，亦使學校更有活力，且可經營發展成為學校特色並促進教師專業成長。

第五章

國民中學行政文化研究

第一節　緒論

　　組織文化繼組織氣氛之後，提供組織行為另一個重要的研究途徑與領域。所謂「學校組織文化（簡稱學校文化）是學校組織與內外在環境長期互動後的產物，此產物包括信念價值、行為規範、態度期望、典禮儀式等，組織成員在平日學習之後，就自然而然表現出來，而形成組織的獨特現象。」（蔡進雄，2001：152）而學校文化還可包括學校行政文化、教師文化、學生文化等次級文化。整體而言，國內教育研究對於教師文化及學生文化的探討較多（胡玉婷，2006；徐慧真，2003；高玉潔，1998；許育榮，2003），但針對學校行政文化的研究及論述則較少見，研究者曾至國家圖書館之「全國博碩士論文資訊網」，以「學校行政文化」為關鍵詞上網查詢，結果並未見有人進行這方面的博碩士論文研究，因此黃宗顯（1999：415）就曾指出，行政人員的次級文化是教育行政的重要潛在課題。

　　以學校組織觀之，國民中學（簡稱國中）可分為教學系統及行政系統兩大部分，前者是以教師群為主，主要負責教學及班級經營，後者是以校長所帶領的行政人員為主，負責校務及行政業務的推動。而國民中學學校行政人員大都是教師身分兼職居多，這些以主任、組長為主所組成的學校行政人員所展現的行政文化為何，是促使本研究的主要動機。

　　謝添進（2001）指出，行政文化是行政運作背後的基本假定，是決定公務人員心智模式及思維傾向的深層因素。王

旭統（2002）將行政文化界定為：「一個國家或政府其行政體系內各組織之間，大多數成員普遍持有的心智模式、基本假定、潛藏意識、價值規範、約束系統、行為準則以及外顯的行動傾向、典禮、語言和典章制度。」研究顯示，行政文化對服務品質和服務滿意度有顯著正向關係（楊忠衛，2006）。值得注意的是，學校包括行政及教學兩大系統，而行政是以支援及服務教師教學為主要目的，且是校務推動的火車頭，是故學校行政文化所表現的行為規範或特徵，值得深入探討。

　　政府部門的行政文化之缺失包括：(1) 舊價值與新價值並存；(2) 行政民主化速度相較緩慢，威權因素仍影響行政運作；(3) 管理與服務的「官僚作風」；(4) 政治與行政的理想關係未能確立；(5) 公共組織科層化的結構原則；(6) 行政管理的失當；(7) 公務人力資源發展未能適切扮演文化形塑及傳遞機制角色（王旭統，2001：47）。高強華（1996：57）認為學校行政人員所涉及的範圍包括領導、決定、計畫、組織、聯繫、溝通與協調等事務，而學校行政如何超越科層體制的生態，調整被動消極的心態，是學校文化更新的重點。蔡進雄（2003b：110-111）陳述學校行政有勞逸不均、行政凌駕於教學之上、極少數行政人員工作態度消極、極少數教師對校務為反對而反對、行政人員缺乏輪替、教師兼職總務行政不懂工程、會計人員影響行政決定、行政手續繁瑣等病象。陳奎熹（2003：153）則指出，學校文化的形成常決定於校長的角色觀念與角色行為，易言之，良好校風的培養有賴校長是否能以民主公開的態度，充分接納師生意見，並採共同參與

的方式決定學校一切措施，如此才易縮短校長與師生的社會
距離，進而形成良好的學校風氣。

　　綜言之，本研究之目的為透過訪談探討目前國民中學學
校正向及負向的行政文化，並探究影響及塑造國中學校行政
文化的要素，以供學校行政及相關單位的參考。

第二節　文獻探討

壹、學校行政的意涵及重要性

　　謝文全（1994：1）認為學校行政是對學校教學以外的事
務作系統化的管理，以求有效而經濟地達成教育的目標。吳
清山（1996：5）陳述：「學校行政乃是學校機關依據教育原
則，運用有效和科學的方法，對於學校內人、事、財、物等
業務，作最妥善而適當的處理，以促進教育進步，達成教育
目標的一種歷程。」鄭彩鳳（1998：4）則指出：「學校行政
乃是學校依據教育之原理原則及有關法令規定，運用有效及
經濟的方法，對於學校組織相關的人、事、物、財等要素，
作有系統化的經營管理，藉以促進教育進步，進而達成學校
教育目標的一種歷程。」綜合上述可知，學校行政是學校機關
依據教育原理，對學校之人、事、財、物等進行經濟而有效
的管理，以促進學校教育目標的達成之歷程。進一步可以說
明如下：(1) 學校行政必須依據教育原理：因為學校是教育單

位，所以學校行政運作也必須依據教育原理原則來進行；
(2) 經濟而有效的管理：學校行政對於人、事、財、物等業務
必須符合經濟而有效的原則，所謂經濟是最少投入獲得最大
產出，而有效是目標的達成；(3) 學校行政的目的在於達成教
育目標：學校行政本身不是目的而是促進教學效能及達成教
育目標的手段。

　　學校行政具有提供學生接受適當的教育、協助教師教學
活動的進行、增進學生學習活動的興趣、協助政府社會教育
的推動等功能（吳清山，1996：6-8）。再者，目前國民中小
學的校園生態大致是學校行政、教師會及家長會三角鼎立，
而其中學校行政常是校務推動的重要關鍵因素。一所學校有
優秀而稱職的學校行政人員，則通常校務運作會更為順暢，
所以學校行政對學校的發展影響頗為巨大，而其所彰顯的行
政文化更會影響行政效能及整個學校組織，是故行政文化有
其探討及研究的必要性及價值性。

　　總之，隨著時代的變遷及知識經濟的來臨，臺灣地區的
教育生態及學校組織運作已產生重大的改變，學校行政人員
不能停留於舊世紀的思維，必須體認學校行政的意涵及其重
要性，而如何形塑良好的行政文化更是從事學校行政工作者
所應學習的重要課題。

貳、學校行政文化的意涵及相關研究

組織文化的定義頗為紛歧與複雜，Schein（1992：12）將組織文化定義為：一個既有團體在學習處理外在適應與內在統整問題時，創造、發現或發展出來的基本假定型態。其運作被視為有效，並被教導給新成員，作為覺知、思考、感覺相關問題的正確方式（陳慧芬，1997：46）。Hoy和 Miskel（1996：129）指出組織文化即共享導向（shared orientation），而使個體間融合並且賦予明顯的認同感。基於上述，學校文化可定義為係指學校組織與內外在環境長期互動後的產物，此產物包括信念價值、行為規範、態度期望、典禮儀式等，組織成員在平日學習之後，就自然而然表現出來，而形成組織的獨特現象（蔡進雄，2001：152）。再者，在學校組織中，包含了各種不同的附屬團體，如行政人員、教師、學生及家長等，這些團體的文化均構成學校文化的一部分（陳奎熹，2003：150）。職此之故，進一步而言，吾人可將學校行政文化定義為學校各處室行政人員之大多數成員普遍持有的信念價值、態度期望，以及外顯的行為規範、典禮儀式等。簡言之，學校有教學系統及行政系統，而學校行政文化是學校行政系統具有的獨特現象。

由於迄今少有人研究探討國民中小學之行政文化，以下就列舉幾篇與本研究間接有關的研究。許育榮（2003）進行國民小學教師文化之研究，研究顯示：(1) 國小教師具有教學孤立傾向；(2) 國小教師具有自願加入教學團隊合作的特徵；

(3) 國小教師具有實務經驗傾向；(4) 國小教師具有附庸從眾傾向；(5) 國小教師並未具有反智主義傾向；(6) 國小教師文化會因背景變項，包括性別、年齡、任教年資、教育程度、學校規模、職務的不同而有差異。劉智忠（2006）的研究發現，國民小學教育人員對於教師文化屬於高度知覺，五個層面中以「人文關懷」之題平均數最好，依序為「進修成長」、「批判反省」、「協同合作」，最低為「專業自主」。王仁炳（2007）曾研究「教師法」公布實施後，教師對校園文化認同之情況，研究發現教師對教師文化、行政文化及學生文化之認同均屬正向。蔡進雄（2000）探討學校文化之研究中發現，國民中學能表現出中上程度的「科層型文化」、「支持型文化」及「創新型文化」。郭騰展（2007）也發現國小教師在學校文化之「科層型文化」、「支持型文化」及「創新型文化」知覺屬於中上程度。至於國民中學學校行政文化之現況如何？本研究試圖從十位國中校長之訪談中萃取其行政文化之特徵，以供教育相關人員之參考。

第三節　研究設計與實施

由於國內過去並無研究者有系統地實地探討國民中學學校行政文化，本研究採取質性之訪談法以蒐集國中之行政文化，訪談方式採半結構式之訪問方式（semi-structured interview）。本研究採立意抽樣，訪談對象為北部地區 10 位

現職國中校長，研究者於 2007 年 12 月下旬起，在徵求 10 位國中校長的同意後，親自到學校進行訪談，最後從訪談中歸納萃取目前國中行政文化之現況。訪談大綱之內容如下：

1.校長您覺得目前國民中學有哪些正向的學校行政文化？
2.校長您覺得目前國民中學有哪些負面的學校行政文化？
3.校長您覺得哪些因素會影響國民中學的學校行政文化？
4.校長您覺得如何塑造優質的學校行政文化？

本研究之資料編碼如表 5-1 所示，訪談代號「P03-20080107」之 P03 表示第三位接受訪談的校長，而 20080107 表示接受訪談的日期是 2008 年 1 月 7 日，其餘代號以此類推。「……」表示省略部分詞句，訪談之地點均在該校校長室進行。

本研究的信效度方面，訪談之前先向校長說明學校行政文化的意涵，在訪談過程以錄音筆及錄音機蒐集訪談內容，接著將錄音之內容謄寫為逐字稿，之後再請受訪之國中校長檢視逐字稿之相關內容，待受訪者確認訪談之內容無誤後，研究者再反覆閱讀逐字稿內容，進而尋找關鍵字句，並將相近的概念加以整理分類，研究者在撰寫過程中亦隨時反省及自我檢視。為確保研究倫理，在訪問前均告知受訪校長：「本研究所訪談之內容純供學術研究之用，受訪校長之姓名採匿名方式處理。」

質言之，本研究預期蒐集 10 位國民中學校長的訪談內

容，從中瞭解正向及負向的國中學校行政文化，並探討影響及塑造國中學校行政文化的要素，最後依據研究發現與結論，提出具體建議以供教育領導者及學校相關人員參考。

表 5-1　資料編碼及訪談對象一覽表

職稱	訪談代號	性別	訪談日期	訪談地點
國中校長	P01-20071217	男	2007 年 12 月 17 日	校長室
國中校長	P02-20071228	男	2007 年 12 月 28 日	校長室
國中校長	P03-20080107	女	2008 年 1 月 7 日	校長室
國中校長	P04-20080107	男	2008 年 1 月 7 日	校長室
國中校長	P05-20080305	男	2008 年 3 月 5 日	校長室
國中校長	P06-20080311	男	2008 年 3 月 11 日	校長室
國中校長	P07-20080324	女	2008 年 3 月 24 日	校長室
國中校長	P08-20080414	男	2008 年 4 月 14 日	校長室
國中校長	P09-20080416	女	2008 年 4 月 16 日	校長室
國中校長	P10-20080417	男	2008 年 4 月 17 日	校長室

第四節　研究結果分析與討論

茲就研究目的及依訪談內容之歸納獲得「學校行政文化之良窳常因各校不同而有個別差異」、「學校行政人員易流動，不利於行政文化之傳承與延續」及「學校行政文化受校長領導之影響頗大」等三項研究結果，逐一描述分析說明如下。

壹、各校所呈現之行政文化有所差異

　　國中教師擔任學校行政工作之意願，常受到學校之行政人員與教師的互動、個人能力、學校文化及主管領導等因素的影響，是故學校行政人員並非是穩定的成員。因此，從訪問內容之分析中，研究者發現各校校長所表達的正向學校行政文化之觀點不盡相同，亦即未能萃取出普遍共通的正向學校行政文化之特徵，接受訪談的不同校長甚至對同一事情表達出南轅北轍的看法。例如有一位接受訪談的校長表示：「目前國中比較正向的學校文化有三個：第一個就是學校大多是依法行政，依規章行事；第二個就是大部分行政人員比較主動積極在辦事；第三個就是教職員工按部就班，分工很明確。」（P05-20080305）但另一位校長則指出：「你勉強找到他來做這個位置，其實他也都用應付的方式來從事行政。」（04-20080107）又例如就行政效率而言，P07校長認為：「現在的學校行政文化效率比較高，因為現在的行政人員資訊能力比較強。」（P07-20080324）但另一位P03校長卻表示：「我認為，效率。我所謂的效率不夠那麼的好，有時候是考核啦……所以有時候效率上我認為是說應該可以再更棒，但是就覺得好像還是不夠。」（P03-20080107）質言之，各校所呈現的行政文化異質性高於同質性，其原因可能是行政文化是學校的次級文化，深受不同學校文化、校長領導、組織氣氛、教師文化、行政人員流動等因素的影響，所以形成各校有其獨特的行政文化，以至於各校校長所觀察及感受也會有

所差異，因而無法從接受訪談的校長之談話內容中歸納出較
為有共識的正向學校行政文化。以下就列舉數位校長的觀點。

「舉個例子，學生模擬考，以前要算算算什麼的，
現在電腦輸進去一 run 過就好，我覺得很快，還可以
做一些分析，所以我覺得行政效率是比以前高，這
是我觀察到的啦！第二個我覺得現在的行政文化是
比以前尊重老師。」（P07-20080324）

「我覺得正向的行政文化，很明顯的是他會比較認
同學校。他對學校的認同度比一般的老師要來的高，
我是覺得還蠻明顯的。」（P03-20080107）

「一個正向的行政文化，大概積極向上、和諧圓融、
以身作則，就是身先士卒、主動服務，另外就是注
重研發跟創新，就是求新求變，另外就是作為行政
支持系統，對老師教學作教學的支持系統，另外充分
利用資源，就是資源的利用，像樹立形象、拓展各層
面的關係，也不忘社區的敦親睦鄰，另外分工合作，
可以獨當一面。」（P06-20080311）

「小學校我想人跟人之間的互動會比較多一點，比
較能夠坐下來嘛，因為辦公室可能就一兩間，那大
學校的話，有時難免處室跟處室之間溝通協調，有

時候會稍微不足啦。」（P08-20080414）

「基本上當老師的人都是很簡單善良的，所以他們
兼行政也好，或者帶學校的行政人員專職職員的部
分來講，都很善良、純真、簡單。」（P10-20080417）

「(1) 以顧客為導向的學校行政文化，重視學校師生
的需求；(2) 兩性平等的學校行政文化，除了持續不
斷的推動兩性平等教育的專業研習與活動之外，對
於課程、教學與評量最重要的執行者——教師，培養
正確的兩性觀，一方面編選具有性別均等的教材，另
一方面能澄清與修正教科書中的性別偏見，並且透
過各學習領域的教學、彈性學習及本位課程中，將
兩性教育議題的理念真正落實於課程實踐；(3) 創新
的學校行政文化；(4) 學校討論與合作的學校行政文
化，由分權與共同協商來形成學校文化；(5) 重視弱
勢的學校行政文化；(6) 專業發展的學校行政文化；
(7) 精益求精的學校行政文化；(8) 講求績效責任的學
校行政文化。」（P04-20080107）

　　至於受訪校長對負面的行政文化之看法與反應亦不一，
少有交集，以下是數位校長對負面行政文化的感受。

「另外若還有負向文化的話，就是得過且過的態度。消極的人，他得過且過，反正只要公文辦了，辦得如何不管。」（P05-20080305），

「有時候難免有些功利主義，比如說他注重的是升學，形式主義、升學主義。比較做表面的工作，比如說資料啦！」（P06-20080311）

「因為人年輕所以比較不願意付出 …… 所以我覺得說我剛講啦兼任行政人員流動。第二個我是覺得學校行政文化變成說這個以前就有了啦，就是比較各自為政，這不是現在才有的。第三個我覺得現在年輕人的學習意願，學新事情的意願沒有以前高，因為我覺得以前的行政文化是校長說什麼我們就做 …… 現在的行政同仁我覺得服從性沒有像以前那麼的高。」（P07-20080324）

「因為大學校事情多，接觸的人也多，本身的工作也滿繁雜的，所以往往會在推動一些事情的時候，有化繁為簡的一個處理的方式。但是化繁為簡會有一些細節比較少照顧到。」（P08-20080414）

「(1) 學校行政服務熱忱降低，找不到人從事行政相關工作，即使勉強找到，也都是以應付的心態從事

行政，無積極的作為；(2) 處室本位主義過於濃厚，橫向聯繫嚴重不足，反映科層體制的層級節制與職務分工特徵，處室間依業務性質各司其職、劃定界限，避免相互干涉逾越；(3) 學校行政成員假定意見的表達無法獲得正向回饋，或認定多說話會被視為不合作，常以私下談論了事，替代公開的積極建言；(4) 學校成員對衝突本身持負向假定，認為組織衝突有礙團體和諧；(5) 深陷管理主義的泥淖，而非行政服務教學的初衷。」（P04-20080107）

綜合上述可知，就國中之行政文化而言，有的校長認為行政態度積極，但也有校長認為學校行政人員得過且過不夠積極，可見基本上學校行政文化因校而異。組織文化的特性包括：普遍性、穩定性、獨特性及共有性，其中獨特性指的是每個團體基於不同的歷史傳統、組織成員、內外在環境，孕育不同於其他組織的文化，因此每個組織文化具有其獨特的風貌，世界上可說很難存在兩個完全契合一致的組織文化，亦即組織文化具有獨特性（蔡進雄，2001：155-156）。誠如譚光鼎（2010：309）所言，學校文化類型，校校大不同。同樣地，各校行政文化，也是校校大不同。要言之，國民中學各校之行政文化因受不同因素的影響而有差異。

貳、誘因不足、意願不高及工作負荷增加等因素，學校行政人員易流動

前述在問及負面或正向之學校行政文化時，接受訪談之校長對負面及正向的學校行政文化之觀察不一，但對於學校行政人員易流動之現象則頗有共識。

國中之行政人員除了少數職員是公務人員擔任外，其餘如各處室主任及組長幾乎均由教師兼任，但並非所有的教師都有志於從事行政工作。多位受訪校長均表示，學校行政人員不易尋覓，其原因之一是工作量增加，教師不願付出，加上擔任行政工作誘因不足等因素，使得學校行政人員易流動，而不利於學校行政文化的傳承。接受訪談的 10 位校長有 8 位表達出行政人員易流動的看法：

「普遍觀察起來，他們其實行政以目前來說流動率很大的，因為他們本身意願並不高……所以流動率高，再來就是傳承並不是那麼的 OK，有時候會斷層，傳承會出現問題，因為意願並不是那麼高。」（P01-20071217）

「學校行政服務熱忱降低，找不到人從事行政相關工作，即使勉強找到，也都是以應付的心態從事行政，無積極作為。」（P04-20080107）

「因為人年輕所以比較不願意付出，所以兼任行政人員流動率變得太高。」（P07-20080324）

「……因為組長的汰換率流動率很高……」（P03-20080107）

「我覺得可能老師的文化，跟所謂兼職行政文化多多少少會因為工作性質不同，因為彼此的角色不同，工作的分量不同，……他覺得那我為什麼要那麼辛苦，我就回去做我的老師。」（P09-20080416）

「以前我們考上主任的時候，是很高興、是很榮耀的事情，但是現在沒人要做了，沒有誘因嘛。比如說導師費已經提升到多少，跟主任差沒有多少，沒有誘因，記功嘉獎對你的調校沒有什麼作用。沒什麼作用啊！以前有啊！你記功嘉獎對調校還可以加分，考校長還可以加分，現在國中沒用啦！那個誘因沒有了。……所以相對的，就會減低了擔任行政的意願。擔任行政其實是不得已擔任的時候，就變成反正我就做分內的工作就好，祈求六十分就好了，你要我多做？免了吧！我只要維持六十分就好，有讓校長或讓人家看到我有在做就好了，至於有沒有用心在規劃？有沒有很有創意在規劃就……」（P02-20071228）

「現在學校情況大概是這樣，教師最喜歡當的是專任老師，如果三個可以讓老師選擇的時候，專任老師、導師、行政，老師一定會選擇當專任。如果專任沒有了，他會選擇當導師，導師沒有了，才會被動當行政。所以這個想法跟我們以前是不一樣的，我們以前是優秀的當行政，其次當導師，然後才當專任，現在剛好是顛倒過來。那為什麼會這樣，因為勞逸不均。」（P05-20080305）

「我的口號是我的師傅校長教我的，做別人的工作練自己的工夫（台語），就是說你將來君子之器，你將來會擔任什麼樣的工作不一定。有的老師根本排斥做行政，他不願意做，我建議他要想想將來是八五制，算一算要六十歲才可能退休，那時候你還有力氣擔任導師或擔任課務繁重的專任教師嗎？這個還是要從人性的本位去看一些事情，去對老師做說服。」（P10-20080417）

　　總括上述，從受訪校長之訪談可知目前國中教師兼任行政職務的意願普遍不足，其原因是誘因不夠、勞逸不均及工作量增加，擔任專任教師不兼導師或行政工作往往是國中教師的「最愛」。由於意願不足等因素造成行政人員流動率高，此現象不利於學校行政文化的傳承與延續。

參、學校行政文化受校長領導之影響頗大

國中行政系統主要是由校長領導，各處室主任及組長亦是均由校長任用，是故校長的領導作為對於行政人員的工作士氣及行政表現影響頗大，所謂「有什麼樣的校長，就有什麼樣的學校」，而校長對於學校行政更有直接的影響，例如校長是否能以身作則、校長的教育理念及辦學方向等均會影響學校行政文化。誠如陳奎熹（2003：153）所言，學校文化的形成常決定於校長的角色觀念與角色行為。具體而言，領導與組織文化的關係，猶如銅板的兩個面，彼此相互依存，永遠不能分開（吳焱修，1989：27-28；Schein, 1992）。

「我覺得其實學校文化當然靠校長。」（P01-20071217）

「我的第一個感覺，校長領導影響蠻重要的。」
（P02-20071228）

「我覺得這裡面還是一樣，就是說以身作則。我覺得校長以身作則的話，例如說剛才談到尊重也好溝通也好，如果校長也不尊重也不溝通，那就很難有這樣一個行政文化。」（P07-20080324）

「校長第一個要以身作則，校長帶領很重要，像我的辦公室都自己保持整潔，我保持乾淨，他們辦公

室也不得不乾淨，不然總不能只要求他們乾淨嘛。」
（P10-20080417）

「我覺得第一個是校長態度啦，如果校長沒有在要
求，或校長沒有在動的話，學校行政文化是不會改
變的。所以校長態度其實是很重要的，畢竟主任是
你選定的。」（P08-20080414）

「有什麼樣的校長，就有什麼樣的學校。」也許我們可
以進一步地說：「有什麼樣的校長，就有什麼樣的學校行政文
化。」多位受訪校長亦都表示校長的領導、工作態度及以身作
則會直接影響學校的行政文化。

第五節　結論與建議

教師文化及學生文化是諸多學者關注的焦點，但影響學
校發展甚巨的學校行政之文化卻未有研究者進行研究，因此
研究者擬透過訪問校長，企圖找尋學校行政文化的現況。具
體而言，本研究之目的為瞭解正向與負面的國中學校行政文
化，及影響及塑造學校行政文化的因素為何？經由訪談內容
之分析，本研究獲得以下幾點結論：第一，各校所呈現之行
政文化有所差異：國民中學學校行政文化因校而異，亦即國
民中學學校行政文化之良窳因學校不同而有個別差異，未見

普遍共同之正面的學校行政文化，顯示國民中學各校行政文化之差異性頗大；第二，誘因不足、意願不高及工作負荷增加等因素，學校行政人員易流動；第三，學校行政文化受該校校長領導之影響頗大。

基於以上研究結論，本研究提出之建議如下：

第一，優質學校行政文化之塑造可從校長領導著手：不論從組織文化理論或校長訪談中，均可發現領導者與組織文化兩者密不可分，因此學校行政人員所展現的行政文化受校長領導之影響頗大。所謂風行草偃，優質學校行政文化之形塑可從校長領導開始做起，國中校長應以身作則、有正確的價值信念與教育理想、積極作為、勇於創新，以帶動行政人員並營造優質的行政文化。

第二，對於兼職行政工作之教師應多給予激勵：多位接受訪談的校長均表示目前國中行政人員不易尋覓，尤其是組長層級流動率較高，因此教育主管機關對於學校行政人員應該多給予獎勵，增加兼職行政工作的誘因。校內校長平日對於學校行政人員亦宜多加肯定其對學校的付出與辛勞，以增進其留任意願及行政文化之傳承與延續。

第三，過去並未有學校行政文化之研究，本研究嘗試採用質性研究取向，進行 10 位校長之訪問，所得研究結果之推論範圍有限，且從 10 位校長的訪談中並未能萃取國中共同普遍之正向行政文化，建議未來的研究可在本研究結果之基礎上，採用問卷調查之量化研究，也許可以獲得更為普遍性的原則。

第六章

從環境領導論校長的
邊界管理

第一節　前言

　　多數組織理論學者都認同並強調環境對組織的重要性，但幾乎所有的研究重點都在組織內部，如領導、決定及溝通等，而未深入探究組織如何瞭解環境及管理環境（俞慧芸，2007：13）。職此之故，國內對於學校經營與管理之研究也大多侷限於探討學校組織內部之議題，例如校長領導對於教師的影響。然而學校組織是個開放系統，勢必要與外在環境做某種程度的互動，而學校校長就必須扮演著管理環境的角色。誠如 Goldring（2002）所言，環境對學校的影響愈來愈大，校長有必要瞭解各種與環境有關的領導策略，Pfeffer 甚至宣稱管理環境事實上比管理組織更重要（引自林明地等譯，2003：329）。Mintzberg 認為管理者在外界人士身上花的時間，至少和在部屬身上花的時間一樣多，故管理角色之一是領導單位內的人員以及聯繫單位外的人員（洪慧芳譯，2011）。鄭燕祥（2001：176）也指出，促進學校效能之學校領導者所要扮演角色之一是環境領導者，亦即教育領導者需要管理學校的外在環境，與校外有關人士建立良好的關係，推銷學校的特色強項和貢獻，以及建立學校公眾形象。

　　由上述可知，管理外部環境及與外部人士互動是領導者的重要功課，也是校長應關切的議題。值得說明與界定的是，本文所指的環境領導並不是生態環保的領導，而是組織與外部關係的環境領導。筆者認為學校組織的環境領導可分為大 E（Environment）及小 e（environment）的環境領導，大 E 的

環境領導是指學校組織與政治、社會、經濟、文化等大環境互動關係的領導；小 e 的環境領導是指學校組織與鄰近學區家長、外界人士、校友等彼此的互動影響關係之領導；但不論是大 E 或小 e 都值得學校領導者加以關注。而本文是著重於小 e 環境領導之探討，此乃因家長、社區人士及校友等對於學校的影響及衝擊較為直接。

論及環境領導必須先瞭解邊界（boundary）之概念，邊界使學校與其外在環境分開，在邊界內，學校是外在環境的一個單位；在邊界外的環境可以穿透邊界對學校發生影響，同樣地學校亦可穿透邊界影響環境（黃昆輝，1989：241）。Bush（2003：105）認為外在環境的管理是領導者與參與者的重要議題，學校與環境間的邊界控制是學校政治與資源的影響來源。邊界管理（boundary management）一詞就是在於說明管理者的職責是作為環境與機構的界面，以及保持回饋管道暢通，並對轉變作出回應及改進結構等（Hanna, 2002）。是以領導者不僅要調整組織以適應情境，還要採取行動來改變組織以回應環境，甚至可以主動去改變環境（俞慧芸譯，2007：419-420），因此面對多變化的社會環境，教育領導者宜多關注學校外部環境之情況並進行管理領導。基於此，本文將先敘述系統理論、資源依賴理論及機構理論，其次陳述學校與外部環境影響關係之模式，最後闡明校長邊界管理的策略與作法，以供學校領導者進行邊界管理之參考。

第二節　學校與外部關係的理論基礎：系統理論、資源依賴理論與體制理論

　　學校行政研究若只集中在學校內部功能之探討，那就是把學校看成封閉系統，不受更大外界環境影響而能獨立運作，但學校與環境間之界線是可穿透且彼此是交互作用的（林明地等譯，2000：97）。學校與外部關係之理論基礎大致可從系統理論、資源依賴理論及體制理論三方面加以論述，闡明如下。

壹、系統理論

　　系統是指一組相互依存的單位，經由彼此合作來調適外在環境的變化，系統理論植基於生態學的觀點，認為組織是由許多相互依賴的次系統所組成（引自吳宜蓁，1998：52）。學校是一個開放的系統，會與其外在社會環境發生交互作用（黃昆輝，1989：285）。開放系統具有以下的特色（謝文全，2009：48-52）：(1) 具有環境及超級系統並與其相輔相成；(2) 包含有次級系統且各次級系統相輔相成；(3) 能藉由反饋自動調適維持平衡；(4) 生存於不可回溯的時間序流裡；(5) 有衰亡趨勢但亦有反衰亡能力；(6) 具有殊途同歸性。

貳、資源依賴理論

　　資源依賴觀點（resource-dependence perspective）視環境為獲得稀有資源的地方，且假定組織本身不能產生內部需求的資源（林明地等譯，2003）。但組織也會因受外界環境的影響而主動管理環境，使環境中的不確定性降到最低（引自吳宜蓁，1998：65）。換言之，資源依賴觀點一方面主張組織是受外部控制，所以要瞭解環境，另一方面又證明組織可以主動地、有效地管理環境（俞慧芸，2007：15）。

參、體制理論

　　教育行政領域的研究通常都限定在某一所學校或一組學校之內，但體制理論（institutional theory）認為適當的分析單位應該是學校所賴以存在的、外在的大環境（王如哲等譯，2004：614）。體制理論所指的「體制」包括有形的組織（例如政府、大眾媒體）及無形的規範（例如法律、道德規範），體制理論認為個人需要社會化，組織也要經過體制化或制度化的過程以符合社會的要求（引自吳宜蓁，1998：66）。基本上，外在體制環境可以透過強制、規範及模仿等三種機制來影響組織（Scott, 1998：134）。申言之，體制理論基本假設是組織反映出社會的規範、價值及意識型態。據此，組織經由順從機構的規則與程序獲得其合理性（林明地等譯，2003：341）。另一方面，我們也可以說學校會受到其場域中

組織網絡之各種力量的束縛，例如法律的規範與家長的期待
等（蘇文賢、江吟梓譯，2009：444）。值得一提的是，新體
制學派（new institutionalism）主張傳統體制理論強調合法性
及同型化，已無法描述教育機構之發展本質，因而重視成員
建構其行為意義的過程及市場對學校影響的力量（秦夢群，
2010；Meyer & Rowan, 2006）。

第三節　學校與外部環境影響關係的模式

　　透過系統理論、資源依賴理論及體制理論之探討，可以
瞭解組織與環境的互動關係。系統理論主張組織宜因應外在
環境的變化調整經營方向，資源依賴理論認為組織與環境是
資源的供需關係，體制理論則指出組織要迎合社會機關的要
求及社會價值的期待才能永續經營（吳宜蓁，1998：50）。要
言之，組織是開放系統，會受到外部環境的影響並反過來影
響外部環境（張進德等譯，2002：68），因此組織領導者必須
進行環境領導。一般而言，領導及管理環境可分為適應環境
及影響環境兩個方向（香港管理專業發展中心，2009：41）。
Goldring（2002：463）則陳述環境管理的三種策略，分別是：
獨立策略、適應策略及策略調整和社會化過程策略。筆者參
酌 Goldring 的看法，提出學校與外部環境關係的四種模式，
闡述如下。

壹、隔絕模式

如圖 6-1 所示，隔絕模式是指學校與外部環境完全不互動，如此一來可以降低學校對外部資源的依賴，二來可以維持學校的自主性，避免受到外部人士的干擾。但此種模式的缺點是學校無法與外部環境交流，在隔絕中無法獲得外部資源，而且以國內教育環境觀之，幾乎沒有完全不與外部環境互動的學校。

圖 6-1　隔絕模式

貳、依賴模式

如圖 6-2 所示，依賴模式是指學校需要依賴外部資源，或者外部環境影響學校的運作，此種模式並不是吾人所樂於見到的模式。雖然學校或多或少會受環境的影響，也某種程度會依賴外部資源，但倘若完全依賴環境，則喪失自主性及獨立性，因而影響學校的發展。

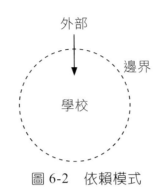

圖 6-2　依賴模式

參、引導模式

　　上述的依賴模式是外部環境影響學校，然組織也可以反過來影響環境的價值及信仰，以及影響環境對組織的評價標準等，例如某產業公會遊說立法委員制訂有利於該產業的法令（朱金池，2001：365）。圖 6-3 所示是學校影響外部環境之引導模式，此種模式在學校較為常見的是學校透過各種方式來教育家長並影響家長，使家長能配合學校的教育政策或作法。易言之，在改變組織本身與改變環境之間，引導模式傾向主動改變外在環境。

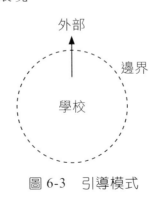

圖 6-3　引導模式

肆、調適模式

如圖 6-4 顯示之調適模式是指學校與外部環境之間的合作，增加彼此共同一致的行動（Goldring, 2002）。辦學卓越的學校和社區是一體的，學校常會邀請家長和社區民眾作為夥伴，共同經營學校（解志強、顏美芳譯，2006：78），故調適模式較能被一般人所接受，也就是學校與外部環境彼此調適並成為一種合作關係。最常見的是學校與家長建立教育的夥伴關係，學校邀請家長參與校務並積極爭取外部資源，而另一方面家長也能瞭解學校教育學生的各種措施並配合學校的合理要求。總之，學校是公共財，但也不是意味著外部人員對學校可以隨意、任意作為，學校與外部人員應該彼此調適與合作。

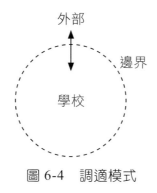

圖 6-4 調適模式

質言之，隔絕模式是學校不依賴外部資源，且與外部環境沒有互動與交流；依賴模式是學校過於依賴外部資源，使得學校受到外部環境或外部人士的嚴重干擾；相反地，引導

模式是學校主動影響外部環境，例如教育家長及社區人士；至於調適模式是學校與外部環境或校外人員彼此調適並發展成為夥伴關係。

第四節　校長的邊界管理

闡明爬梳學校與外部關係模式之後，接下來論述校長的邊界管理策略。由前述可知，雖然學校是一個開放系統，但不代表學校沒有邊界，而邊界是可以被穿透的，穿透度的定義是指在邊界外的人士能夠參與或影響組織活動的程度，環境領導者的工作就是管理邊界的穿透度（引自 Goldring, 2002）。也就是說，組織為求確保其技術核心的理性運作，勢必建立各種「界線防守單位」，透過選擇及過濾過程將某些有害於組織的輸入項目，隔絕於組織大門之外以防範其發生不良作用（引自彭文賢，1996：383）。Raelin（2003：91）亦指出，邊界角色需要有正式職位的領導者為團隊交涉，以保護可能會干擾內部功能運作的外部影響。一般而言，在組織邊界上通常有一群組織的內部成員扮演連結組織與外部環境的組織跨界人（organizational boundary spanner），蒐集外部趨勢及獲取資源的重要工作，經理人是重要的組織跨界人（引自盧淵源、蘇登呼、黃英忠，2009：3-4）。

Oliver（1991）指出組織回應環境的策略有五種，包括順從、妥協、逃避、抗拒及操縱等（朱金池，2001：362）。陳

以慕（2011）在其研究中將組織跨界者分為四種角色認知類型：創業家、擋箭牌、火車頭與通譯員。Mintzberg 認為管理者是處理外部影響的守門人及緩衝器，並指出五種可能犯錯的狀況，值得吾人參考（洪慧芳譯，2011：102-103）：第一，有些管理者是濾網，他們讓影響輕易流入單位裡，但這讓下屬承受壓力；第二，有些管理者是堤壩，把外部影響力擋在外頭，卻也與外部支援脫節；第三，有些管理者是海綿，自己承受大部分壓力，能贏得部屬感激卻把自己累垮；第四，有些管理者是水管，對外部施加壓力，但可能引起外界的不滿及不合作；第五，有些管理者是水滴，他們對外界施加的壓力太小，無法充分表達所屬單位的需求，所以常被外人占盡便宜。以上五種邊界管理模式之優點及侷限可整理如表6-1。Mintzberg 主張有效的管理者只會偶爾展現上述狀況，不會始終如此，他會針對不同情況加以回應。

表 6-1　五種邊界關係的管理隱喻

	優點	侷限
濾網	讓外部影響進入組織	讓部屬承受壓力
堤壩	抵擋外部影響力，可保護單位內員工	使單位和外界支援脫節
海綿	管理者承受壓力可讓部屬感激管理者付出	管理者會累壞
水管	對外部施加強大的壓力	引起外界的不滿及不合作
水滴	對外界施加太小的壓力，無法表達單位的需求	被外人占盡便宜

資料來源：筆者依 Mintzberg 的觀點加以整理。

綜合上述各家觀點可知，校長在學校邊界管理上是關鍵性人物。如圖 6-5 所示，學校須與教育局、家長、校友、民意代表、鄰近學校、各類社團、教育部等學校邊界外之人員或單位互動，是故校長要適時扮演組織跨界人的角色並管理邊界的穿透度。以下從進行環境掃描、善用緩衝策略、採取吸納策略、訂立契約或建立夥伴關係、推動公共關係、可尋找組織邊界管理的代理人、適時應用談判策略、妥善處理組織內的邊界管理等加以闡述。

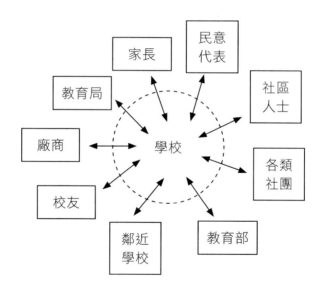

圖 6-5　學校與邊界外人士或單位的互動

壹、進行環境掃描

學校是開放系統，不能自絕於外在環境，而環境掃描（environmental scanning）所指的是蒐集並排序有關環境的資訊（張進德等譯，2002），而管理者必須學習跨越藩籬，對當前環境加以覺察、辨別和闡釋（宋玲蘭、林溥鈞譯，2001：96）。因此，校長應該對於學校所處的外部環境進行環境掃描，例如對社區家長背景、學生生活環境、各類社團、交通環境、鄰近同類型的學校等進行分析與瞭解，也可以擴大範疇分析大環境之經濟、社會、政治及文化對教育的影響情形。要言之，進行環境掃描是校長環境領導及進行邊界管理的首要步驟。

貳、善用緩衝策略

緩衝（buffering）指在組織與環境間創造保護層（林明地等譯，2003；Miner, Amburgey, & Stearns, 1990），將核心技術與環境影響隔離，例如透過正式程序可以減少環境對學校的影響（Goldring, 2002）。舉例而言，如家長或相關團體要影響學校的規定，則校長可以表示學校必須要依法行政，不能違反教育局的指示，或告知家長及教育團體這些要求需要透過學校開會程序或相關委員會加以討論。又在國民中小學較常見的現象是家長對教師的教學或班級經營有不同看法或抱怨，並直接向校長反應，在未查證之前，校長可以先向

家長說明學校會先開會討論並依行政程序辦理，以此作為緩衝並降低家長對學校教學的直接影響。

參、採取吸納策略

邀請那些會影響組織的外部成員參與組織的各種活動、列名董事會或諮詢委員等，亦即將可能的潛在具敵意的局外人帶進組織，此即為吸納（co-optation）之策略，其目的在使這些具敵意的局外人社會化並對組織提供協助（俞慧芸譯，2007：200）。當有影響力的人被指派成為指導委員時，就產生合作關係（林明地等譯，2003：336）。策略性安排職位可以化敵為友，至少不至於反對你或阻礙你（林錦慧譯，2011）。

因此，將有影響力的社區人士聘為學校顧問，或邀請對校務發展有較多意見的家長加入家長會擔任要職等方式，可以降低校外人員對學校的衝擊性。

肆、訂立契約或建立夥伴關係

為避免外部團體或社區人士干擾學校運作，學校可與他們訂定契約，溝通協商討論出彼此有共識的遊戲規則，例如校園使用與開放時間，學校可以與社區人士或相關團體溝通，訂定不影響教學而又能滿足社區民眾需求的契約。此外，校長也可以與家長建立聯盟及夥伴關係，使學校與家長能共同

為教育目標而努力。Eisler 亦指出，學校教育應該建立夥伴關係模式（partnership model）而不是支配者模式（dominator model）（方志華譯，2006）。教育可以跨越邊界，尋覓合作對象並建立良好夥伴關係（張佳琳，2002）。范信賢和尤淑慧（2009）亦指出，在社區總體營造及學校本位課程的推力下，臺灣之學校和社區更有機會跨越藩籬，一起協同合作進行課程變革，以增益學生的學習。

質言之，所有系統都有邊界並藉此與其他系統分隔，邊界可能是實質的建築物、部門的劃分或心理上的隔閡。邊界的滲透或開放程度太高，外界的各種要求會將系統壓垮，滲透太低則會切斷系統所需要的資源（Hanna, 2002：18）。藉由與外界訂定契約，可以防止外界的過度滲透，而學校與外界人士建立夥伴關係，則可以避免失去所需要的教育資源並發展合作互助關係，是以訂定契約或建立夥伴關係是校長邊界管理相當值得運用的有效策略。

伍、推動公共關係

組織領導者運用公共關係策略可以影響環境對組織的觀感與認識，從而管理組織所處的環境，這有助於爭取支援及資源，且可挽留顧客和員工（Goldring, 2002：464）。準此，學校領導者宜積極推動公共關係。所謂學校公共關係，「係指學校有計畫有目的地透過各種方式，與校內外公眾進行雙向溝通，以增進彼此的相互瞭解，爭取校內外公眾的認同支

持與資源之引進,以達成學校教育目標之歷程。」(蔡進雄,
2009a:92),而學校領導者在運用公共關係以影響環境的主
要作法可以有如下的具體策略:(1) 建立正確的公共關係之觀
念;(2) 建立對外公共關係的管道;(3) 善用學校行銷策略;
(4) 運用新聞媒體傳播各種訊息;(5) 重視校內公共關係等(蔡
進雄,2009a:93-94)。

陸、可尋找組織邊界管理的代理人

跨疆界工作實務(cross boundary spanning practice)是
一種動態調整、社會網絡關聯的社群結構(蔡敦浩、李慶芳,
1996:109)。研究也發現跨界人員(boundary spanner)能力
之展現對策略聯盟績效有正面的影響(吳忠聖,2008)。組織
邊界角色的兩大功能是資訊處理(information processing)
及外部代表(external representation)(Aldrich & Herker,
1977:218),可見組織跨界人員對組織有其重要性。Organ
認為組織跨界人員應具備絕佳的駕馭語言能力及記憶力、需
有彈性、外向、具備務實的價值觀等特質(引自張惠蓉,
2004:24-26)。是以倘若校長未能具備這些特質,可尋找組
織邊界管理的代理人,例如可請某位具組織邊界管理人特質
的主任協助與社區人士溝通,或擔任學校發言人,以補校長
在邊界管理之不足。

柒、適時應用談判策略

　　談判（negotiation）是由兩個或兩個以上的個人或團體，對彼此所關心的事情發生衝突或產生歧見，因而透過共同協商或決策的過程，建立彼此都能接受的解決方案，以達成共識及建立共同的行動準則（陳世穎，2007：46）。由於校長必須經常面對不同的校外人士及團體，勢必有機會和不同的利害關係人談判協商，是以校長應該適時應用談判策略與技術。基本上，談判高手都會熟悉談判的四個基本階段，分別是：(1) 準備：蒐集相關資料；(2) 開會：建立基礎規則；(3) 協議：議題討論；(4) 問題解決：達成最後共識（黃丹力譯，2010）。至於校長談判的策略則包括營造談判環境、建立互信、誠意溝通、蒐集情報、事先設定議題、組織談判團隊、強化談判實力、結盟、善用輿論、讓步、堅持立場、善用非正式組織及創造雙贏等（陳世穎，2007）。總之，校長在執行邊界管理時，宜適時運用談判技術與策略，以創造學校與邊界外人士雙贏的結果。

捌、妥善處理組織內的邊界管理

　　前述各項所指的是校長與外部的邊界管理，此外校長也會面對組織內部的邊界管理，組織內的邊界可分為（引自余朝權，2005：348）：(1) 職務邊界：即主管與部屬間的邊界；(2) 任務邊界：成員負責任務與他人有所界線；(3) 政治邊界：

指不同部門的主張有所差異；(4) 認同邊界：指「我們」與「他們」的分野。

在學校組織內常見的是各處室的本位主義及任務邊界，亦即各單位主管為維護處室內的權益或任務的分配問題等，而形成壁壘分明及溝通障礙之情形。是以校長宜妥善處理組織內的邊界管理問題，其具體作法是建立組織內無邊界（boundaryless）的概念、設置跨功能團隊、組織扁平化、讓成員參與決策、加強各處室間的溝通協調等（余朝權，2005；戚樹誠，2010；李青芬等譯，2006），以減少校內各處室間的對立、隔閡與割據。

第五節　結語

以管理學的角度觀之，組織的外部環境有一般環境（general environment）及任務環境（task environment）兩種之分。前者指的是組織周遭廣博的構面，創造了組織整體的環境，例如經濟、科技及政治、法律構面，其對組織的衝擊較不明確及不具體；後者指的是影響一個組織特定的外部組織或群體，例如競爭者及顧客等，其對組織的影響較直接（黃營杉譯，2006）。本文將領導者對一般環境的領導稱為大 E 的環境領導，對任務環境的領導稱為小 e 的環境領導，並從小 e 的環境領導探析校長的邊界管理策略。

顯然地，教育領導者不僅要留意學校的內部運作，還要負起環境領導者的責任（Goldring, 2002），在學校與外部環

境互動愈來愈頻繁的情況下，組織中負責與外部環境互動的
疆界跨界人員愈顯現其重要性（鄭允誠，2009）。質言之，校
長除了管理領導學校內部外，應該同時進行邊界管理，以避
免邊界外的人士或團體干擾學校的獨立性及影響教師教學。
特別是在中小學家長參與校務逐漸受到重視的教育環境，校
長宜熟悉外部環境對學校的影響，亦即「安內攘外」兩者兼
顧。值得提醒的是，校長邊界管理的目的並不是對外部資源
或外部人員的需求置之不理，也不是忽略環境對學校的影響，
而是在於避免不合理、不合法、不合情的外力介入影響學校
教育的發展，並且能夠與外界保持良好的社群互動及夥伴關
係。誠如 Mintzberg 所言，邊界關係的管理之困難在於一方
面所屬單位需要被保護，一方面又需要針對不同情況積極地
靈活因應，因此管理者要很巧妙地管理邊界關係，很清楚地
該讓哪些壓力進入單位內，哪些該抵擋在外面，以及反過來
如何對外施壓（洪慧芳譯，2011）。

　　學校邊界有看得到的有形圍牆邊界及無形的組織邊界兩
種之分，本文所論述著重的是無形之邊界管理。總括來說，
學校是個開放系統但也是有邊界的，學校與外部環境彼此的
影響關係如前文所述有四種模式，分別是隔絕模式、依賴模
式、引導模式及調適模式，校長在瞭解學校與外部環境的不
同關係模式後，應該進一步進行環境領導並妥善運用邊界管
理的相關策略，以降低學校在爭取或依賴外部資源所衍生的
負面效應，而同時又能與外界人士或外部組織形成教育夥伴
關係，並保有校長領導校務發展的自主性。

第七章

從體制理論探析學校
同形化與異形化

第一節　前言

　　體制理論（institutional theory）是政治學、經濟學、管理學、社會學及組織學等學科探討的重要議題（王躍生，2000；何雍慶、方慧臻，2007；吳得源，2003；李英明，2005；陳惠芳，1998；Kostova & Roth, 2002；Ogawa & Scribner, 2002；Roberts & Greenwood, 1997；Ruef & Scott, 1998；Scott, 1987, 1998），將體度理論應用在教育行政學並以體制理論之概念用來分析學校教育亦逐漸受到重視（Meyer & Rowan, 2006; Ogawa, 1992），體制不僅左右學校經營方向，甚至可以影響教師教學及學生學習表現（王如哲等譯，2004：604-613）。國內秦夢群（2010）在《教育領導理論與應用》一書曾提到體制理論在教育領導的應用與分析，然整體觀之，應用體制理論之概念來剖析學校經營發展之研究在國內仍然較為缺乏，值得進一步探討。

　　經濟歷史學家 North 將體制界定為一個社會中的遊戲規則，體制是人為制定的限制，用以規範人類的互動行為（引自朱金池，2001：340）。社會對於不同體制化環境都會賦予差異性的社會期待與規範，個體或組織在情境中互動時，必然會受體制化環境的影響（陳秉璋、陳信木，1990：148），在同一體制範疇中的組織，通常都依據主流體制所規範的規則來行動與交易（林南，2005：331）。體制理論主張一個組織所採取的某項措施或某一組織結構設計，主要是期望獲得合法地位及賴以為生的資源（引自莊世杰、賴志松、孫衙聰、

龔昶元、葉穎蓉、許秉瑜，2005：157）。許多組織在不同情境中不得不暫時放棄效率的目標，轉而爭取存續的合法正當性（legitimacy），以達到穩定及生存的目的（陳美智、楊開雲，2000：29）。質言之，組織要顧及所處的法律制度、社會規範及文化期待（辛治寧，2008），也就是說組織必須與環境力求相符以獲得正當性及支持（引自楊鎮維、方世杰、黃維民，2005：127）。DiMaggio 和 Powell 於 1983 年甚至指出，企業結構的改變只有少部分是基於本身組織效能或競爭力的提升，大部分都是來自於外在環境體制化的壓力（引自吳宜蓁，1998：66）。

　　理性化之體制結構使得許多正式組織愈來愈相似，這反而形成另一種形式的鐵牢籠（iron cage）（陳美智、楊開雲，2000；DiMaggio & Powell, 1983），如公司廠商爭取 ISO 認證是同形化（isomorphism）的結果，它是否能確保產品或服務品質則是另一個問題（陳美智、楊開雲，2000）。顯然地，當大多數的經理人或企業選擇服從體制後，就會產生同形化的現象，使得經營模式及組織結構等都彼此類似，但結果是限制了創意與創新（盧希鵬，2011：214；DiMaggio & Powell, 1983）。I. Illich 亦認為學校系統有趨同之現象（吳康寧譯，1994：87），Hanson 指出體制理論可以讓我們瞭解為什麼大多數的學校會如此相似及學校的僵化（蘇文賢、江吟梓譯，2009）。由此可見，組織順從了體制獲得合法正當性，卻也失去了創新與自主性。

　　誠如楊仁壽、卓秀足與俞慧芸（2011：270）所言，遵從

體制壓力可能傷害組織的自主性與效率，是以組織必須權衡輕重，在努力獲得合法性及正當性的同時，要降低體制壓力對組織自主性及效率的負面影響。職此之故，制度、結構、價值及文化如何影響人的行動，以及人到底有沒有自主性和自由，這些就是社會科學想要努力回答的問題（李英明，2005：2）。因此，晚近新的體制理論認為人類的心靈能夠思考並重視文化因素（陳美智、楊開雲，2000），換言之，體制影響人的行為，但體制是人為所建構的，體制與行為彼此是互動關係，體制是可以加以改變的（朱金池，2001：366）。秦夢群（2011：62-63）也指出，新體制理論主張傳統體制學派強調合法性及同形化之概念已無法描述教育機構的發展本質，學校文化、市場機制及各類學校的出現等，使得教育的運作更為複雜多元。此外，傳統體制主義者的觀點認為學校教育是一種被動的機制，但學校教育亦宜兼顧經濟發展與市場需要加以轉型（譚光鼎，2010：163-164）。再者，學校教育創新、學校特色也受到吾人的鼓勵與倡導（林志成主編，2011；蔡進雄，2007a；顏士程，2010），因此，學校在同形化的同時亦可呈現創新及多元的氣象。準此，本文想要從體制理論與新體制理論來分析學校經營發展的趨同及趨異現象，以供學校領導者辦學之參考。

第二節　體制及體制理論的意涵與功能

　　體制可分正式體制與非正式體制，前者如法律、法規、規則，後者如社會價值觀、意識型態、倫理道德等；正式體制靠法律和強制來維繫，非正式體制則是靠傳統、輿論及道德力量等來維繫（王躍生，2000：42-50）。Scott（1998：133-134）則認為發展完整的體制系統是透過管制（regulative），規範（normative）及認知（cognitive）三個力量或元素，來促進及維持有秩序的行為，其機制分別是強制、規範及模仿。在對於體制更明確的定義方面，P. Abell 將體制界定為大家多少同意的規範組，它們決定了某些行動者的行為（引自林明地等譯，2003：339）。王躍生（2000：52-53）表示體制是規範人們行為的規則，一個人只要與其他人發生關係就需要有體制。朱金池（2001：340）陳述體制是指人類心智所建構的一套一致遵循的正式或非正式的規範系統，以約束個體之間重複發生的互動行為。楊仁壽、卓秀足與俞慧芸（2011：259）從管理學的角度指出組織所遵從的規範，例如政府法令、產業內不成文的慣例、社會規範及大眾共同接受的價值信念等，此即所謂的體制。

　　至於體制的功能，就個人而言，人們在抉擇時，可以選擇聆聽自己內心的聲音與欲望，也可以服從體制對自己所扮演角色的期待，選擇前者就要為自己的自由負責任，而選擇後者通常比較安全且符合社會之角色期望（盧希鵬，2011：212）。從經濟學的角度來看，體制可以提供激勵機制及創造

合作條件等（王躍生，2000：33）；從社會學來看，體制是社會所規定的行為法則，可以作為我們每個人在社會中的行為指南，並且可以維持社會秩序（龍冠海，1979：167-168）。另一方面，體制化是一種過程，透過這種過程，規則或規範得以被眾人所接受，且一旦違反這些規則時將會受到制裁（何景榮譯，2002：4-5）。從管理學或組織學觀之，組織必須管理體制因素才能保障其資源的取得與生存（楊仁壽、卓秀足與俞慧芸，2011：259），亦即企業的行為必須符合體制以取得正當性，否則可能會被社會所唾棄（盧希鵬，2011：214）。Meyer 和 Rowan 在 1977 年就指出體制可穩定組織內部與外部關係，並緩衝混亂。

值得注意的是，早期的體制理論都假定「由上而下」的社會影響模式，學者考察各種規則、規範及信仰等如何影響組織。但晚近逐漸注意到「由下而上」的模式可以補充或代替由「上而下」的普遍模式，也就是說從效果轉移到過程（鄭伯壎、林姿葶等譯，2011：22），組織並非宿命地接受其環境所施予的影響（朱金池，2001：365）。再者，學校與外部環境關係的理論中，資源依賴理論也提供不同於舊體制理論的觀點，資源依賴理論強調組織具有自主性，面對外在環境壓力時，組織可以主動調整加以策略性因應，以求取組織之生存（莊正民、朱文儀、黃延聰，2001：129）。

綜合上述可知，體制有正式體制及非正式體制之分，藉以規範約束個人或組織之行為，組織遵從體制可以獲得合法正當性及外部資源。此外，新的體制理論主張組織有其自

主性的一面，組織並非完全由體制所控制。以學校為例，學校組織除了受政府體制規範外，在教育鬆綁、學校本位管理、教育選擇權、績效責任及教育市場化下，仍然可以有很大的創新及發展特色的空間，亦即學校有發展其異形化（idiosyncratic forms）（Davies, Quirke, & Aurini, 2006：109）之趨勢。

第三節　學校經營發展的同形化

體制理論認為所謂同形化是在相同環境，某一組織與其他組織在結構與實踐上的相似性（引自薛曉源、陳家剛，2007：12）。Scott（1987：501-506）陳述七種不同體制環境影響組織的因素，分別是強迫（imposition）、權威（authorization）、誘因（inducement）、獲得（acquisition）、印記（imprinting）、結合（incorporation）和迂迴（bypassing）。DiMaggio 和 Powell（1983）指出，透過強制同形化（coercive isomorphism）、模仿同形化（mimetic isomorphism）及規範同形化（normative isomorphism）等三種機制使得組織同形化，此觀點廣泛地被研究組織同形化的學者所引用。

強制同形化是指透過政府法令、各種規定等使組織同形化（林金榜譯，2003；盧希鵬，2011；DiMaggio & Powell, 1983）。以學校為例，不論是公私立學校，其辦學都要遵照政

府的法規，校長及教師資格均要符合教育人員任用條例的規定，以及教育當局隨時頒布的各種規定等都使得各校不得不遵從，並成為同形化。

　　規範同形化是指專業的規範及標準等使組織同形化，也就是說在專業化的過程中，如大學、專業檢定機構的價值觀、規範及標準，同時亦發揮守門員的功能（蘇文賢、江吟梓譯，2009：446；DiMaggio & Powell, 1983）。例如透過校務評鑑在相同評鑑指標下使得學校同形化，此外某些學校會主動申請校外評鑑，若評鑑通過，學校可藉此獲得家長或一般民眾的認同及信賴。

　　至於模仿同形化是指經由學習、借用與模仿等使組織同形化，亦即見賢思齊或進行標竿學習（林金榜譯，2003；盧希鵬，2011；DiMaggio & Powell, 1983）。例如組織間經由讀書會、高階主管的接觸、外部講師及參觀訪問等學習介面進行組織模仿同形化（施懿玲，2000）；又如國民小學常學習他校的作為及優點，但最後大家都「一窩蜂」的趨近相似；再例如各國民中小學為行銷學校績優表現，幾乎已形成了紅布條文化（蔡進雄，2007b）或跑馬燈文化。許士軍（2009：68）也認為採取所謂「標竿學習」的作法在策略層次上未必有助於發展本身特色，有時反而會產生「東施效顰」的反效果。

　　綜合以上所述，茲將學校同形化整理如圖 7-1 所示。由圖 7-1 可知透過教育法令（如教育基本法）、專業規範（如教育評鑑或師資培育機構的專業標準），以及模仿學習（如彼此

參訪學習）等機制，使得同一教育階段的學校同形化。學校
同形化的正面思考是學校教育品質可以獲得某種程度的確保，
但另一方面各種外在機制也使得學校經營「綁手綁腳」，無法
因地制宜發揮特色，例如政府法規的強制規定、統一的教育
評鑑指標等。

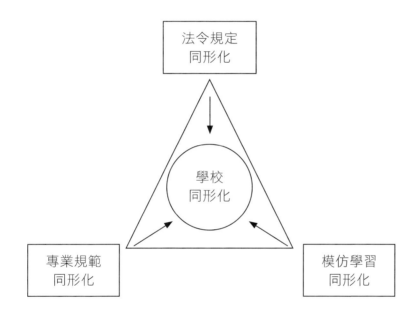

圖 7-1　學校同形化的機制

第四節　組織對體制的回應及學校經營發展的異形化

　　雖然國民小學屬於義務教育階段，各校間具有同質性，
教育改革、少子化、家長教育選擇權等已成為教育發展趨勢，

學校再也不能漠視外在環境的變化，而應主動因應及影響外在體制與環境（蔡進雄，2004a：6）。Oliver（1991：152）指出回應外在體制有五種策略，分別是默從（acquiesce）、妥協（compromise）、逃避（avoid）、抗拒（defy）及操作（manipulate）；也有學者認為組織從外在體制環境贏得合法正當性或合理性的管理策略有三（楊仁壽、卓秀足與俞慧芸，2011：268-269；Suchman, 2006）：第一是順從體制環境，第二是選擇體制環境，第三是操控體制環境。藉由遵從體制環境的管理方式包括滿足利害關係團體的需求、生產被認同的產品及依專業標準獲得認同等；透過選擇體制環境的管理方式包括可以選擇組織想要遵從的道德標準、申請已具備條件的認證等；採取操控體制環境的管理方式則包括可以堅持自己的信念、進行產品廣告及遊說等，以創造有利於自己的新體制環境。

由上可知，學校對於體制環境的管理策略可以直接順從或遵從體制，依此觀之，若學校想展現自主但又無法改變體制環境時，可能會充滿著無奈感，亦即只能順從體制環境的要求與期待。然而人或個體的生活世界會在「要過日子」的生活特性導引下改變自己的生活境遇，擺脫困境；個體或人與體制是相互滲透的辯證關係（李英明，2005：32）。換言之，體制化乃是人們創造出來的種種有關行為之規則形式，用來規範制約人的行為，但任何體制內都含有反體制的成分，這也是社會變遷的動力（引自葉啟政，1991）。Scott 也指出被打壓的團體與利益可能會被動員起來，並成功地激發

出新的結構模式及行動群組（鄭伯壎、林姿葶等譯，2011：554）。再者，組織會透過不斷地自我組織的過程適應變動的環境，以新方法重新創造自己（賴珮珊、吳凱琳譯，2000）。此外，後現代主義的主體觀認為應跳脫權力與制度等意識型態的宰制，使自己成為自己真正的主人（阮光勛，2001：80-81）。準此，學校組織的生活世界與外部體制的關係可以說是互相滲透的辯證關係，學校並不完全受外部體制的控制，學校可以選擇體制環境甚至可以主動操控體制環境。例如，家長普遍重視學生智育表現，但學校並不一定要完全接受家長的價值及期待，而可以貫徹品德教育及全人教育，學校甚至也可以藉由教育行銷、說服及堅持教育理念等創造有利於學校發展的新體制環境，尤其是想要發展自己特色的學校更需要說服一般民眾及家長認同學校的辦學方向。

新體制理論認為結構對個體並非只是單純的限制，同時也賦予人們理性選擇或行為的可能性（李英明，2005：88）。本研究所指的學校經營發展異形化與新體制理論的觀點有不謀而合之處，此乃新體制理論認為傳統體制理論過於強調合法性與同形化的概念，但學校文化的建構、各類型學校的出現、教育市場之發展，以及政府不再獨占教育等因素都使得學校間有所差異（秦夢群，2010：62；Meyer & Rowan, 2006）。換言之，早期的制度理論都假定「由上而下」的社會影響模式，但晚近逐漸注意到「由下而上」的模式可以補充或代替由「上而下」的普遍模式（鄭伯壎、林姿葶等譯，2011：22）。申言之，雖然透過強制、規範與模仿等機制，使

得學校間變得「很一樣」，但同一教育階段學校彼此間亦存在差異之情形，形成差異之因素包括教育市場化、不同的學校文化、學校行政文化、教師文化、學校特色、各校背景條件及自我組織等，因而使同一教育階段學校變得「很不一樣」。例如，偏遠地區的國民小學與都市的國民小學有相異之處，特別是在強調學校本位管理、教育鬆綁及學校特色下，個別學校還是有很大的發展空間。蔡進雄於 2009 年研究國民中學學校行政文化，研究發現各校之學校行政文化確實不一。此外，曾在兩所不同學校服務的教育人員應該也有「校校大不同」的學校文化體驗。再者，林進山（2011）曾將特色學校定義為：學校辦學能依教育目標與願景，掌握學校各種資源優勢，形塑學校特色並展現學校辦學績效和品牌，以彰顯學校獨特性的特色；其研究也顯示國民中小學特色學校的經營策略對辦學績效具有高度預測力。綜合歸納上述，我們明瞭學校可以主動回應體制，並藉由學校創新、學校特色、學校自主及學校文化等使得學校異形化，亦即各校間趨異之現象。值得注意的是，國外也有不同類型的學校以吸引不同學生需求及家長期待，例如特許學校（charter school）及磁性學校（magnet school）在教學與課程設計方面擁有較大的自主性，而能開闢出異於傳統學校的經營模式（張明輝，2009：80-81）。

第五節　體制理論之同形化現象的相關研究

　　程耀輝（1994）以兩岸的自行車業為分析樣本，研究發現制度同形過程是企業族群的演化機制。陳忠賢（1999）研究證實臺灣企業集團過去二十年來的發展，雖然歷經一連串多角化活動，但確實有漸趨同形化的現象。莊正民、朱文儀、黃延聰（2001）研究發現台商在越南的組織型態與協調機制會受到當地的政治法令、社會規範與認知文化等體制面的因素所影響。陳彥良（2005）研究結果發現臺灣外商金融服務業之子公司從事行銷規劃時，會受到內部及外部體制環境的影響。蔡詩元（2005）探究石英晶體產業受到競爭、模仿、強制及規範等四種同形機制的影響，其策略或組織逐漸變得類似（即所謂同形）的原因。曾尹彥（2006）研究發現我國國民中學具備中度組織正當性，組織正當性阻礙因素之有效解決策略為學校領導者必須具倫理性，並積極領導學校建立優質文化，使學校表現符合民意期待。劉子琦、林恒伃（2007）進行連鎖西式速食產業的「組織同形」現象與競爭關係之研究，經由歸納分析發現個案中的廠商在面對競爭壓力時，組織同形現象並不能維持競爭優勢，反而必須依所處的特殊情境擬妥策略方案，相互搭配技術、組織、文化的組織變革，方能充分發揮綜效。楊文琳（2008）以《聯合報》、《中國時報》、《自由時報》及《蘋果日報》等四報作為主要研究及觀察對象，研究顯示臺灣報紙產業之舊制度的力量來自於規範同形化，新制度的力量來自於模仿同形化。

毛秀云（2006）以中國食品業為例，研究發現政府法規的強制力量與組織同形呈正向關係。朱秋萍（2009）研究發現臺灣電視產業確實存有相互模仿的現象，且以從形式模仿表現最常被採用。吳函倩（2010）的研究顯示，體制理論之規範性壓力與法規性壓力對於企業採取綠色產品、製程與管理創新有顯著正向影響。徐政揚（2010）研究結果發現制度壓力對人力資源實務同形化具有正向影響，其中制度壓力中的規範影響最為顯著。吳英瑞（2011）研究結果顯示對於企業海外進入模式而言，地主國法令規章的保護程度（強制同形）、教育制度與社會價值觀的道德力量（規範同形），以及集團企業內部決策行為（模仿同形）三者，可以解釋說明同一企業進入不同地主國，或不同企業進入同一地主國，在進入模式選擇之不同結果。

歸納上述各研究可知，同形化之理論概念可運用在不同性質的組織，可解釋企業組織、報紙產業及電視產業等同形化之現象，對於學校組織同形化亦是值得吾人開闢之新研究範疇，研究結果可以供教育領導者辦學之參考。

第六節　結語──學校經營發展的求同存異

學校經營與發展必須要有合格之師資及教育人員、依政府所規定之課程規劃及環境設備、受專業組織的規範，且要符合教育本質之辦學目標等，這些是同的部分，但各校仍可

以有自己的辦學特色並形塑個殊的校園文化，這是異的部分，是以學校經營與發展應該求同存異。舉例而言，某一國民小學校長之積極辦學除了符合教育局的校務評鑑要求外，仍然可以突破與創新，並與校內教師共同營造優質有特色的學校教育環境。誠如葉啟政（1991：144）所言，人類始終是處在一種具外在限制的情境中來開展「無限」。準此，學校經營也同樣是在種種外在限制中展開無限的可能。

　　總括說來，體制理論是提供一個角度讓我們來觀察學校經營發展的同形化現象，以及塑造學校同形化的各種機制。晚近新的體制理論也告訴我們學校並非完全受由上而下的影響，校內的組織文化、校外的教育市場競爭以及各類型學校的設立是各校間趨於異形化的力量，也就是說校校各有其特色，所以不必然悲觀地認為學校完全沒有自創性及自主性。質言之，本研究即在於探究爬梳國民小學學校經營發展同形化及異形化之現象及影響因素，根據研究結果可供教育相關單位及教育領導者之參考。

第Ⅲ篇

領導者研究

第八章

國民中小學校長教育行政核心價值研究

第一節　緒論

　　受到科學實徵研究的影響，長期以來國內教育行政學的研究較偏重於技術層面的探討，而對於教育行政之價值層面的探究則較受忽略，但教育行政理論應該反映人文與社會現象的獨特性，將價值成分納入成為行政理論關注的核心（王如哲，1999：291）。Hodgkinson（1996）明白表示價值是行政與領導不可或缺的元素。Federickson 在 1997 年出版之《公共行政的精神》（*The Spirit of Public Administration*）一書中也指出，任何把事情做得更為經濟、有效率、有效能的標準，都只是屬於管理的問題，但公共行政更重要的是處理有關於價值、信念及倫理的議題，即價值問題才是公共行政的核心靈魂（蔡金火，2005）。行政管理到底有沒有意義，有否競爭力，要從行政管理的價值著手（張世賢，2001：1）。沈清松（1996：159）認為現代化社會最大的問題在於工具理性大幅膨脹，而價值理性逐漸萎縮。廖文祿（2006）的研究也顯示，核心價值是保持企業永續過程中關鍵性的角色。因此，明確界定行政倫理核心價值的實質內涵，有助於實務上行政倫理之倡導與實現（詹靜芬，2006）。

　　價值觀是一個人行動的最高原則，一個人有什麼樣的價值觀，就會表現什麼樣的後續行為；一個學校有優質的價值領導，便能啟迪親師生個人合理價值與觀念，讓學校辦學之方向明確清晰，且能營造和樂安詳的校園氣氛（李錫津，2001：36）。Kouzes 和 Posner 在《模範領導》（*The

Leadership Challenge）一書中陳述價值觀是領導者的指南，領導者首先要釐清個人價值觀，找到自己的聲音（高子梅譯，2004）。道德價值不是手段，它本身就是目的（陳福濱，1998：231），誠如謝文全（1998：238）所言，道德領導所觸及的價值觀與信念，才是領導的核心或動力，不但重要而且必須研究。因此，擔任學校最高行政首長之校長所應遵守及履行的行政核心價值，是值得探討的議題。

牛頓型組織在技巧、產品、架構中尋求自己的認同，而其核心價值觀就是利潤、效率、成功或是獲利上的優異卓越；但新典範科學的組織則由較具深度的願景和較持久的價值觀中，找到目標與動力（謝綺蓉譯，2001：123）。C. Hodgkinson 也認為迴避價值主張會造成行政作為膚淺化（引自林志忠，2004：138）。而所謂核心價值即是指一些被認為是最根本、不能被取代的價值；也就是基本信念、引導行為的準則，也是最終選擇優先次序的依據（李宗勳、周威廷，2004：30）。Collins 和 Porras 在《基業長春》（*Build to Last*）書中甚至提到，想要成為高瞻遠矚的公司應該從確定核心價值開始，而這些價值觀必須經得起時間的考驗（真如譯，2002：324）。

綜上所述可知，建立校長教育行政之核心價值有其價值性及必要性，並有助於校長推動校務之發展及領導師生，此乃因為沒有倫理價值信念引導的學校領導容易迷失辦學方向。再者，國內教育行政之技術面的研究可說是堆積如山，而哲學層次之倫理價值面研究則太少。基於此，本研究的目的在

於從校長自己本身出發，建構國民中小學校長教育行政的核心價值，以提供校長及教育相關人員從事教育領導之參考。

第二節　文獻探討

每個人的行為都會受到本身的價值觀所影響（戚樹誠，2010：28），價值也是吾人在進行教育行政決定相當關鍵的要素，亦是校長實踐教育行政倫理的重要根源。以下就先探討價值及核心價值的意涵，之後說明核心價值的特徵及功能，最後闡述校長教育行政的核心價值。

壹、價值及核心價值的意涵

價值問題的探討是公共行政研究的核心靈魂（蔡金火，2005）。雖然價值對組織及行政領導有其重要性，但誠如余一鳴（2005：19）所言，價值是人們日常生活中接觸最廣及使用頻率最高的名詞之一，卻很少人能做出精確的定義，就連學術界對此議題也莫衷一是。

Robbins 指出價值（values）是一種基本的信念，認為某特定行為模式或事物的最終狀態，優於相反或對立的呈現方式。價值帶有判斷的色彩，由其中可以看出個人認為什麼是對的、什麼是好的、什麼是可以接受的。價值影響著我們的態度與行為（李青芬、李雅婷和趙慕芬譯，2006：70-71）。

McShane 與 Glinow 也指陳價值觀是相對穩定且可評估的信念，在各種不同情境中，引導我們的行為及我們對於行為結果的偏好（丁明勇、鄭毅萍譯，2009：13）。楊國樞（1982：7）表示用比較具體的講法，價值是指個人對某種對象偏好的程度，經過比較性的判斷選擇後，如果某一個對象是我比較喜歡的，那麼對我而言它的價值就比較高。林玉体（1984：7）指出價值的研究既在求善及美，因此它提供吾人行為的方向或目標。歐陽教（1992：24）認為不管是哪一種價值的判斷，都可說是對某種價值判斷之客體的評估。所以我們可以說，價值乃是對人生各種生活意義所產生的評價。

黃坤錦（2001：127）則指出：「價值的產生乃是由於我們人類的主觀心智，體認到客觀世界的事物，或他人的行為，對自己本身或社會所發生的影響及關係，而予以作價值的評估。」林火旺（2001）亦認為倫理學所關心的主題，主要並不是事實（fact）的問題而是屬於價值（value）或價值判斷；價值判斷和事實判斷不同，前者是評價性的，而後者則純粹是描述性的。余朝權（2005：65）認為，價值或價值觀是一個人對行為或事物的最終狀態所抱持的一種觀念或信念。但昭強、王川台和施惠文（2007）陳述：「價值一詞具有兩個面向，其一是無形的、是抽象的，是一種信念，對某一行為或思想產生堅信的效果並成為信仰，就是俗稱的價值觀；另一是有形的、實體的，是一種衡量的工具，以一定且為公眾所接受的評量單位轉化為數值，在企業經營上的這種衡量的工具都以金錢為單位。」

　　至於何謂核心價值（core values）？Robbins 認為所謂核心價值是組織成員共同接受的價值觀（李青芬等譯，2006：521）。李宗勳和周威廷（2004：30）陳述：「所謂核心價值即是指一些被認為是最根本、不能被取代的價值；也就是基本信念、引導行為的準則，也是最終選擇優先次序的依據。」林育薪（2008：24-25）指出：「核心價值對個人而言，係指一種深植內心不易置換、具持久性、排序性且能據以引導個人於抉擇慾望時，所深思熟慮的準則；從組織觀點而言，核心價值係指引導組織人員達到組織之願景、使命、目標等具持久性、排序性之行為規範，進而形塑組織文化。」謝添進（2001）認為：「價值觀是群體中多數成員認為重要的理想標準。行政價值可視為是行政運作應實踐的理想狀態與願景，代表公務人員合宜正當的態度及行為表現，具有多元紛雜、隨時空及主體而改變內涵及優先順序的特性。」林明地（2010）表示：「核心價值是在眾多價值中，被認為是根本的、重要的、關鍵的、較容易被接受的，或較有效的規範、共識性較高的核心體系，是一切行動最高準則。」

　　從以上所述可知，價值一詞各家看法不一，可謂言人人殊。對於教育行政而言，價值是一種無形而抽象的信念，能提供行為態度的選擇方向與判斷標準。而核心價值就個人層面而言，是個人持久、不易改變的信念；就組織而言，是組織能普遍接受的重要價值觀。而不論是個人層面或組織層面，核心價值對校長的行為態度之選擇均具有重要的引導性及參考性。總括說來，本研究所稱的校長教育行政核心價值，係

指作為學校校長在從事教育行政中所秉持的核心價值，而所
謂核心價值是個人持久、不易改變的基本信念，常是行為態
度的準則及規範，且對行為態度具有重要的引導性。

貳、核心價值的特徵與功能

謝添進（2001：26）認為在多元變動的各種行政價值
中，所謂核心價值應具有以下的特徵：(1) 行政核心價值是普
遍適用於所有公務人員，為大多數公務人員所認同，認為重
要的價值；(2) 行政核心價值涉及行政的基本使命，較不隨時
空環境而改變，有固定性；(3) 行政核心價值在優先順序中排
列在首要順位，必須要優先加以實現；(4) 從顧客的角度，行
政核心價值代表政府的「外部顧客」（民眾）對理想政府的認
知及評判標準。

余一鳴（2005）歸納指出價值的特性為：(1) 學者普遍從
內涵、功能、形成及特質加以說明；(2) 人們普遍認為價值是
一種目標或行為的核心，可以藉此預測人類行為；(3) 價值是
一種概念系統，它包括理想、信仰、認知、感情、意向、慾
望與需求；(4) 社會科學與人文科的學者對價值的哲學立場普
遍不同，前者主張價值具有主觀性，而後者則認為價值是客
觀存在或「主客合一」的。林育薪（2008）指出在實質面，
行政核心價值要能聚焦、明確、清晰；核心價值要能獲得多
數人之共識；核心價值要能深植人心，方具約束感；核心價
值不應一體適用；核心價值要能奉行實施。在行政核心價值

的推動方面，宜強化單位主管展現價值領導，建構良善組織文化；提倡個案學習法及師徒制，以深植人心；敘獎制度應具即時性；釐清組織存在之核心目的，萃取核心價值；引進新公共服務理念，活絡心靈。

　　至於核心價值的功能，林火旺（2001：40-41）認為：「價值是價值判斷和推理的重要依據，而道德衝突往往是由價值衝突所衍生的，如果我們能明確知道價值的高低或優劣，則道德的衝突性或兩難的處境就會降低。」邱華君（2002：29）陳述身為公務人員除了需要講求工作、要領與方法之外，還要具備正確良好的行政核心價值。徐木蘭（2004：103）表示在個人行為中，每個人有自己的倫理價值，以作為行為判斷的依據。周弘憲（2006：13）指出：「唯有每位公務人員都能體認行政核心價值的真意與內涵，並身體力行成為個人持續實踐的生活模式，如此的行政作為才是發自內心自動自發，不假外求的真作為，而非只是外在為逃避懲罰或爭取獎賞的消極性行為表現。」陳正料（2008：5）亦表示，核心價值是具競爭力現代組織成員應具備的基本精神信仰，並攸關組織績效之良窳。

　　綜上所述可知，校長教育行政核心價值的特性應該是明確清晰且能獲得多數人的認同，並能提供校長實踐教育行政倫理，以及在進行價值判斷及行為選擇的重要依據。

參、校長教育行政核心價值之探討

　　S. Smiles 在《品格的力量》（*Character*）一書中所提到的品格包括：自律自制、克盡職守、溫和的性情及風度（劉曙光、宋景堂、劉志明譯，2009）。Gibbs 和 Earley 提出 10 種個人與群體必須共同建立的核心價值，作為品格教育的基礎，這些價值包括：同情、勇敢、彬彬有禮、公正不阿、誠實無欺、仁慈善良、忠誠、堅忍不拔、尊重、負責任等（楊淑雅、鄧蔭萍，2008：13）。A. Havard 指出人性美德包括寬大、謙遜、審慎、勇敢、自制及公正（陳蒨宜譯，2010）。

　　行政院於 2004 年以「創新、進取、專業」三項核心價值作為建立各級公務員行政核心價值，以形塑優質行政文化及提升政府競爭力（陳正料，2008）。林麗珊（2009：103）認為正義、專業與清廉之價值可作為培訓警校生之基本目標。行政人員應具備何種德性，各家看法不一，Baily 認為行政人員的道德特質應是樂觀（optimism）、勇氣（courage）及仁慈之公正（fairness tempered by charity）（引自顧慕晴，2009：30）。顧慕晴（2009）指出公務人員應樹立的內在德行包括正直（integrity）、堅忍不拔（fortitude）、犧牲奉獻（dedication）、重視民眾福祉（concern for the public welfare）等。國際經濟合作暨發展組織（OECD）（2000）針對其中所屬的 29 個會員國所做的調查結果顯示，普遍為會員國所認同的前八項最主要行政核心價值依序為：客觀中立、恪守法紀、誠實廉潔、透明公開、行政效率、平等、負責盡

職以及公道正義（詹靜芬，2006：96）。

Shriberg、Shriberg 和 Kumari 曾提出五種倫理決策的導引，分別是：權利理論、公益理論、公正理論、功利途徑及德行倫理途徑（吳秉恩，2006：42-43）。Calabrese（1988）指出校長的倫理指引包括：對所有成員的尊重、容忍多元的意見與文化、人人平等、資源的公平分配。Lashway（1996：118-123）認為七大領導者之德性為誠實、忠誠、勇氣、尊重、關懷、正義及謙恭。Robbins 陳述道德抉擇的三種不同準則為功利主義（utilitarianism）、權利（right）及正義（justice），而此三個準則各有優劣；Robbins 並進一步表示創造一個具道德的文化可從以身作則、釐清組織對道德的期望、提供道德訓練、公開運用獎懲、提供保護機制等方面著手（李青芬等譯，2006）。McShane 與 Glinow 也陳述功利主義、個人權利及公平分配是三個基本的倫理準則（丁明勇、鄭毅萍譯，2009）。

Shapiro 和 Stefkovich（2005）則從正義倫理、關懷倫理、批判倫理及專業倫理等多元典範來討論各種複雜的教育兩難問題，最後是要以學生的最大利益（best interests of the student）為核心。Strike、Haller 和 Soltis 在《學校行政倫理》（*The Ethics of School Administration*）一書中，主要是以最大利益原則及平等尊重原則兩大取向，來探討書中所呈現的各種學校行政案例（謝文全等譯，2002）。Fink 陳述領導者不論所處時代的好壞，信任（trust）、尊重、樂觀及意圖（intentionality）是領導的最佳基石（黃乃熒、鄭杏玲、黃婉

婷譯，2007：3-7）。張憲庭（2003：120）歸納出道德與價值
領導者應具備的德行有正義、關懷、友誼、批判、合作、智
慧、慈悲、仁愛、寬恕、勇敢、負責、自主、服務、誠實、
平等、整潔等 16 項。謝文全（1998）歸納出道德領導的主
要作法包括具有批判倫理、落實正義倫理、發揮關懷倫理、
做好道德選擇及發揮替代領導功能等五項。蔡進雄（2008：
15）則提出七項教育行政倫理領導的多面向思維，分別是：
基於效益論，為學生謀取最大利益；基於義務論，本著教育
良心積極從事教育工作；基於德行論，修己以德服人；基於
關懷倫理，建立良好人際關係、協助成員自我實現；基於正
義倫理，能公平理性處理事情；基於批判倫理，經常自省及
改進；基於權利倫理，顧及成員的權利。

肆、教育行政核心價值的相關研究

　　江明修、姜誌貞和陳定銘（1997）透過對臺北市政府
政策規劃人員決策價值進行質性研究，彙整出六項議題，分
別為：階層、效率、公道、責任、專業化與政治化。詹靜芬
（2006）根據實證調查結果，目前我國中央行政機關中級主
管所側重的倫理價值項目，依序為：(1) 利益迴避；(2) 負責
盡責；(3) 為民服務；(4) 誠實原則；(5) 嚴守祕密；(6) 公共
利益；(7) 國家忠誠；(8) 客觀中立；(9) 人道關懷；(10) 專業
化。林育薪（2008）研究發現「誠實廉潔」乃是基層國稅人員
於從事公共服務時，最被重視的核心價值，其次是專業價值。

　　在教育行政核心價值的相關研究方面，張憲庭（2003）從倫理觀點探討國民小學道德與價值領導，研究結果如下：(1) 可以發揮校園倫理道德的精神是推展道德與價值領導之理由；(2) 運用道德與價值領導者應具備有公平正義的理念，並維護師生的權益為其重要的德行；(3) 尊重學校同仁的人性尊嚴與基本人權為運用道德與價值領導的基本原則；(4) 以學校整體利益為優先考量，不會因私而忘公是運用道德與價值領導具體的作法；(5) 學校內外環境所產生的壓力，常使得校長身不由己，是道德與價值領導面臨的問題；(6) 與同仁分享彼此的價值觀，以便澄清人生意義與目的是面臨問題時主要採取的解決策略；(7) 目前國小校長運用道德與價值領導有其必要性且可行；(8) 校長和教師對於運用道德與價值領導的滿意程度都很高。黃琬婷（2003）則從效益倫理、義務倫理與關懷倫理探討校長的倫理取向。

　　馮丰儀（2005）研究指出，教育行政倫理內涵宜包括效益、正義、關懷、批判和德行五個面向，且多數國內外教育行政倫理守則亦反映效益、正義、關懷、批判和德行五個面向，但以正義面向居多。陳隆進（2006）的研究結果指出，富有誠實負責、公平正義的理念是校長施行道德領導時具備的重要德行。林明地（2010）研究結果發現，校長領導核心價值主要包括具備豐富的專業（正確的教育理念、專業能力、知識與智慧、品德）、遵行價值規範（言行一致、公正、誠實、尊重、用心、民主）、表現有效的行政行為（溝通、關懷、參與、支持、執行力、營造氣氛、善用資源、倡導），以

及達成理想可欲的目標（建立願景方向、學校成長發展、學生學習表現、和諧校園氣氛）四大面向。

此外，由於中小學校長本身亦是教育人員，所以教師的品格素養也可作為校長應備特質之參考，溫明麗（2008：397）所進行之教師品格素養研究，最後得出 10 項具共通性的教師品格內涵為：誠實、感恩、節制、勇氣、樂觀、正直、堅毅、仁愛、尊重與公平。

伍、小結

誠如 C. Hodgkinson 的主張，教育行政必須以價值的處理為主，行政應是一種道德藝術（administration is a moral art）。在價值與事實二分上，教育行政應以價值為基礎（引自林志忠，2004：245）。因此，基於上述，本研究除了文獻探討外，更進一步以國民中小學校長為研究對象，採開放式之問卷調查蒐集質性資料，藉此歸納萃取國民中小學校長教育行政的核心價值，期望本研究結果能建構出國內國民中小學校長教育行政核心價值，並對於校長實踐教育行政核心價值具有正確的引導性及參考價值。

第三節　研究方法

壹、研究工具

　　基於校長教育行政核心價值的重要性及本研究之目的，研究者自編調查問卷，採開放式的問卷調查方式。調查問卷內容計有一題，在說明校長教育行政核心價值之意涵後，請受試之國民中學及國民小學校長就其認為校長教育行政核心價值為何，以文字條列描述一至三項。

貳、研究對象與實施程序

　　本研究以彰化縣公立國民中學及國民小學校長為研究對象，發出調查問卷為國小 167 所、國中 41 所。每一所學校發出調查問卷 1 份給校長填寫，於 2010 年 11 月 21 日發出調查問卷 208 份，並於 2010 年 12 月中旬，回收 137 份。可用問卷 137 份，回收率 65.86%，可用率 65.86%，有效樣本的基本資料分析如表 8-1 所示。

表 8-1　有效樣本的基本資料分析

類別	項目	填答人數	百分比（%）
校長性別	男性	100	72.99%
	女性	32	23.35%
	漏填	5	3.64%
年齡	30-40 歲	4	2.91%
	41-50 歲	77	56.20%
	51 歲以上	53	38.68%
	漏填	3	2.18%
服務階段	國民小學	109	79.56%
	國民中學	23	16.78%
	（含一所完全中學）		
	其他（完全中學）	1	0.72%
	漏填	4	2.91%

參、資料處理

　　紮根理論是歸納的方式，對現象加以分析整理所得的結果，發展紮根理論的人不是先有一個理論然後去證實它，而是從研究領域中萌生概念和理論（徐宗國譯，1997）。職此之故，本研究在探討教育行政核心價值相關理論後，以開放式問題蒐集實務現場之校長質性意見，以建構中小學校長教育行政核心價值，在整理填答問卷之質性內容後，歸納分析問卷回答內容及語意之相似或共同聚焦之處，最後形成結論及建議，以供教育領導者之參考。

第四節　研究結果分析與討論

本調查問卷於 2010 年 12 月中旬陸續回收後，研究者在約 400 條的描述句中試圖歸納萃取出一些較為聚焦集中的概念與觀點，基本上若被提出之共同觀點其次數超過 15 次以上才進行討論與分析。以下就國民中小學校長教育行政核心價值之調查結果加以闡述：

壹、以學生為主體

本研究以 208 位中小學校長為研究對象，透過回收之 137 位國民中小學受試校長的質性回饋，計提供約 400 條的描述句。從這些描述句中很清楚地發現，如表 8-2 所示，以學生為主體被最多受試者列為校長教育行政之核心價值，總計有 34 人次的回應，是本研究歸納次數最多的核心價值。誠如編號 025 受試校長指出教育行政核心價值應「一切以學生利益為前提」，有一位校長直接表明「一切作為都是為了我們的小朋友」（編號 121），也有校長指出「為教育盡心，為孩子盡力，做孩子一生的貴人」（編號 084），編號 132 受試者認為校長教育行政核心價值是「以學生為主體，帶好每一個孩子」，其餘如編號 004、編號 005、編號 013、編號 027、編號 045、編號 051、編號 106、編號 112、編號 126 等均有相同的看法。

再與前揭文獻對話，教育行政應以學生為主體亦是中外

學者普遍的共識，如 Shapiro 和 Stefkovich（2005）從正義倫理、關懷倫理、批判倫理及專業倫理等多元典範來討論各種複雜的教育兩難問題，最後是要以學生的最大利益（best interests of the student）為核心。蔡進雄（2008）也認為教育行政倫理領導的多面向思維之一是基於效益論，為學生謀取最大利益。此外，美國「跨州學校領導者證照協會」（Interstate School Leaders Licensure Consortium）所發展的六項學校行政人員標準，每項標準之最後目的也都是在促進學生的成功（Harris & Lowery, 2003：113-123）。總括說來，外在環境在改變，但學校教育以學生為主體之目的與原則是不變的，是以多數受試者認為以學生為中心是校長首要之教育行政核心價值。

表 8-2　國民中小學校長智慧歸納分析

國民中小校長教育行政核心價值	填答問卷內容及編號
以學生為主體	1.以學生為主體、以愛為核心。（編號 004） 2.學生為重。（編號 005） 3.顧客服務導向，以學生為中心的教育思維。（編號 006） 4.所有行政決策以提升學生學習效能為主要目的。（編號 013） 5.提供學生多元學習機會。（編號 014） 6.學生受教權優先。（編號 015） 7.學生第一，教學優先。（編號 017） 8.一切以學生利益為前提。（編號 025） 9.學生為主，教育為重。（編號 027）

國民中小校長教育行政核心價值	填答問卷內容及編號
以學生為主體	10.秉持學生第一，教師為先理念。(編號 039) 11.孩子的成就是學校成功的唯一指標。(編號 045) 12.以學生最大利益為依歸。(編號 049) 13.以學生為主體，規劃相關事務。(編號 050) 14.以學生為中心。(編號 051) 15.學生第一。(編號 060) 16.學生是學校教育的主體，一切作為都必須有助於學生學習。(編號 062) 17.學生第一。(編號 065) 18.應以學生福祉及學校利益為考量。(編號 066) 19.以學生為首要，重視教養、生活品格，強調平等及國民教育。(編號 068) 20.照顧每一位學生，不放棄任何一位學生，引導學生向上、向善提升。(編號 070) 21.照顧好每個學生：有教無類、因材施教、人盡其才。(編號 077) 22.學生第一。(編號 078) 23.學校所有行政作為，皆以學生為主體。(編號 079) 24.以「學生」為中心，一切行政作為均以學生成長為主。(編號 083) 25.為教育盡心，為孩子盡力，做孩子一生的貴人。(編號 084) 26.學生中心。(編號 099) 27.以學生學習成效為核心。(編號 101) 28.以孩子的教育為重。(編號 106) 29.堅持學生最佳的學習結果為教育的核心。(編號 107) 30.以學習者為中心的思維。(編號 112) 31.一切作為都是為了我們的小朋友。(編號 121) 32.學生第一。(編號 126) 33.保證並維護學生的學習品質。(編號 130) 34.以學生為主體，帶好每一個孩子。(編號 132)

國民中小校長教育行政核心價值	填答問卷內容及編號
專業	1.專業：學習成長、專業領導。（編號 001） 2.專業創意領導。（編號 010） 3.專業廉能。（編號 011） 4.服務教師，激發教師投入專業熱誠。（編號 020） 5.以身作則：專業領導，人格領導，積極主動投入校務。（編號 027） 6.專業：積極學習成長，追求精緻卓越，藉由各項進修研習，提升專業知能及核心能力，有效解決教育行政及教學問題。（編號 030） 7.專業效能（編號 031） 8.專業。（編號 052） 9.專業、責任感。（編號 061） 10.專業積極，終身學習。（編號 067） 11.發揮教師專業知能，行政支援教學，帶好每一位學生。（編號 069） 12.教師專業與時俱進。（編號 074） 13.堅守專業的本質（如課程領導、教學領導）。（編號 095） 14.促進教師教學專業與熱忱。（編號 103） 15.道德的意圖、信任，教育專業的堅持。（編號 107） 16.尊重專業。（編號 129） 17.專業堅持、謙虛態度。（編號 132） 18.專業進取。（編號 134） 19.引領全體教職同仁的專業發展。（編號 135） 20.相信教師教學專業，支持協助專業成長。（編號 137）
關懷	1.關懷。（編號 001） 2.愛與關懷。（編號 009） 3.關懷尊重。（編號 011） 4.關懷。（編號 021） 5.關懷。（編號 031）

國民中小校長教育行政核心價值	填答問卷內容及編號
關懷	6.關懷弱勢。（編號 042） 7.尊重與關懷。（編號 052） 8.高關懷。（編號 058） 9.關懷同理，熱心服務。（編號 067） 10.關懷。（編號 072） 11.尊重、關懷、同理心的態度。（編號 075） 12.心懷「教育愛」、「尊重」、「倡導」與「關懷」並重，群策群力，永續經營。（編號 082） 13.營造溫馨和諧的關懷校園，讓老師發揮專長，學生樂於學習。（編號 088） 14.友善關懷。（編號 090） 15.關懷。（編號 115） 16.尊重、關懷、啟發。（編號 119） 17.關懷、熱誠。（編號 128） 18.關懷學校的親、師、生。（編號 133）
服務	1.採行服務之行政。（編號 004） 2.校長要能夠為師生服務，且有能力解決他們的問題。（編號 005） 3.顧客服務導向。（編號 006） 4.以服務代替領導。（編號 010） 5.服務教師，激發教師投入專業熱誠。（編號 020） 6.服務學生之學習，教師之教學，家長社區相關之需求。（編號 029） 7.熱忱、服務導向。（編號 031） 8.服務。（編號 032） 9.熱忱服務：永續成長的態度。（編號 048） 10.關懷同理，熱心服務。（編號 067）

國民中小校長教育行政核心價值	填答問卷內容及編號
服務	11.服務熱忱。（編號 071） 12.服務的態度，服務家長、教師、學生，秉持「服務」的核心價值不會與他人計較。（編號 081） 13.積極主動的服務精神。（編號 095） 14.服務領導。（編號 099） 15.以服務取代權勢；以學習取代操控。（編號 110） 16.服務熱忱。（編號 134） 17.行政的作為在以服務代替領導。（編號 135）
尊重	1.尊重：尊重所有面對的人、事、物。（編號 001） 2.關懷尊重。（編號 011） 3.尊重教師、尊重自主。（編號 015） 4.尊重教師專業自主權。（編號 026） 5.尊重。（編號 031） 6.尊重。（編號 032） 7.尊重多元。（編號 042） 8.尊重包容：專業快樂的基本。（編號 048） 9.尊重與關懷。（編號 052） 10.尊重態度。（編號 064） 11.尊重、關懷、同理心的態度。（編號 075） 12.心懷「教育愛」、「尊重」、「倡導」與「關懷」並重，群策群力，永續經營。（編號 082） 13.以人性尊嚴為基礎，利他互惠共榮為依歸。（編號 116） 14.尊重、關懷、啟發。（編號 119） 15.尊重專業。（編號 129） 16.尊重每一個學生個體，適性引導學習。（編號 137）

貳、專業

許多校長認為專業是校長教育行政核心價值。基本上，學校具有行政系統及教學系統兩大系統，不論行政及教學均應追求專業化，故諸多校長亦將專業列為教育行政之核心價值，如編號001受試校長指出教育行政核心價值是「專業：學習成長、專業領導」。

值得一提的是，受試者所指的專業一方面包括校長本身的專業及專業堅持，另一方面也包括校長要去如何激發教師的專業及尊重教師的專業。例如，編號103受試校長表示「促進教師教學專業與熱忱」是教育行政的核心價值之一，也有校長陳述教育行政核心價值之一是「專業：積極學習成長，追求精緻卓越，藉由各項進修研習，提升專業知能及核心能力，有效解決教育行政及教學問題」（編號030），編號129受試校長認為要「尊重專業」。

依文獻所述，我國行政院亦將專業列為公務員行政核心價值；林麗珊（2009：103）將專業之價值列為培訓警校生之基本目標；詹靜芬（2006）的研究亦指出，專業化是我國中央行政機關中級主管所側重的倫理價值項目之一。而本研究也發現專業是校長本身認為重要的教育行政核心價值，可見專業是行政主管所追求的重要核心價值，並以專業保證服務之品質，故專業可作為校長教育行政之核心價值。

參、關懷

學校是服務性且非營利的教育單位，且中小學教育階段之受教者是未成年之兒童及青少年，需要更多的愛與協助，是以中小學校園宜具有關懷之氛圍及組織文化，故計有 18 人次之校長指出教育行政核心價值之一是關懷。例如，編號 001 受試者直接提出關懷是教育行政之核心價值，編號 009、編號 011、編號 021、編號 031、編號 058、編號 090、編號 115、編號 128 等之受試校長均有同樣的看法。

至於校長關懷的對象則包括教師及學生，例如，編號 133 受試者指出「關懷學校的親、師、生」，有校長表示要「關懷弱勢」（編號 042）。總之，文獻理論相當重視校園之關懷價值，例如 Shapiro 和 Stefkovich（2005）、張憲庭（2003）、謝文全（1998）均指出關懷對教育工作者的重要性；蔡進雄（2008：15）也表示基於關懷倫理，教育領導者要建立良好人際關係、協助成員自我實現。

肆、服務

本研究發現計有 17 人次的受試者表示校長教育行政核心價值是服務。後現代的學校領導是去中心化及去權威化的，教育領導者常要以服務代替權威領導，也就是說校長要有服務的熱忱。例如，編號 005 校長陳述「校長要能夠為師生服務，且有能力解決他們的問題」，編號 029 受試者也提到校長

教育行政核心價值是「服務學生之學習，教師之教學，家長社區相關之需求」，有一位校長甚至表示教育行政核心價值是「服務的態度，服務家長、教師、學生，秉持『服務』的核心價值不會與他人計較」（編號081）。其餘如編號004、編號006、編號010、編號031、編號071、編號099等都有相同的看法。

詹靜芬（2006）根據實證調查結果，為民服務是目前我國中央行政機關中級主管所側重的倫理價值項目之一；張憲庭（2003：120）歸納出道德與價值領導者應具備的德行之一是服務。本研究亦歸納萃取得出服務是校長教育行政核心價值之一，如同編號095受試者所述，校長應具有「積極主動的服務精神」，編號110受試者也表示出校長要「以服務取代權勢」，編號020受試者則指出校長要「服務教師，激發教師投入專業熱誠」。

伍、尊重

Lashway（1996）認為尊重是領導者之德性；Strike、Haller和Soltis在《學校行政倫理》（*The Ethics of School Administration*）一書中，主要是以最大利益原則及平等尊重原則兩大取向，來探討書中所呈現的各種學校行政案例（謝文全等譯，2002）。Fink陳述領導者不論所處時代的好壞，尊重是領導的最佳基石之一（黃乃熒、鄭杏玲、黃婉婷譯，2007：3-7）。由此可見，尊重不僅是人際互動相處的基本原則，亦是教育領導者的基本德性之一。

　　本研究也歸納發現諸多中小學校長表示尊重是校長教育行政的核心價值，尊重包含一般的尊重及對教師專業的尊重。例如，編號001受試校長指出「尊重：尊重所面對的人、事、物」，編號075受試校長陳述「尊重、關懷、同理心的態度」，編號136甚至表示「尊重每一個學生個體，適性引導學習」；對於教師專業的尊重方面，編號015校長認為教育行政核心價值是「尊重教師、尊重自主」，編號026校長說「尊重教師專業自主權」，編號129受試校長也指出教育行政核心價值是「尊重專業」。其餘如編號011、編號031、編號032、編號064、編號082等均表達類似的觀點。

陸、綜合討論

　　學校組織與其他各行各業的組織在目的及性質上是有所差異的，學校是以教與學為核心且是服務性的組織，因此所衍生的領導者核心價值亦與其他組織之領導者有所不同。例如，林育薪（2008）研究發現，「誠實廉潔」乃是基層國稅人員於從事公共服務時，最被重視的核心價值；林麗珊（2009：103）表示，正義、專業與清廉之價值可作為培訓警校生之基本目標。而本研究顯示以學生為主體、專業、關懷、服務與尊重是校長教育行政之核心價值。可見因組織特徵及服務對象之不同，所重視的核心價值亦有所差異。

　　綜言之，教育領導者應以學生利益為最大考量，此為國內外教育學者及實務工作者的普遍共識，亦即學校是為學生而存在的。再者，專業化是教育工作者所追求的目標，以此

提升教育品質。而尊重關懷是教育領導者為人處世及帶領師生所應具有的態度，傳統上中華民族亦有尊師重道之價值，是以諸多校長將尊重及關懷視為教育行政的核心價值。此外，教育領導者要以服務取代職權，並且將服務範圍從師生擴大至家長。而林育薪（2008）指出在實質面，行政核心價值要能聚焦、明確、清晰，核心價值也要能獲得多數人之共識。準此，本研究所建構的以學生為主體、專業、關懷、尊重及服務等五項核心價值不僅聚焦、明確、清晰，而且亦獲得多數校長的共識與認同，所以值得參考與推廣。

第五節　結論與建議

決定校長正確行為與態度的，常是形而上的價值信念而非行為技術面向，教育領導者更要將價值理性置於工具理性之上，因此沒有核心價值的教育行政是淺薄的且易迷失方向。倘若校長具有正確的教育行政核心價值，則對於校務之推動及對師生之品德將會產生潛移默化之影響。從文獻探討可知，諸多學者專家亦表示核心價值之重要性及關鍵性，因此本研究之進行有其價值性及參考性。

具體而言，本研究所稱的校長教育行政核心價值，係指作為學校校長在從事教育行政中所秉持的核心價值。而所謂核心價值，是個人持久、不易改變的基本信念，常是行為態度的準則及規範，且對行為態度具有重要的引導性。職此之

故，校長教育行政核心價值有其探究的必要性，所以本研究採紮根理論，針對教育現場之校長所提供的質性資料加以歸納整理，如圖 8-1 所示。本研究結論是：以學生為主體、專業、關懷、服務、尊重等五項是受試校長普遍認同的核心價值，每項均被指出超過 15 次以上，其中以學生為中心之概念最被多數校長所看重。依據本研究發現與結論，提出以下五項建議，以供教育相關人員之參考。

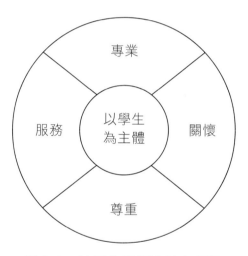

圖 8-1　校長教育行政核心價值

　　第一，校長辦學應以學生為主體：基於教育行政核心價值，校長辦學應以學生為主體，誠如編號 101 受試校長所言「以學生學習成效為核心」，有一位受試校長甚至清楚表示「學生是學校教育的主體，一切作為都必須有助於學生學習」（編號 062）。由此可見，以學生最大利益作考量是校長教育行政倫理的首要核心價值，亦是校長辦學之重點。

第二，校長宜運用專業進行領導：就校長運用專業而言，一方面校長本身要不斷精進學習以專業領導教師，盡可能兼顧行政領導與專業領導，或逐漸以專業領導取代行政領導，如此才能發揮校長教育專業的影響力。而另一方面也要鼓勵教師追求教育新知及教學新方法，持續專業成長，以提升學生學習品質。

第三，多展現服務熱忱：本研究發現服務是校長教育行政核心價值之一，因此校長不再是居於科層上位的權威領導者，而是宜以服務取代由上而下的領導，展現「服務熱忱」（編號071），亦如同編號135受試校長所言「行政的作為在以服務代替領導」。

第四，關懷與尊重成員：關懷與尊重是許多校長所認為的教育行政核心價值，此乃學校是教育單位亦是關懷的社群，在關懷與尊重之下易於營造溫馨和諧的校園氛圍，而有助於教師工作士氣及學生的學習成長，因此校長宜多關懷師生，並尊重教師及其專業自主權。

第五，對校長培育機關及未來研究建議：核心價值往往決定校長的行政作為與表現，亦是行政領導的根本，故國民中小學校長培育機構可以採本研究所萃取之以學生為主體、專業、關懷、尊重及服務等五項核心價值為基礎，加以倡導推廣，以培訓校長及候用校長具有這些核心價值，相信對於校長之校務推動及領導師生會有所助益。此外，未來研究可以本研究之五項核心價值為基礎，建構各項核心價值之具體指標，如此對於校長教育行政核心價值之實踐，將會更具有明確之引導性。

第九章

國民中小學校長文化研究

第一節　緒論

　　一個社會中有各種不同的團體，常有其組成分子特有的行為型態及價值觀念，它們與社會的一般文化有關，卻又有其特徵，故被稱為次級文化（林清江，1982：287）。教師次級文化（簡稱教師文化）、學生次級文化（簡稱學生文化）已有不少的文獻及研究（吳瓊洳，1997；許育榮，2003；陳奎熹，2003；陳奕安，2002；黃靜君，2010），學校行政文化亦有人進行探究（蔡進雄，2009b），但校長文化迄今缺乏相關之研究。雖然校長不像一般教師在校園內有其固定的團體，但校長們也有其組織與團體，且在校長培訓過程中自然也會彼此互動影響，是以在環境影響下，校長在價值觀念及行為規範是否會形成其獨特的特徵，值得加以探討。申言之，校長領導影響一所學校發展甚大，因此校長文化確實有其研究的必要性，但國內外少有研究者探討校長文化此一議題，是故本研究具有開創性及價值性。

　　此外，一般而言學校裡有組織文化、行政文化、教師文化及學生文化等，而校長直接或間接會影響組織文化、行政文化、教師文化及學生文化之發展，因此校長文化的探討更顯其必要。研究亦發現學校行政文化受該校校長領導之影響頗大（蔡進雄，2009b）、學校領導人對學校教師文化的發展有關鍵性的影響（張景哲，2008），是以本研究想要探究國民中小學校長文化之特徵為何？具體而言，本研究想要從中小學校長本身的角度探討校長文化的特徵，以供教育相關單位及校長之參考。

第二節　文獻探討

壹、校長文化的定義

迄今少有學者特別論述校長文化的定義，因此研究者想要從教師文化及學生文化的相關概念出發，以進一步衍生校長文化的意義。

文化是一種社會規範的體系（林清江，1982：163），楊陳傑（2005）認為：「教師文化是指教師工作場域中，普遍存在成員間的信念、價值觀、規範、行為、生活方式等，其所形成有別於其他團體的獨特的動態文化；此種動態形成的文化會影響教師的行為、思想等表現。」羅瑞宏（2006）將教師文化定義為：「在學校系統中，普遍存在於成員之間的信念、價值觀、規範、行為及生活方式等，透過成員相互學習及經驗分享，而形成有別於其他團體的行為模式。」劉智忠（2006：35）指出：「教師文化為教師的價值行為模式，包括教師的信念、想法與作法，是學校制度中教師互動經驗的成果，是可以學習而得的，並可提供新進教師社會化和參考的依據，可約束教師行為，提供教師選擇的標準。」

黃怡潔（2007：44）綜合不同學者意見後，認為教師文化可歸納兩點：(1) 就內容而言，教師文化是成員之間所共有的背景、價值、信念及行為規範，是可學習而得，是各教師集體經驗的成果；(2) 就性質而言，教師觀念中普遍存在個人主義與保守的心態。廖傳結（2008：51）將教師文化定義為：

「教師因為受學校內外環境之影響，所形成一套特殊的共同
價值體系及行為規範，其中包含教師的信念價值思考模式、
行為表現及相處方式，此文化模式會對教師產生一種約束力，
並影響教師最後的行為判斷與決定。」

　　在引述教師文化的文獻之後，接著陳述學生文化的意涵，
林清江（1982：288）指出，大學生有其獨特的價值觀念及行
為型態，此即所謂的大學生次級文化；陳奎憙（2003：199）
認為青少年次文化乃指青少年同儕所獨具的價值、行為、觀
念、態度與生活方式。

　　總括上述諸多學者對教師文化及學生文化的意涵之觀
點，我們可以將校長文化簡要定義為：係指受內外在環境影
響下，普遍存在於校長間的價值信念及行為規範。

貳、校長文化的特徵

　　從相關文獻之探討可知，較少有關校長文化的特徵之
描述，以下先陳述教師文化的特徵，之後再說明校長文化的
可能特徵。Donaldson（2001：22）指出學校具有行星文化
（planetary culture），亦即很多學校的教師如同銀河次系統下
的行星，在他們自己的軌道及唯一的教室持續運轉。方國榮
（2002：113-114）經過分析發現，國內教師文化的特色為教
師仍有崇高的教育理念、教師彼此間尚有隔閡與不信任、教
師文化仍屬保守。陳奕安（2002）研究發現，國民中小學教
師具有高度且全面性的工作價值觀、進步主義的教育信念，

以及普遍忠於同事、行為趨於保守的教師文化。

　　許育榮（2003）研究教師文化發現，國小教師文化具有教學孤立傾向、具有自願加入教學團隊合作的特徵、具有實務經驗傾向、具有附庸從眾傾向，並未具有反智主義傾向。陳麗俐（2004）則從批判理論及轉化的概念省思教師身分認同、面對過渡性變革及教師文化專業品質。張景哲（2008）研究教學卓越團隊之國民小學教師文化，結果指出教學卓越團隊之教師更重視校園倫理，展現出積極正向的教師文化；學校領導人對學校教師文化的發展有關鍵性的影響；而校長柔性堅持的文化引導策略，值得推廣。總括說來，國內中小學教師文化呈現保守、普遍忠於同事及具實務導向之特徵。

　　值得一提的是，由於絕大多數的中小學校長是由教師、組長、主任逐步往校長之路前進，是以校長文化是否具有教師文化之特徵亦值得探究，此亦是本研究所探討之重點。

第三節　研究方法

壹、研究工具

　　基於本研究的目的在於探究國民中小學校長文化的特徵，研究者自編本研究之調查問卷，並採開放式的問卷調查方式。調查問卷內容計有一題開放式問題，在解釋校長文化的意涵後，即請受試校長就其認為國民中小學校長文化的特徵，以文字條列描述一至三項。

貳、研究對象與實施程序

本研究以嘉義縣市 176 所公立國民中小學校長為研究對象，其中嘉義市 28 所、嘉義縣 148 所，每所學校發出本研究所編制的調查問卷 1 份給校長填寫。在確定研究對象之後，研究者於 2011 年 1 月 3 日寄發調查問卷 176 份，並於 2011 年 2 月 16 日止，回收 71 份。可用問卷 71 份，回收率 40.34%，可用率 40.34%，本研究有效樣本的基本資料分析如表 9-1 所示。

表 9-1 有效樣本的基本資料分析

類別	項目	填答人數	百分比（%）
校長性別	男性	55	77.46%
	女性	12	16.90%
	漏填	4	5.63%
年齡	30-40 歲	1	1.40%
	41-50 歲	51	71.83%
	51 歲以上	19	26.76%
服務階段	國民小學	52	73.23%
	國民中學	17	23.94%
	其他（完全中學）	1	1.40%
	漏填	1	1.40%

參、資料處理

　　鄭伯壎和黃敏萍（2008：226）指出，為凸顯本土文化特色的領導及管理學知識，可以採取紮根理論（grounded theory）的研究方式來進行厚實的研究。職此之故，本研究從實務現場之校長質性意見蒐集資料，以探究國民中小學校長文化，在反覆閱讀回收之填答問卷的質性內容後，尋找問卷內容或語意是否有共同聚焦之處，加以分析歸納整理並詮釋其意涵。

第四節　研究結果分析與討論

　　調查問卷回收後研究者在約 200 條的描述句中，試圖歸納出較為聚焦集中的觀點，因校長文化是普遍性存在於校長間的價值信念及行為規範，故基本上被提出的相似觀點其次數超過 12 次以上才進行歸納及討論。茲就國民中小學校長文化之特徵，加以描述分析討論如下。

壹、重視對外行銷與人際互動關係

　　由表 9-2 之歸納可知，有 20 位受試校長表達校長文化顯現出重視對外行銷及人際互動關係之特徵。誠如編號 006 的受試校長所言，校長文化的特徵之一是「校外宣傳行銷及社

區資源整合」，編號 005 校長認亦為校長文化特徵是「努力促使學校正向形象的行銷（媒體、競賽……）」，編號 023 的受試校長也表示校長文化「重視學區家長及地方人士的意見」，編號 029 的受試校長認為校長文化的特徵是「廣結善緣，擴充社會資源，充實軟硬體設備」，其餘如編號 029、編號 042、編號 062、編號 064、編號 069 等受試校長均有同樣的看法。

另一方面，有些受試校長也表示大家都重視行銷與對外公共關係的同時，會產生一些負面的現象。例如，編號 004 的受試校長認為校長文化的現象之一是「注重表面行銷」，有位校長直接陳述「校長是教育家不是外交官，應全力在校辦學，減少應酬文化」（編號 025），也有受試校長認為校長文化之特徵是「行銷文化：凡事語詞或失去教育本質之熱鬧風光」（編號 042）。編號 018 的受試校長指出校長文化是「重視外部人際關係，輕忽學校文化經營」，編號 036 的受試者甚至認為「時代不同、社會變遷、民意高漲，領導者的地位可能是具玲瓏八面的人格特質才能做好」。

經由上述歸納可知，國民中小學校長文化之一是重視對外之行銷與人際互動關係，但也有許多校長認為過於重視行銷及人際關係有其負面效果，例如僅重視表面行銷會失去教育本質及輕忽學校文化的經營。

表 9-2　國民中小學校長文化歸納分析

國民中小學校長文化	填答問卷內容及編號
重視對外行銷及人際互動關係	1.重視公共關係與社會資源。（編號 001） 2.與社區結合，爭取社區認同及資源。（編號 003） 3.注重表面行銷。（編號 004） 4.努力促使學校正向形象的行銷（媒體、競賽……）。（編號 005） 5.校外宣傳行銷及社區資源整合。（編號 006） 6.遴選制度變革，使校長更加重視公共關係。（編號 010） 7.重視外部人際關係，輕忽學校文化經營。（編號 018） 8.注重社區公關，但缺少同儕社群。（編號 020） 9.重視學區家長及地方人士的意見。（編號 023） 10.校長是教育家不是外交官，應全力在校辦學，減少應酬文化。（編號 025） 11.建立良好的公共關係。（編號 026） 12.積極深化發展學校特色及行銷。（編號 029） 13.廣結善緣，擴充社會資源，充實軟硬體設備。（編號 029） 14.時代不同、社會變遷、民意高漲，領導者的地位可能是具玲瓏八面的人格特質才能做好。（編號 036） 15.行銷文化：凡事語詞或失去教育本質之熱鬧風光。（編號 042） 16.人際關係多樣化，學校在社區不再只是學校，因此，人際關係的建立與經營，是校長的重要課題。（編號 049） 17.學校公共關係的主導者。（編號 060） 18.建立寬廣的人際關係，便利運用社會資源。（編號 062） 19.重視學校公共關係──對內與對外。（編號 064） 20.強化社區長者及家長溝通聯繫，以為學校後盾。（編號 069）

國民中小學校長文化	填答問卷內容及編號
重視對內學校特色與績效的經營發展	1.重視發展特色。（編號 001） 2.重視辦學績效（含升學與招生）。（編號 001） 3.鼓勵教師與學生多參與表演、比賽活動，發展學校特色。（編號 003） 4.積極提升學校績效，吸引更多學生。（編號 010） 5.為績效而作為。（編號 011） 6.重視教學與行政績效。（編號 028） 7.強調辦學特色。（編號 040） 8.績效主義。（編號 044） 9.學校經營特色化，因應少子化及與他校的區辨性，績效與創意逐漸成為校長追求的重要項目。（編號 049） 10.頗為重視各自特色發展，是新一代學童的福氣。（編號 053） 11.發展學校特色。（編號 055） 12.強調學校效能的落實與達成。（編號 064） 13.經營學校特色，行銷辦學績效。（編號 065） 14.追求卓越，注重績效。（編號 071）

貳、重視對內學校特色與績效的經營發展

　　從表 9-2 可知，諸多受試校長認為校長文化之特徵是重視學校特色與績效的經營發展。例如，編號 001 的受試校長認為校長文化之一是「重視發展特色」，編號 003 的受試者也指出校長文化是「鼓勵教師與學生多參與表演、比賽活動，發展學校特色」，編號 011 的受試者直接表示「為績效而作為」，有位受試校長認為校長文化是「頗為重視各自特色發展，是新一代學童的福氣」（編號 053），編號 010 的受試者

描述校長文化特徵是「積極提升學校績效，吸引更多學生」，
編號 040 的受試校長陳述校長文化之特徵是「強調辦學特
色」，編號 049 的校長認為「學校經營特色化，因應少子化
及與他校的區辨性，績效與創意逐漸成為校長追求的重要項
目」，編號 071 之受試校長表示校長文化是「追求卓越，注重
績效」。其餘如編號 028、編號 044、編號 055、編號 064 等
均有相似的觀點。

　　總括說來，目前國民中小學校長文化特徵之一是重視對
內學校特色與績效的經營發展，一方面可以造福學生，另一
方面也可以吸引學生前來就讀。

參、綜合討論

　　本研究經由校長本身所表達的意見與觀點，首先萃取出
國民中小學校長文化之特徵是「重視對外行銷與人際互動關
係」。有學者指出，校長遴選制度會影響校長更重視與社區人
士、家長、教師的人際互動關係（周祝瑛，2011），有位受試
校長也表示「校長有責無權，某些處置會受家長或民代影響」
（編號 063）。加上大社會環境的改變，例如，由於少子化現
象，學校也需要讓校外人士及家長瞭解學校的辦學成果。此
外，行銷及公共關係亦是校長所應扮演的任務角色，且建立
社會關係可以為學校引入社會資源。故綜合上述之理由，可
以合理解釋目前校長文化為何呈現重視對外行銷及人際互動
關係之觀點及行為模式。

再者，本研究亦歸納發現校長普遍重視對內學校特色與績效之經營，推論其原因可能有四：其一，學校特色與辦學績效有助於校務發展及學生成長，且教育績效責任亦應受到重視（吳清山、黃美芳、徐緯平，2002）；其二，在少子化及家長具有教育選擇權的情況下，彰顯學校特色及辦學績效可以吸引學生前來就讀；其三，校長若要對外進行學校行銷，則學校特色及績效可作為行銷有利的基礎；其四，校長面對校長遴選或續任，需要提出辦學成果，是以校長在任內會積極發展學校特色並重視成果績效。

進一步而言，學校經營的典範有三，分別是機械觀、市場觀及社群觀（蔡進雄，2010c），而從前述之歸納分析觀之，總括說來目前國民中小學校長文化很明顯地偏向市場觀。市場觀強調競爭及輸贏，重視行銷與品牌，研究議題是績效責任、教育行銷及教育選擇權等（蔡進雄，2010c：57）。申言之，經由本研究顯示教育市場化深深影響校長文化所展現的特徵，值得吾人加以省思。首先，教育市場化會影響校長文化，進而影響學校辦學方向，然教育市場化是不是能解決教育問題並提升教育品質？以及市場導向的經營會不會讓學校經營表面化，而忽略教育真正的目的與本質？這些問題都值得加以探究。其次，學校經營除了市場觀之外，更應融入機械觀及社群觀，特別是社群觀剛好與市場觀的看法完全不同，前者重視合作與分享，後者重視競爭與輸贏。質言之，學校領導與經營宜融合機械觀、市場觀及社群觀之意涵與精神，不宜偏廢或偏重於某方面的經營。

　　值得一提的是，雖然絕大多數的校長是經歷教師、組長、主任，但所呈現的校長文化與教師文化可說是截然不同。推論其主要原因在於彼此的角色及工作任務有所差異，校長主要在於綜理校務，而教師平日則忙於教學及班級經營，因而顯現不同的文化特徵。

第五節　結論與建議

　　國民中小學校長文化是指普遍存在於國民中小學校長間的價值觀念與行為模式，本研究歸納萃取出的研究結論是校長表現出對外重視行銷及人際關係，對內重視績效及學校特色之發展。誠如編號 065 的受試校長所言，校長文化特徵是「經營學校特色，行銷辦學績效」，此句話頗能代表本研究所歸納之研究結果。以下基於研究結論提出幾項建議，以供校長及教育相關單位之參考。

　　第一，教育主管單位宜重視校長遴選制度對校長文化產生的影響：校長遴選制度重視什麼，校長就重視什麼。目前的校長遴選制度其組成委員來自各方人士，包括家長代表、教師代表、學者專家等，校長為爭取連任，理所當然會重視行銷及人際關係。但如編號 050 的受試校長所言「礙於校長遴選制度，難大刀闊斧，革新校務」，故教育主管單位宜重視校長遴選制度對校長文化所產生的負面影響。

　　第二，校長宜重視辦學特色及績效，但亦宜體認教育無法速成：本研究發現校長們普遍重視學校特色的發展，此為吾人樂於看見之現象，顯示校長的積極作為及對教育績效責任的看重。但同時教育領導者亦宜瞭解教育無法速成，而必須長期深耕，所謂十年樹木百年樹人也。

　　第三，教育夥伴宜共同省思校長文化的形塑：校長文化的形成非一朝一夕，校長重視對外行銷及人際關係，以及對內學校特色與績效發展之價值與行為態度，均是長期以來國內國民中小學教育生態以及校長培育的一種反應，相當值得深思。而學校組織之內外在環境如何形塑優質的校長文化，亦是教育相關單位及校長培育機構所應注意的重要課題，才不會產生「上任時赤手空拳，做事時委曲求全、出事時有責無權」（編號047）之情形。最後，是對於未來研究的建議方面，本研究採質性研究取向，將來可以以本研究發現為基礎發展量化問卷，以進行更為普遍的調查。此外，本研究以國民中小學校長為研究對象，未來研究的對象可探討高級中學校長文化，並比較與其他教育階段校長文化的差異情形。

第 十 章

教師心目中理想的
校長領導行為研究：
本土化之觀點與初探

第一節　緒論

　　校長領導行為影響一所學校的發展頗大，因此學校校長領導已成為許多教育研究者所關注的焦點。國內長期以來的校長領導研究大都依循國外的領導理論加以建構，從早期的特質論、行為論、權變論到轉型領導等幾乎都是移植國外的理論。但領導畢竟是有文化的差異，因此校長領導研究如何紮根於本土在地，而有更佳領導效能的發揮，是值得吾人關注的議題。

　　多年來整個社會科學界過度依賴於西方學術的研究典範，讓我們不能或不敢正視自身的文化傳統，其結果是研究者、被研究者及所研究的文化都喪失掉主體性，造成國內社會科學長期的低度發展，因此社會科學研究者宜思考「歷史／文化／社會」因素（黃光國，1998：1-5）。國外學者 Yukl（2006：439）亦認為隨著全球化及經濟的快速發展，跨文化領導已成為研究的重要議題。是故，校長領導研究應朝本土化發展。許多學者也有類似這樣的呼籲（王如哲，1998；吳清山，2005；黃宗顯，1999；謝文全，2003），其原因主要是長期以來國內校長領導研究已成為美國的「殖民地」，來自美國的領導理論與文獻，雖然對於國內教育領導有諸多參考價值，但畢竟缺少文化因素的考量，難免有窒礙難行之處。而目前較成氣候的本土化領導研究是家長式領導，家長式領導是基於三個重要面向：即威權、仁慈及德行（鄭伯壎、樊景立和周麗芳，2006：13）。雖然國內校長領導研究也有研究

者在探討校長家長式領導（林龍和，2005），但整體觀之，校長領導的本土化研究並非研究的主流。

　　要言之，臺灣地區教育領導研究長期以來受到西化的影響甚多，我們甚至可以說臺灣地區所建構或研究的學校領導模式，其實大都是追隨美國的腳步。雖然吾人亦可清楚知道本土化的必要性，但一時之間國內校長領導研究恐怕還是無法擺脫西方領導研究的束縛，即便如此，本土化的研究取向畢竟是一條值得走且應走的路線。

　　為了建立華人的本土心理學，在研究的問題、概念及理論等方面，必須不要輕易沿襲與套用歐美的問題、概念及理論，而應儘量針對當地的實際現象試圖創新與修改（楊國樞，1993：27）。此外，既然要加入更多的華人本土特色，則開始時採用紮根理論（grounded theory）等質性方法來進行探討，並對華人組織行為現象加以歸納勢必無法避免（鄭伯壎等，2006：221）。基於上述，本研究試圖以國民小學教師為研究對象，擬從開放式問卷之質性文字描述中萃取校長領導行為，以進行臺灣地區校長領導行為研究本土化的初步探究。

第二節　文獻探討

壹、領導的定義

　　有關領導的定義各家看法不一，Robbins 指出領導是影響團體達成目標的能力。這種影響力的來源可能是正式的，也可能來自正式組織結構之外的（李青芬等譯，2002：448）。Yukl（2002：7）陳述領導是影響他人瞭解及同意什麼需要完成及如何有效地完成的過程，並且促進個人及集體的努力，以完成共同目標的過程。謝文全（2003：243）則認為：「領導是在團體情境裡，透過與成員的互動來發揮影響力，以導引團體方向，並糾合群力激發士氣，使其同心協力齊赴團體目標的歷程。」

　　綜合各家之見，研究者（蔡進雄，2005c：4-5）認為領導可定義為：「領導是指存在於團體中，藉著領導者影響力的發揮，充分運用人力、物力、財力等各種資源，有效地達成組織目標的一種歷程或行為。進而言之，校長領導是在學校組織環境中，藉著校長影響力的發揮，充分運用人力、物力、財力等資源，而有效地達成學校組織目標的一種歷程或行為。」

貳、西方領導理論研究的演變

　　西方領導理論的演變大致可分為特質論、行為論、權變論及轉型領導等四個時期。運用科學實徵方法研究領導，最早是開始於特質理論的研究，但有關領導特質的研究很難一概而論，因而促使特質研究轉向領導行為的研究。行為理論研究重視的是外顯行為的探究，但領導行為研究未能顧及情境因素，使得領導研究不得不另闢蹊徑（蔡進雄，2000：16-17）。

　　領導特質論的研究無法指出一組共同的理想特質，領導行為理論的研究亦未發現最佳領導方式，因此權變論的探討自 1970 年後逐漸竄起，權變論主張領導應因情境不同而採取不同的領導行為。但自 1990 年代轉型領導理論提出後，轉型領導已成為目前領導理論研究的顯學（蔡進雄，2000：17-19）。

　　綜觀國內校長領導的研究，基本上亦依循特質論、行為論、權變理論及轉型領導此一脈絡（蔡進雄，2004b）。雖然諸多教育行政學者不斷提醒教育行政本土化的重要性，但國內校長領導之有系統的本土研究實在有限。以下就繼續闡述臺灣地區領導及校長領導之本土化研究。

參、臺灣地區領導及校長領導之本土化研究

　　本土化研究是邊陲地區向中心地區的學術體系挑戰，並爭取屬於該地區之文化象徵的創造和詮釋主導權的整體鬥爭中的一環（葉啟政，2001：112）。具體而言，本土研究之所以要推行，主要是因為現時的研究大都受西方概念及工具的束縛，因此所作出的研究結果對解釋及瞭解中國人的行為並不甚有用（楊中芳，1993：126）。楊國樞（1999）在〈社會科學研究的本土化與國際化〉一文中，曾愷切指出 10 項提升本土契合性的具體作法，值得參考：(1) 要忍受懸疑未決的狀態；(2) 要儘量反映中國人的思想；(3) 要批判地運用西方理論；(4) 要強調社會文化的脈絡；(5) 要研究特有心理與行為；(6) 要詳細觀察或描述所研究的現象；(7) 要同樣重視內容與機制（歷程）；(8) 要與華人學術傳統銜接；(9) 要兼顧傳統與現代心理；(10) 要兼研今人與古人心理。

　　從領導研究的角度觀之，國家文化的確是一個重要的情境因素，它可以決定何種領導風格最有效。舉例而言，韓國領導者被預期要像家長般來對待員工；阿拉伯領導者若很仁慈、寬大地不要求員工做事，就會被看成是弱者。值得注意的是，多數的領導理論都是由美國發展而來，是美國的主觀觀點且可能存在美國偏見（李青芬等譯，2002：366）。在跨文化研究上，Hofstede（2001）的研究相當著名，其研究指出在權力距離、個人主義等方面，各國有很大的不同。因此，在組織領導與管理上應考慮文化因素。換言之，國外教育行

政學所建構之教育領導知識與理論，我們可以拿來參考及採用，因為許多教育領導之現象是無國界之別的，但論及更為深層的文化現象，則西方理論不見得適用臺灣教育界，而必須加以轉化。

有鑑於本土化研究的重要性，國內在針對華人社會領導理論之本土化研究方面，鄭伯壎、周麗芳和樊景立（2000）的實徵研究指出，家長式領導是華人社會特有的領導型態之一，其特色是在一種人治的氛圍下，彰顯父親般的仁慈與威嚴，並具有道德的無私典範。針對此一現象，根據家長式領導的三種組成要素：威權、仁慈及德行，來編製家長式領導量表，研究結果顯示，在臺灣企業組織與教育組織的樣本中，證明此量表具有不錯的信度及效度。

康自立、蘇國楨、張菽萱和許世卿（2001）的實徵研究以三維思考方向，分析中國古籍中最深層的基本假設，建構具有中國文化特色領導行為量表，以「作之親」、「作之師」、「作之君」三種領導架構，研究結果具有良好的信度及效度，可作為華人社會或本土領導研究的適當評量工具。蘇國楨和陳榮德（2003）更以此領導模式探討服務業主管領導行為和領導效能的相關，研究發現「作之親」、「作之師」領導對「成員滿意度」有正向直接效果，「作之君」領導則達負向直接效果；「作之親」、「作之師」、「作之君」領導對「目標達成度」均達正向直接效果。

國內謝金青（2004）則參考 Westwood 和 Chan 的家長式領導，並以國民小學校長為研究對象，進行家長式領導風格

的探討。研究中所謂的家長式領導風格，是指父親般的慈心關懷與訓誡權威的結合，含有對其他人仁慈，以及相對的義務與責任。謝金青（2004）依據 Westwood 和 Chan 之觀點所建構的家長式領導計有九大向度，分別是貫徹中心領導、個人意圖隱藏、個人互動距離、團體社會距離、人際關係和諧、維護領導權威、獎賞親信幹部、政治運作積極，以及塑造個人聲望。綜合以上所述，華人的領導行為研究已有初步的成果。但前述的本土化領導理論與研究結果是否適用於臺灣地區的校長領導，值得進一步探究。

有學者認為談到中國人的人性管理，除了西方的理論以外，應當配合實證研究的結果，融合中國式管理學術的特色。目前有許多學者從管理的角度詮釋古籍，這種古書今譯，然後引申在管理的運用與涵養的作法，並非建立中國式管理學術領域的唯一途徑。如何配合科學的方法，去蕪存菁地為中國式的組織行為範疇添加支柱，是學者的未來目標之一（徐木蘭，2004：28）。

此外，過去的研究者對於一個新構念的探討或是新量表的發展，通常會採取兩種方式：第一種是所謂的演繹法，亦即研究者在對現象予以深入的探查，並對相關理論加以深入的回顧後，從中定義構念，並蒐集與編製出量表題項。第二種方法則為歸納法，研究者以開放性問題的方式，廣泛蒐集個人對此一現象之描述；再以系統化的方法，將所蒐集之反應資料予以整理與分類（徐瑋伶、黃敏萍、鄭伯壎和樊景立，2006：127；Hinkin, 1995）。本研究即是採取歸納法，透過教

師對校長領導行為的質性文字描述中予以整理歸納分類，以萃取臺灣地區校長領導行為之重要面向。

第三節　研究方法

壹、研究工具

基於研究動機與目的，研究者自編調查問卷，採開放式的問卷調查方式。調查問卷內容計有兩題，第一題是請受試教師條列描述一至三項其心目中理想的校長領導行為，第二題是請教師條列回答一至三項其不欣賞或不喜歡的校長領導行為。

貳、研究對象與實施程序

本研究以北部地區 15 所公立國民小學教師為研究對象，每所學校發出調查問卷 10 份。在擬定問卷並確定研究對象之後，研究者於 2007 年 3 月 22 日起發出調查問卷 150 份，並於 2007 年 5 月 8 日止，回收 137 份，可用問卷 136 份，回收率 91.33%，可用率 90.66%，有效樣本的基本資料分析如表 10-1 所示。

表 10-1　有效樣本的基本資料分析

類別	項目	填答人數	百分比（%）
教師性別	男性 女性	54 82	39.71% 60.29%
擔任職務	專任教師 導師 組長 主任	21 51 46 18	15.44% 37.50% 33.82% 13.24%
教師年齡	30 歲以下 31-40 歲 41-50 歲 50 歲以上	29 77 27 3	21.32% 56.62% 19.85% 2.21%

參、資料處理

　　調查問卷收回後，依回收日期給予編號，並進行受試者所填答問卷之內容分析，在反覆閱讀問卷內容後，尋找問卷回答內容的語意是否有聚焦或共同之處，並加以歸納整理。

第四節　研究結果分析與討論

　　在問卷調查回收後，研究者反覆閱讀受試者所填答的內容，在教師心目中理想的校長領導行為及不喜歡或不欣賞的校長領導行為各約 300 多條的描述句中，試圖歸納出一些較為集中及聚焦的觀點，基本上如果被提出之共同觀點其次數

超過 15 次以上才進行討論。茲就「教師心目中理想的校長領導行為」與「教師不喜歡或不欣賞的校長領導行為」兩部分，加以分析討論如下。

壹、教師心目中理想的校長領導行為之內容分析與討論

從 136 位教師中蒐集 300 多條教師心目中理想的校長領導行為描述句，並從中萃取超過 15 次以上重複被提出的概念，並加以歸納分析及建構。如表 10-2 所示，「關懷體恤」被受試教師提出的有 46 處之多。例如，編號 003 受試教師心目中理想的校長領導行為是「在老師有困難時願意體諒老師」，編號 004 受試者直接指出其心目中理想的校長領導行為是「關懷同理」。其餘如編號 006 填答者指出「能夠體恤部屬，支持部屬，知道部屬的困難並提供解決問題的方法」是其心目中理想的校長領導行為，問卷編號 007、編號 008、編號 033、編號 042、編號 047、編號 063、編號 075、編號 095、編號 107、編號 117 等受試教師都有同樣的看法，所以「讓每一位老師都感覺到『校長是關心我的，他注意到我的……了』」（編號 099）是校長很重要的領導行為。

除了「關懷同理」外，如表 10-2 所示，「溝通聆聽」亦深得教師們的欣賞。例如，編號 004 受試教師認為「傾聽，能溝通」是其心目中理想校長領導行為之一，編號 019 受試教師其心目中理想的校長領導行為是「任何關於全校性的

政策，提供老師們充分的時間參與討論，廣徵意見才形成決定」，編號 062 填答者心目中理想的校長領導行為亦是「重視教師聲音，願意傾聽教師想法」。再者，「以身作則」是在本研究所蒐集的質性描述中呈現最多的成語，可見教師希望校長「以身作則，樹立良好榜樣典範」（編號 062），「以身作則，親自參與推動」（編號 068）。而「具有願景與目標」亦是教師對校長領導行為的期待，例如，編號 043 的填答者期望校長「能有明確的願景與建立學校特色的決心，帶領大家一起向目標邁進」，編號 099 的教師指出校長要「能揭櫫理想與老師共同努力達成」。

關懷別人常使人表現超乎他人期待或超過自己義務的支持性反應；相較之下，根據正義所給予的報酬則是無熱情的、一絲不苟的。關懷取向的道德思考在有情世界似乎更能化解對立與衝突（葉紹國，1996：277）。Maxcy（2002：1081-09）指出，關懷態度對教育領導的積極面向為：(1) 關懷是人類的需求；(2) 表揚個殊性別的態度；(3) 表達女性的聲音；(4) 提升效能；(5) 彰顯個人。另一方面，就中國文化的角度觀之，儒家傳統以「仁」為首德，乃具「關懷取向思考」的特性（葉紹國，1996：263）。此外，華人社會重視情理法，其中以情為先。而本研究亦顯示關懷確實是校長重要的領導行為層面，特別是教育組織是屬於服務性的組織，是以助人為主的專業工作，因此關懷對於臺灣地區之校長領導是具有其價值性。若再與西方領導理論進行比較，關懷體恤與美國俄亥俄州立大學建構的領導理論之關懷層面（Halpin,

1966），以及與轉型領導之個別關懷（蔡進雄，2000）是有相似之處。

　　這是一個溝通的時代，任何校務決定在推動之前應該儘量多與教師們溝通，形成共識，如此才易推動，而本研究亦歸納發現「溝通聆聽」是校長應具備的重要領導行為。為何諸多教師表達溝通聆聽是校長的重要領導行為，其原因之一可能是近年來推動許多的教育改革，學校必須因應與推動，在教育政策實施之前教師會期待更多的溝通與說明，所以「任何關於全校性的政策，提供老師們充分的時間參與討論，廣徵意見才形成決定」（編號019）是教師對校長領導的期待。其原因之二可能是在教師權力意識及教師專業自主高漲等情況下，教師也會期望更多的溝通與對話，而不是一個口令一個動作。再者，本研究歸納教師心目中理想的校長領導行為排序第三的是以身作則，教師對校長應以身作則的期待，正呼應所謂「其身正，不令而行；其身不正，雖令不從」，值得校長參考。而校長綜理校務對學校應該有目標與願景，並呈現在校務發展計畫之上，所以「具有願景與目標」亦是教師心目中理想的校長領導行為，如編號040受試教師希望校長「辦學理念清晰並有願景」，此與西方轉型領導之建立願景相似。

　　進一步檢視本研究所萃取的四個校長領導行為構面，前二者「關懷體恤」及「溝通聆聽」是較屬於人際取向、柔性、人性化的領導行為；而「以身作則」是校長本身應有的領導修養與作為；「具有願景與目標」則較屬於工作取向、倡導之

領導行為。國內曾仕強（1987：13）認為管理的本質，就儒家而言，是「安人行為」；就法家言，是「功利行為」；就道家來說，是「自然行為」；就墨家來說，是「利他行為」；就易學觀點來看，是「人道行為」；就宋明理學的觀點而言，則是「循理行為」。曾仕強（2002：125）進一步陳述中國式管理，相對於美國式管理、日本式管理而言，具有「以人為主」、「因道結合」、「依理而變」三大特色。這三大特色，說起來都以「人」為中心，以人為管理的主體，基於人的理念來組合，按照人能接受的道理來應變。所以中國式管理，最合乎人性。

綜言之，從以上的研究歸納及討論，吾人似乎可以初步下個結論：在臺灣地區的學校組織中，對教師的人性關懷及聆聽溝通應是校長值得努力的方向，除此之外亦要兼顧以身作則並規劃提出學校的發展願景。另一方面，從受試教師質性文字填答中及本研究所萃取的四個校長領導行為可知，臺灣地區校長領導行為應該是要多元向度而非是單向度的領導行為。

表 10-2　國民小學教師心目中理想的校長領導行為

心目中理想的校長領導行為	填答問卷內容及編號
關懷體恤	1.在老師有困難時願意體諒老師。（編號 003） 2.關懷同理。（編號 004） 3.能夠體恤部屬，支持部屬，知道部屬的困難並提供解決問題的方法。（編號 006） 4.能關懷學校同仁。（編號 007） 5.關懷他人（具同理心）。（編號 008） 6.溫暖關懷。（編號 009） 7.關懷每個人。（編號 010） 8.體諒教師。（編號 016） 9.具同理心。（編號 025） 10.主動關心老師。（編號 029） 11.具有同理心。（編號 033） 12.人文關懷。（編號 035） 13.支持關懷教師。（編號 036） 14.有同理心，站在教師立場，設想老師可能遇到的困難。（編號 042） 15.對於學校同仁能給予真誠關懷，即要使學校同事間相處融洽。（編號 043） 16.關心學校同仁，以同理心來帶領。（編號 047） 17.同理心領導。（編號 056） 18.關懷。（編號 056） 19.善解人意。（編號 057） 20.為教師著想。（編號 058） 21.瞭解教師需求。（編號 060） 22.走動式管理，主動關懷部屬。（編號 063）

心目中理想的校長領導行為	填答問卷內容及編號
關懷體恤	23.體恤師生，關懷學校社區。（編號 067） 24.人性化的管理，凡事能將心比心。（編號 068） 25.高關懷：體貼教師的處境及辛苦，尊重教師的意見。（編號 075） 26.以身作則，關懷領導。（編號 078） 27.注重員工心理健康狀況。（編號 081） 28.具有熱忱、人文關懷素養。（編號 082） 29.勤奮、同理教師、關懷下屬。（編號 090） 30.關懷同仁家庭。（編號 095） 31.具同理心，開放心胸。（編號 098） 32.讓每一位老師都感覺到「校長是關心我的，他注意到我的⋯了」。（編號 099） 33.體恤下屬，在教師、行政人員、家長間相互平衡、協調。（編號 101） 34.關懷同仁。（編號 103） 35.體恤關心教師。（編號 107） 36.體恤教師辛勞。（編號 108） 37.從老師立場著想。（編號 112） 38.體諒。（編號 116） 39.照顧教職員工。（編號 117） 40.為下屬著想。（編號 128） 41.具同理心。（編號 131） 42.體貼。（編號 132） 43.高關懷、體恤下屬。（編號 133） 44.開明，高倡導，高關懷。（編號 134） 45.作為細心，關懷包容。（編號 135）

心目中理想的校長領導行為	填答問卷內容及編號
溝通聆聽	1. 願意聽教師同仁的聲音。（編號 003） 2. 傾聽，能溝通。（編號 004） 3. 能夠傾聽老師的意見。（編號 007） 4. 重視溝通。（編號 010） 5. 充分與老師溝通後，再進行行政決策。（編號 011） 6. 能傾聽老師的心聲。（編號 012） 7. 有理想、有抱負，但能循序漸進的施政改革，且在進行中能多考慮聆聽基層老師之意見。（編號 013） 8. 傾聽教師意見。（編號 017） 9. 任何關於全校性的政策，提供老師們充分的時間參與討論，廣徵意見才形成決定。（編號 019） 10. 重視雙向溝通。（編號 020） 11. 重視溝通，有效且能落實。（編號 031） 12. 治校理念能清楚溝通，有願景。（編號 039） 13. 有話明講：與教師溝通宜具體清楚，勿用暗示的口吻。（編號 041） 14. 擅長領導與溝通。（編號 045） 15. 能傾聽學校教職員的意見。（編號 060） 16. 重視教師聲音，願意傾聽教師想法。（編號 062） 17. 善於溝通。（編號 066） 18. 有效雙向管道（上→下，下→上）溝通。（編號 067） 19. 善溝通，但堅持原則。（編號 080） 20. 包容、傾聽、接納，但又需要有所堅持，不畏懼。（編號 082） 21. 能聆聽教職員工對學校建議。（編號 086） 22. 具有良好的溝通協調能力。（編號 087） 23. 能傾聽教師的聲音並回應。（編號 088） 24. 溝通能力強的校長。（編號 092） 25. 能有效溝通協調，懷柔威勢兼具。（編號 096）

心目中理想的校長領導行為	填答問卷內容及編號
溝通聆聽	26.決策前經充分溝通。（編號 097） 27.充分溝通，廣納意見。（編號 100） 28.雙向溝通型領導。（編號 105） 29.平易近人，傾聽下屬反應意見。（編號 109） 30.善於溝通。（編號 117） 31.具溝通能力，能接納每個人的意見。（編號 119） 32.決策者（指意見充分溝通後決策）。（編號 120） 33.經常和主任、老師討論想法，溝通協調。（編號 122） 34.具包容心，能彙集老師建設性意見。（編號 123） 35.注重溝通。（編號 130） 36.平易近人，易於溝通。（編號 136）
以身作則	1.以身作則。（編號 025） 2.以身作則。（編號 026） 3.以身作則。（編號 037） 4.以身作則。（編號 038） 5.以身作則，表現教育者之風範。（編號 045） 6.以身作則。（編號 046） 7.以身作則。（編號 048） 8.以身作則，樹立良好榜樣典範。（編號 062） 9.民主式領導，以身作則帶領教師朝專業發展。（編號 064） 10.以身作則。（編號 065） 11.以身作則。（編號 066） 12.以身作則，親自參與推動。（編號 068） 13.以身作則，有擔當。（編號 071） 14.以身作則。（編號 072） 15.以身作則，關懷領導。（編號 078） 16.以身作則。（編號 085）

心目中理想的校長領導行為	填答問卷內容及編號
以身作則	17.凡事以身作則、身先士卒，滿足同仁工作所需。（編號 095） 18.以身作則。（編號 103） 19.以身作則，務實而不好高騖遠。（編號 104） 20.以身作則。（編號 110） 21.以身作則。（編號 111） 22.親切，以身作則。（編號 112） 23.以身作則，身體力行。（編號 128）
具有願景與目標	1.對校的願景有方向性。（編號 023） 2.目標清晰。（編號 030） 3.有前瞻遠景，具體且可達成。（編號 031） 4.治校理念能清楚溝通，有願景。（編號 039） 5.辦學理念清晰並有願景。（編號 040） 6.能有明確的願景與建立學校特色的決心，帶領大家一起向目標邁進。（編號 043） 7.規劃學校遠景。（編號 072） 8.具有前瞻教育理念，能化為實際領導行為。（編號 076） 9.對校務發展做統整性規劃。（編號 086） 10.對校務發展建構整體階段的目標。（編號 094） 11.能揭櫫理想與老師共同努力達成。（編號 099） 12.有遠見、理想，並能自我實現。（編號 110） 13.能為學校未來作長遠考量。（編號 113） 14.有遠見。（編號 117） 15.前瞻者：可以訂立學校發展方向的領航者。（編號 120） 16.指引明確之發展方針。（編號 125） 17.目標明確、具決斷力。（編號 135）

貳、教師不喜歡或不欣賞的校長領導行為之內容分析與討論

從 136 位教師中蒐集 300 多條教師不喜歡或不欣賞的校長領導行為描述句，並從中萃取超過 15 次以上重複被提出的概念，並加以歸納分析及建構。在教師不喜歡或不欣賞的校長領導行為之描述句中，除了「獨裁專斷」及「自私自利」有超過 15 條的描述句外，其餘的概念並未超過 15 條，故不列入討論。如表 10-3 所示，從受試教師所填答的意見當中，「權威專斷」的校長領導行為普遍不受教師的歡迎與喜愛。例如，編號 008 受試教師其不喜歡的校長領導行為是「專制獨裁」，受試教師編號 013 直接指出其不欣賞的校長領導行為是「專制、跋扈，專斷獨行，不顧他人感受」，編號 019 的受試教師不喜歡的校長領導行為是「專制決定，不事先徵詢其他同仁老師的意見」，編號 092 的受試教師亦不欣賞「凡事獨斷獨行，不常和老師溝通」的校長領導行為。更多的教師指出「集權專制」（編號 009）、「獨斷孤行，以自我意識管理學校」（編號 045）、「專制跋扈，無法接受別人的建議」（編號 086）、「專斷於己見，不容屬下之意見或多數決」（編號 104）、「專斷、獨行」（編號 120）等是其不喜歡或不欣賞的校長領導行為。此外，「自私自利」甚至「假公濟私」都是教師不欣賞的校長領導行為，例如「圖利於自己，不能以謀學生及老師的福利為主」（編號 059）。

表 10-3　教師不喜歡或不欣賞的校長領導行為

教師不喜歡或不欣賞的校長領導行為	填答問卷內容及編號
權威專斷	1.威權霸權。（編號 004） 2.威權統治。（編號 005） 3.只想到自己的成就，壓榨他人的勞力與威權心態。（編號 006） 4.專制獨裁。（編號 008） 5.集權專制。（編號 009） 6.專制、獨斷獨行，忽略老師意見。（編號 011） 7.用命令式一定要這麼做。（編號 012） 8.專制、跋扈，專斷獨行，不顧他人感受。（編號 013） 9.太過專制。（編號 016） 10.專制決定，不事先徵詢其他同仁老師的意見。（編號 019） 11.獨斷獨行。（編號 022） 12.威權式的領導。（編號 027） 13.霸道。（編號 029） 14.獨裁專斷。（編號 035） 15.自以為是，無法接受他人建言。（編號 043） 16.獨斷孤行，以自我意識管理學校。（編號 045） 17.權威命令。（編號 046） 18.以命令獨裁式的領導。（編號 047） 19.獨裁、公私不分。（編號 049） 20.霸道。（編號 050） 21.專斷。（編號 051） 22.獨裁專制。（編號 054）

教師不喜歡或不欣賞的校長領導行為	填答問卷內容及編號
權威專斷	23.不接受老師的意見，以自己的意見為意見。（編號 059） 24.過於獨斷，不聽取他人意見。（編號 060） 25.高壓領導。（編號 063） 26.以威嚇方式來妨礙專業自主的發展。（編號 064） 27.專制獨裁。（編號 066） 28.過於權威、強勢。（編號 068） 29.不傾聽屬下意見，獨斷。（編號 076） 30.過度權威。（編號 077） 31.權威，不接受意見或先入為主。（編號 078） 32.專制領導。（編號 084） 33.專制獨裁。（編號 085） 34.專制跋扈，無法接受別人的建議。（編號 086） 35.專制。（編號 087） 36.凡事獨斷獨行，不常和老師溝通。（編號 092） 37.專制、專斷。（編號 100） 38.專斷於己見，不容屬下之意見或多數決。（編號 104） 39.權威型領導。（編號 105） 40.專斷，自以為是。（編號 110） 41.專制，不尊重老師。（編號 111） 42.態度強硬，不講道理。（編號 117） 43.專斷、獨行。（編號 120） 44.專制獨裁。（編號 122） 45.果斷，強勢作風，獨立行事，不聽建言。（編號 126） 46.獨斷。（編號 134）

教師不喜歡或不欣賞的校長領導行為	填答問卷內容及編號
自私自利	1.自私。（編號 002） 2.假公濟私。（編號 003） 3.自利。（編號 004） 4.自私自利。（編號 005） 5.自私自利。（編號 010） 6.假公濟私。（編號 021） 7.假公濟私。（編號 023） 8.假公濟私。（編號 024） 9.圖利於自己，不能以謀學生及老師的福利為主。（編號 059） 10.忽略教育本質，以個人私利為導向。（編號 065） 11.大做利己之工程，從中貪汙。（編號 090） 12.自私自利。（編號 091） 13.只注重與自己利益相關的事務。（編號 093） 14.結黨營私。（編號 099） 15.自私自利。（編號 103） 16.公器私用。（編號 110） 17.自私自利，光顧自身前途。（編號 128）

　　新世紀的校園文化及校園倫理強調的是民主，因此校長若表現出唯我獨尊、獨斷獨行之領導風格，恐怕不適合學校領導。此一歸納發現亦頗能呼應前述教師心目中理想的校長領導行為之一的「溝通聆聽」，亦即若校長願意傾聽教師的聲音，則相對之下教師將不易感受到校長的獨裁專制；反之，校長太過權威專斷，就聽不到教師的聲音。也就是說，溝通聆聽與獨裁專制兩者有互為消長之關係。

此外，如圖 10-1 所示，Etzioni 所提出的順從理論（compliance theory），也認為組織運用強制權力（coercive power）產生敵意，導致疏離的投入；功利權力（utilitarian power）產生算計的投入；而規範權力（normative power）創造道德投入（Lunenburg & Ornstein, 2004：64）。值得注意的是，學校如太強調使用強制型權力，則容易造成師生間心理疏遠的現象，在教育實質上所付出的代價必大（黃昆輝，1989：144）。據此，吾人並不建議校長領導要多採取強制型權力，因為此將易造成教師的疏遠。而本研究歸納發現權威命令、獨裁專制是校長最不受教師喜歡及欣賞的領導行為，此一研究結果與 Etzioni 的觀點頗為相符。

	強制	功利	規範
疏離	×		
算計		×	
道德			×

圖 10-1　Etzioni 的順從類型

資料來源：Lunenburg & Ornstein, 2004：64

另一方面，若參照家長式領導的轉化，鄭伯壎、樊景立與周麗芳（2006：311）認為，隨著華人社會的變遷及經過現代化的洗禮之後，根植於華人社會傳統文化之「尊尊法則」的家長式領導，可能已經有所轉化了，尤其是威權式領導。過去的研究發現，不管是在中國大陸或臺灣的企業組織，威

權領導通常會戕害組織或部屬之態度效能，例如滿意度、組織承諾等。此外，鄭伯壎、樊景立與周麗芳（2006：180）亦依研究發現指出，對華人的學校領導者而言，採用施恩與樹德的領導方式，將是有效而適切的領導作風。另外，研究亦顯示就西方轉形式領導的效果來說，關係取向轉形式領導行為的效果較為顯著。林龍和（2005）的研究亦指出校長展現威權領導，則教師士氣會隨之下降。本研究萃取出「權威專斷」是教師不喜歡或不欣賞的校長領導行為，與前述鄭伯壎等（2006）及林龍和（2005）對家長式領導轉變的主張與研究頗為相符。再者，自私自利、凡事只考量自己升遷及利益的校長並不受教師歡迎，其原因可能是校長掌握較多資源，教師們期望校長的領導作為應大公無私，將師生利益置於個人利益之上。

第四節　結論與建議

現在在中國社會科學領域做研究，僅只是看一下外國學術雜誌，找一些他們用的量表來翻譯，再找一些中國「受試者」來填答，把結果送進電腦去「處理」一番，出來的東西，加上「文化」的胡椒，「社會」的鹽，最後再撒「今後要……」的蔥花，但這樣炒出來的中國菜實在太「無味」了（楊中芳，2001）。回顧臺灣地區校長領導的研究不就是上述的描寫，教育研究者探尋國外的領導理論，轉引他們的量表

並發展出調查問卷，再以臺灣地區的教師為研究對象建構出校長領導理論或模式，但這樣的研究歷程及研究結果是否完全適合於臺灣地區的校長領導，值得吾人深思。

雖然研究者對發展本土型研究的理念有些共識，但如何進行具體研究則意見並不相同，有的強調質性研究，有的重視量化途徑；有的喜歡理論建構，有的則偏好實徵研究。研究者在清楚自己使用之研究典範的特點及限制之下，應該可以採用自己偏愛的典範進行組織行為研究（鄭伯壎，2003：9-10）。本研究即選擇質性方式來探討臺灣地區國民小學校長領導行為。

具體而言，為探究教師心目中理想的校長領導行為，並初步建構本土化的校長領導行為層面，本研究以北部15所國民小學教師為研究對象，分析教師心目中理想的校長領導行為，並歸納出理想及不被歡迎的校長領導行為，以作為學校領導者、教育相關人員及未來研究的參考。質言之，本研究經由136位國小教師的描述，蒐集300多條有關校長領導行為的項目，最後經由問卷資料之彙整、萃取及分析歸類，研究歸納發現「關懷體恤」、「溝通聆聽」、「以身作則」及「具有願景與目標」四項是受試教師提出最多的心目中理想的校長領導行為，而「權威專斷」及「自私自利」是受試教師表達最多的不欣賞或不喜歡的校長領導行為。

基於本研究結果發現，提出以下八項建議，以供學校行政相關人員及未來研究的參考：

第一，本研究發現關懷同理是多數教師心目中理想的校

長領導行為，因此建議校長應該多關懷尊重教師，以滿足教師的心理需求，這是教師普遍的反應，而透過關懷以激勵教師工作及教學士氣應是一條可行之道。簡言之，擔任校長者為了有更佳的領導效果，可以在關懷之柔性領導行為層面多所努力與著重。

第二，本研究發現溝通聆聽是教師心目中的理想領導行為之一，因此建議校長勤溝通多聆聽，在各項決策之前能作充分的溝通，並且進一步統整各方意見。

第三，以身作則及有願景目標亦是校長很重要的領導作為，故校長在推動各項校務時應以身作則先做示範，才能贏得認同，否則說一套做一套、言行不一，領導效果將大打折扣。而針對學校的資源與優勢發展學校未來教育願景，亦是校長必要的領導作為。

第四，本研究顯示獨裁專斷是多數教師不喜歡的校長領導行為，因此建議校長應該多傾聽教師的意見，避免剛愎自用、獨斷獨行。

第五，自私自利是教師不喜歡的校長領導行為之一，因為校長居於上位並掌握較多的資源，所以在資源分配及領導行為方面應立求大公無私，才能獲得多數教師的尊敬與信服。

第六，過去的校長領導研究大都移植國外的問卷，固然國外的理論與問卷有其參考價值，但畢竟有文化的限制因素，因此本研究試圖建構本土化的校長領導行為，萃取出正向校長領導行為是「關懷體恤」、「溝通聆聽」、「以身作則」及「具有願景與目標」等四個行為構面，而負向的校長領導行

為是「權威專斷」及「自私自利」，建議未來的研究可在此一發現之基礎上建構問卷並考驗其信效度。

第七，本研究對校長領導行為研究進行紮根式的初探，建議校長的領導行為是「多關懷、勤溝通、以身作則、有願景、少權威、不自利」，多元採用各領導行為而不是單向度的領導行為。但關懷體恤、溝通聆聽、以身作則、有願景、避免權威領導及不自私自利的校長領導行為，除了滿足教師的期望外，是否會有較高的學校效能，或能營造較高的教育品質，則有待進一步研究與觀察。

第八，學校組織應該有屬於自己的領導型態，一味借用國外理論及量表或引述企業管理之領導理論，並不見得適合於教育領導。本研究是對臺灣地區校長領導行為之本土化的初步探索，期待未來有更多的研究者投入此一領域的研究，而能真正找到臺灣地區中小學有效的校長領導行為，以促進學校教育目標的達成。

國民中學校長經常面臨的
行政倫理議題與
倫理決定研究

第一節　緒論

　　倫理學是一門探究人類行為對與錯、是與非的學問（莊道明，1996：1）。換言之，倫理（ethics）是指規定正確和錯誤行為的規則或原則（吳奕慧等譯，2004：91）。在一片混沌的變動時代，我們需要的是道德羅盤的指引（徐炳勳譯，1998：3），所謂「好的倫理就是好的經營」（孫震，2006：59），透過行政倫理的思索與討論，可為行政人員塑造新的行政作為，並提供行政人員更適當及正確的觀念（邱瑞忠，2001：27）。當我們透過倫理來反省時，才能自覺澄清一些基本假設，並賦予我們做事的基本活力，一個負責任、有回應的組織，就必須要發展倫理的決策系統，來引導組織的管理（蕭武桐，2002：5）。因此，運用倫理的價值判斷與道德思考協助行政人員重新面對日益繁雜的行政倫理議題，是刻不容緩的事情，而倫理決定可說是教育行政所有活動中最核心的行動，正確且適當的倫理決定，能避免權力濫用、擴張及誤用（林立武，2005：4）。Strike、Haller 和 Soltis 也認為倫理應該是教育行政人員工作的一部分，教育行政人員如果決策不符合公平、公正、人性化，且都隨興所至，則工作上常會惹上麻煩（謝文全等譯，2002：22-23）。

　　承前所述，倫理決定是行政領導及管理中最重要的活動，而行政人員或專業人員常在兩個相近或相等的價值之間抉擇，且從不同的倫理角度思考，其所產生不同的看法都具有說服力（徐震、鄭怡世，2002：601）。Moller 就指出教育

領導常面臨行政操控與專業自主的矛盾、轉變與穩定的矛盾、對學生／家長效忠與對教師效忠的矛盾（陳壟等譯，2002：157-163）。有關國內學校行政倫理常見的兩難困境，林立武（2005）研究結果顯示，現階段國民小學學校行政人員處理學校行政事務時所產生之棘手難題，以及工作歷程中所面臨的行政困境，引發出如下的 10 項倫理議題：(1) 學生編班問題；(2) 教師職務安排；(3) 代課教師聘用；(4) 教師介聘甄選；(5) 學校主任表現不稱職；(6) 校園不適任教師問題；(7) 採購法令常常修改；(8) 家長與社區對學校是助力也是阻力；(9) 各處室業務工作牽涉到權責問題；(10) 舉辦活動太頻繁，壓力焦慮跟著來。

此外，許慶泉（2006）在其探究個案之國民小學學校行政人員所面臨的倫理困境計有：問題教師職務安排、學生編班、設備與事務難分、與主管看法不同、對政策認知不同、作業批改查閱、學生秩序與安全控管、校長命令模稜兩可、學生意見處理、家暴學生、行政團隊聲譽、事務採購、工友管理、帳目清查等 14 個倫理困境。蔡進雄（2005b）亦曾從科層體制與專業自主、組織目標與個人需求、傳統與創新、教育市場化與教育專業堅持、正式組織與非正式組織、個人主義與社群主義、考核與績效、活動與學業、由上而下與由下而上等九方面闡述學校行政面臨的兩難困境。至於國民中學校長所面臨之倫理議題及倫理決定為何，迄今尚無這方面的研究，值得進一步探討。

綜言之，專業人員在面對倫理兩難的困境時，為了要

化解衝突、解決問題，必須要做倫理決定（徐震、鄭怡世，2002：588）。此外，校長綜理校務，在平日的學校經營與管理過程中，須與教師、家長、社區人士、學生及上級單位等學校利害關係人互動與接觸，因此可能會面臨一些行政倫理議題並且必須進行倫理決定，是故本研究想探究國民中學校長常面對的倫理議題及倫理決定。具體而言，本研究的目的為：(1) 探討國民中學校長經常面臨的行政倫理議題；(2) 探討國民中學校長在面對行政倫理議題時，所採取的倫理決定傾向；(3) 根據研究發現與結果提出建議，以供國民中學校長及相關教育人員之參考。

第二節　文獻探討

為建立本研究之理論基礎，在文獻探討部分將從行政倫理的定義、行政倫理議題的意涵、倫理決定的意義、倫理決定的模式與步驟等方面加以論述。

壹、行政倫理的定義

邱華君（1995：224）指出：「行政倫理乃社會倫理體系中，有關行政行為者，亦即有關行政行為的價值體系，適用到任何性質、高低的職位之上，其目的在於加強公務人員對公益的服務、增加或維持公眾的信心與責任。」林鍾沂

（2002：617）表示，行政倫理係指行政人員或組織為其行為和決策的對錯與好壞，所進行的一種反思和原則取向的規範判斷。蕭武桐（2002：14）指出，行政倫理或公務倫理是有關公務員在公務系統中，如何建立適當及正確的行政責任之行為。

吳清基（1990：1）認為有關教育行為倫理的內容，可分狹義及廣義二個層面來論述，狹義是強調消極性不犯過，重視來自外在的限制與規範要求；廣義則是指積極性的有為有守，強調發自內心的自我認定與社會期許。馮丰儀（2006：163）則指出：「學校行政倫理是學校行政人員認知社會期望與專業團體規範，並將整合內化至自身的價值體系，於行使專業自主、應用專業知能、從事教育行政實踐、解決倫理兩難問題自發遵守的行為規範與重要指引，並會隨著時間與情境脈絡有所調整。」

綜上所述，筆者認為：「學校行政倫理是倫理學概念與學校行政學概念的結合，是學校行政人員在行政運作過程中融入倫理的考量，使行政作為或決定能依循倫理規範與原則，表現出正確而正當的行為，並積極盡責且追求創新，為學生謀取最大的利益，以促進學校教育目標的達成。」（蔡進雄，2004c）

貳、行政倫理議題的意涵

倫理是人群相處時所應該講求的道德或法則（詹棟樑，2002：2），而所謂學校行政倫理議題是學校行政人員面對學校內部及外部之成員，包含學生、教職員工、家長及社區人士與教育主管機關等直接與間接利害關係者，彼此之間產生之道德難題，並仔細思考工作歷程中所面臨的倫理困境，所引發之倫理議題而言（林立武，2005：7）。為使吾人更加瞭解及凸顯教育行政人員所面對倫理議題之性質及特殊性，以下先說明其他組織的倫理議題，之後敘述教育行政的倫理議題。

莊道明（1996：182-218）在《圖書館專業倫理》一書中指出，圖書館館員在流通服務方面會面對：圖書逾期歸還罰則的問題、讀者借閱圖書隱私的問題、對讀者差別待遇的問題；在參考服務方面會面對：資訊正確性與品質的問題、醫藥及法律資訊的參考問題、資訊誤用的問題等。鍾春枝（2001）則曾探討不同團體人士對器官移植、安樂死、人工生殖及人體實驗等臨床醫學倫理議題的判斷與處理方式。林鍾沂（2002：618-632）認為，行政組織中有若干悖離行政倫理的爭議議題值得提出，分別為貪汙、多手和髒手、說謊、欺瞞與溝通扭曲，林鍾沂進一步指出行政倫理的困境為：行政運作的公共利益誤導、行政機關獨大的結構特質，以及組織倫理的問題。

以上是不同專業人員所面對的倫理議題，接下來闡述

教育行政人員會遇到的行政倫理議題。Dempster 和 Berry
（2003）指出，校長最常遇見及困擾的倫理議題是學生的
恐嚇及欺凌、教職員的績效、財務及資源、外部關係等。傅
寶宏（2002）提出學校行政可能引發的五項倫理議題，分別
是採購及招標、募款活動、公共關係、志工管理、支持教師
進修與促進教師合作。張憲庭（2003：234）在其研究之結
論中也提到，學校領導者雖然堅持倫理道德之理想，卻仍可
能因學校內外環境所產生的壓力，使得校長身不由己，例如
教師年度考評、面對民意代表的人事或工程關說等。林立武
（2005）研究結果指出，國民小學常見之學校行政倫理議題
為：(1) 學生編班問題是每個學校都會困擾的問題；(2) 教師
職務安排讓學校造成困擾；(3) 代課教師聘用造成不公；(4)
教師介聘甄選之委辦及自辦；(5) 學校主任表現不稱職；(6)
校園不適任教師問題引發家長到校抗議；(7) 採購法令常常修
改，行政人員易遭質疑；(8) 家長與社區對學校是助力也是阻
力；(9) 各處室業務工作牽涉到權責問題，可能造成主任推工
作、本位主義及對立產生；(10) 舉辦活動太頻繁，壓力焦慮
跟著來，引起教師交差了事，最後由行政人員自己做。

　　許慶泉（2006）所研究之個案學校行政人員面臨的倫理
困境計有：問題教師職務安排、學生編班、設備與事務難分、
與主管看法不同、對政策認知不同、作業批改查閱、學生秩
序與安全控管、校長命令模稜兩可、學生意見處理、家暴學
生、行政團隊聲譽、事務採購、工友管理、帳目清查等倫理
困境。許淑玫（2008）探討一名國小校長在實務工作現場中

所面臨的倫理困境，結果顯示個案校長較常面臨的倫理困境主要為不適任教師之處理。

　　經由上述可知，不同專業組織所面臨的倫理議題常因服務對象的不同而有差異。例如，醫師面對的是病患，教師面對的是學生，而教育行政人員經常要與教職員工、家長、學生及上級行政單位等進行溝通與互動，是故所產生的倫理問題或議題亦會有所不同，至於國民中學校長面臨的倫理議題為何，則有待進一步探討。

參、倫理決定的意義

　　蕭武桐（2002：311）認為倫理決定是指針對別人幸福有重大影響時，所作的一種選擇，並必須涉及相關價值的考慮，而這些規範及原則，能適切地提供決策者作為基本的指引。

　　范熾文（2000：58）將倫理決定界定為：「當學校行政人員面對一系列相對的（competing）價值，在決定的過程中，會涉及價值的考慮，必須思考有哪些規範及原則可提供基本的指引，其決定對別人會產生重大影響。」林立武（2005：74）陳述：「倫理決定的定義，為行政人員面對學校行政倫理議題所產生的倫理困境時，運用道德原則及專業倫理的觀點反省思考，而作出符合倫理抉擇與道德責任之決定。」

　　綜合上述，筆者認為：「行政倫理決定是行政人員面對各種倫理議題時，融入倫理的考量，所作出的決定。」（蔡進雄，2008：74）

肆、倫理決定的模式與步驟

　　學校是道德場域，目的在推動社會規範，抑制違反規範的行為，因此學校領導者經常面對倫理的兩難困境，必須在兩「對」之間做一選擇（黃乃熒、鄭杏玲和黃婉婷譯，2007：4-11），而校長在面臨倫理議題時，如何進行倫理決定就有其探討的重要性。Blanchard 和 Peale 提出進行倫理決定的三個問題（汪益譯，1992：13-25）：(1) 是不是合法？(2) 是不是平衡？(3) 以後我會怎麼看自己？合法的問題讓你去面對現存的準則；平衡的問題啟動你的正義感與理性；而最後一個問題把注意力集中在你的感情，和你自己的道德準則上。Richter 和 Mar 指出全面倫理管理（total ethical management）的理念，包括三個要點：(1) 倫理 X 光；(2) 潛移默化；(3) 推己及人（羅耀宗等譯，2004：385-386）。

　　有關倫理決定的模式及步驟，Tymchuk 曾列舉八個步驟的倫理決定過程，不僅可供諮商員參考，亦可作為行政倫理決定的參考架構，這八個步驟是（牛格正，1991：68）：(1) 情境分析──蒐集與問題關係人的相關資料，予以統整分析；(2) 界定關鍵問題──從資料中找出最具關鍵性的問題；(3) 參閱倫理規範──參考有關的專業倫理規範，以查知有助於解決問題的規定；(4) 評估有關個人及團體的權益、責任和福利；(5) 擬訂解決每一個問題的後果；(6) 預估每一決定可能產生的後果；(7) 分析考量每一決定可能產生的利弊；(8) 做決定。

　　Trevino（1986）基於 Kohlberg 的道德認知發展模式加以

發展，並考量個人調節變項及情境調節變項，提出個人情境
互動模式。如圖 11-1 所示，個人調節變項為自我強度、場地
獨立及內外控，情境調節變項包括工作環境、組織文化及工
作特性，最終在各種因素下產生倫理行為或不倫理行為（蔡
進雄，2008）。

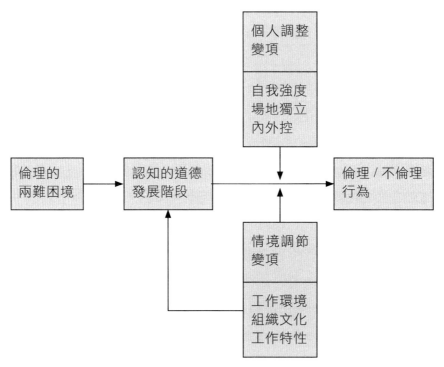

圖 11-1　組織中倫理決定的互動模式

資料來源：Trevino, 1986：603

　　Cooper 的倫理決定模式是由「察覺到一個待解決問題的存在而開始的一連串步驟」。如圖 11-2 所示，此步驟包含察覺倫理問題的存在、描述情境、界定出倫理的關鍵、確認方案選項、規劃、選擇行動方向與結果（邱瑞忠，2001：33-35）。

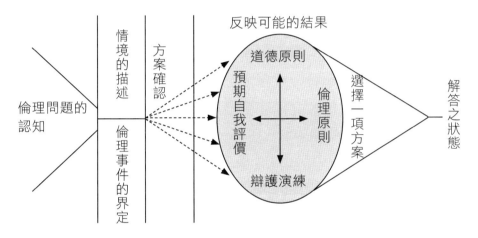

圖 11-2　倫理的決定模式
資料來源：邱瑞忠，2001：35

　　經由上述，各倫理決定模式大致可歸納為：面臨倫理議題、相關倫理問題的資料蒐集、研擬各種倫理決定方案、選擇較佳的方案、倫理決定後的執行、倫理決定執行之後的評估（蔡進雄，2008：79）。

第三節　研究設計與實施

　　本研究採用質性研究方法，運用訪談方式瞭解目前國中校長所面對的行政倫理議題及倫理決定傾向。在研究對象方面，本研究採立意抽樣，訪談北部地區 10 位現職國中校長，其中 7 位男校長，3 位女性校長，訪談之前研究者先解釋學校行政倫理議題及倫理決定的意涵：本研究所謂學校行政倫理議題是指學校行政人員面對學校內部及外部之成員，包含學生、教職員工、家長及社區人士與教育主管機關等直接與間接利害關係者，彼此之間產生之道德難題，並仔細思考工作歷程中所面臨的倫理困境，所引發之倫理議題而言（林立武，2005：7）；本研究所謂行政倫理決定係指行政人員面對各種倫理議題時，融入倫理的考量，所作出的決定。重要名詞說明清楚之後再進行訪談，訪談大綱如下：

　　1. 您覺得目前國民中學校長最常面臨哪些行政倫理議題？
　　2. 您面臨倫理議題時，通常採取何種倫理決定？

　　訪談錄音之後，進行逐字謄錄並從中歸納分析，最後提出研究發現結果及結論建議。整體而言，本研究實施流程如圖 11-3 所示。

　　此外，資料之編碼如表 11-1 所示，訪談代號「P01-20071217」之 P01 是指第一位接受訪談的校長，而 20071217 表示接受訪談之時間是 2007 年 12 月 17 日，其餘代號以此類

推。「 …… 」代表省略部分的詞句，校長接受訪談的地點都
是在該校校長室。

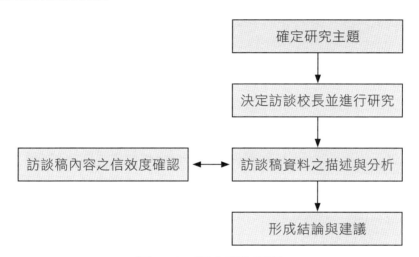

圖 11-3　研究實施過程

表 11-1　資料編碼及訪談對象一覽表

職稱	訪談代號	性別	訪談日期	訪談地點
國中校長	P01-20071217	男	2007 年 12 月 17 日	校長室
國中校長	P02-20071228	男	2007 年 12 月 28 日	校長室
國中校長	P03-20080107	女	2008 年 1 月 7 日	校長室
國中校長	P04-20080107	男	2008 年 1 月 7 日	校長室
國中校長	P05-20080305	男	2008 年 3 月 5 日	校長室
國中校長	P06-20080311	男	2008 年 3 月 11 日	校長室
國中校長	P07-20080324	女	2008 年 3 月 24 日	校長室
國中校長	P08-20080414	男	2008 年 4 月 14 日	校長室
國中校長	P09-20080416	女	2008 年 4 月 16 日	校長室
國中校長	P10-20080417	男	2008 年 4 月 17 日	校長室

　　至於本研究之信度與效度方面，在確認訪談大綱後，於訪談過程以錄音筆及錄音機蒐集訪談內容，之後將錄音之內容謄寫為逐字稿，並請受訪校長再次確認及檢驗逐字稿之內容，在受訪校長確認訪談內容後，研究者詳細閱讀逐字稿內容，進而搜尋關鍵字句，將相近概念加以分類，研究者在本研究過程中亦不斷自我檢視。質言之，本研究透過受訪者對訪談內容的校正、研究者的省思及避免主觀等，以建立本研究之信效度。此外，為避免產生研究倫理之問題，在進行訪問前均明確告知每位受訪校長：「本研究所訪談之內容純供學術研究之用，受訪校長之姓名採匿名方式處理。」以保護受訪校長之身分。茲因有些學校行政倫理議題及其倫理決定涉及法令頗為敏感，所以研究者若遇到專業與受訪校長權益之衝突時，是以受訪校長之權益為優先考慮。

　　綜言之，經由本研究的實施及資料的分析整理，蒐集 10 位國民中學校長經常面臨的倫理議題，從中瞭解校長的倫理困境，並探討國民中學校長在面對各種倫理議題時，其所採取的倫理決定方式與傾向。最後，依據研究發現提出具體可行的建議以供教育相關人員之參考。

第四節　研究結果分析與討論

壹、國民中學校長經常面臨的學校行政倫理議題

經由 10 位校長的訪談，針對國民中學校長經常面臨的學校行政倫理議題，可歸納萃取以下七項學校行政倫理議題。原則上，某一學校行政倫理議題同時有兩位以上的校長指出，才列入本研究討論的學校行政倫理議題，若僅有一位校長提到某一學校行政倫理議題，則不列入討論。

一、學生編班（家長選老師）

雖然各縣市政府教育局大多已明文規定國中小之編班要符合公平、公正、公開之原則，但家長關切子女之編班情形，仍然造成校長在處理學生編班的困擾。亦即校長一方面要秉持公平公開的原則，一方面又要面對家長或家長會長的關說，形成處理上的兩難困境。本研究發現與林立武（2005）、許慶泉（2006）的研究結果頗為一致，可見國中與國小都同樣面臨學生編班的問題與困擾。

> 「有些家長認為他的孩子應該給哪個老師教，他希望
> 能夠選班選老師，可是這個跟目前的規定不符，因為
> 目前教育主管機關的規定是常態編班，而且是公開抽
> 籤編班，是先抽學生再抽老師。」（P05-20080305）

「家長選老師（導師及任課老師）的問題。」
（P04-20080417）

「……就是家長要選導師，他希望說『我孩子要安排在某一個班級』。」（P01-20071217）

「事實上家長一再對我有一些期待，包括編班……」
（P07-20080324）

「你也知道常態編班是現在必須要走的，常態編班是教育政策嘛，教育部又一再的要求，可是就像你說的，就是我們也會遇到老師子女的就學，然後家長會成員，家長會長、家長會常委、成員他們的子女在學校裡，那他們就會想說因為我們付出這麼多，老師又覺得只有把我自己的孩子管理好教好，我看的到的……，我才有餘力去教好別人的孩子。所以他們會要求說幫我選一些還不錯的班級，經營好的班級或老師教學很有績效的班。那你有時候就會覺得到底我們應該考量到這一些，然後要不要考量到真的就是這些班級裡頭的老師特別優秀，那當你考量到這個的時候，那你會不會也讓其他的孩子受到比較不公平的待遇，這就是你會有一些衝突，會有一些……，到底該依法行事，還是說你還有一些人情的考量、情感因素，這個有時候就會有這樣子的衝突。」（P03-20080107）

二、導師的輪替或安排

一般而言，目前國中各校大都有訂定導師遴選或輪替辦法，讓每位教師都有機會擔任導師的工作，但不見得每位教師都能扮演好導師的角色，或者該導師不適合帶領某一班級，而形成師生衝突等。質言之，公平的輪替與適不適任擔任導師之問題，形成校長在行政倫理處理上的兩難。本研究的發現與林立武（2005）、許慶泉（2006）的研究結果頗為相似，均發現國民小學有教師職務分配的行政倫理難題。

「各學校都有導師輪替制，沒有錯！很好啊！……這個導師跟班級，……磁場就是不對味，……那怎麼辦？很痛苦！老師很用心、很努力在經營，但是孩子就不能接受。」（P02-20071228）

「 ……上學期末我們也是在討論導師輪替制，期末校務會議那天臨時提出來，那時候我就跟大家建議說，是不是緩衝一下，延到下學期，大家對那個資料有充分的閱讀之後，再來做討論。」（P08-20080414）

「現在另外一個難處就是，校園的老師也在積極的建議說，他們非常在意的就是老師要公平。大家都是領國家的薪水，為什麼他可以不當導師，學校考量的就是說，我們知道這個老師他不適合當導師，但是老師就說大家要公平，學校校長或者學務主任告訴我

說這個老師因為他做不好，那我是不是也可以擺爛？我故意擺爛那我就可以不當導師，所以這樣的導師輪替制度會是極力要推動的，所以也告訴大家這是比較沒有辦法的。」（P06-20080311）

「另外就是，行政跟導師的輪替，這也會牽涉到校長辦學的難題。現在學校情況大概是這樣，教師最喜歡當的是專任老師，如果可以讓老師選擇，專任老師、導師、行政，老師一定會選擇當專任。如果專任沒有了，他會選擇當導師，導師沒有了，才會被動當行政。所以這個想法跟我們以前是不一樣的，我們以前是優秀的當行政，其次當導師，然後才當專任，現在剛好是顛倒過來。那為什麼會這樣，因為勞逸不均。因為專任老師不用帶班，教完課之後他會比較有自己可以運用的時間。導師因學生在導師在，所以他被綁得比較緊也比較長。」（P05-20080305）

三、行政人員的輪替或任用

除了導師輪替是校長面臨的行政倫理議題外，行政人員的安排或輪替也會讓校長左右為難。由於國中之行政人員是由教師兼任居多，所以如何妥善安排是校長的難題。如果行政人員不輪替，則做久了可能沒有活水及創新動力；如果要輪替，則行政人員不見得會接受。此外，由於目前國中並無

學校行政人員的輪替辦法，所以有些校長支持輪替，但也有
些校長不支持行政輪替。

「目前會面臨到的行政問題就是職員、行政人員要不
要輪替。當然我們都知道，這個人在這個位置做得很
順、很好，就讓他繼續做、不斷的做，每年都這樣，
問題是這個組織可能變成沒有活水，不可能產生創新
的作為，這個部分也會讓校長覺得，要不要做輪替
呢？因為輪替就必定會產生一些學習的動力。比如
說，我教學組輪到訓育組去，這過程當中一定會有一
些轉換，轉換過程會產生一些學習，那自然就會帶給
他不同的想法，就比較不會本位。」（P02-20071228）

「我一直覺得其實行政不見得可以用輪替……」
（P09-20080416）

「另外就是，行政跟導師的輪替，這也會牽涉到校長
辦學的難題。現在學校情況大概是這樣，教師最喜歡
當的是專任老師，……所以當校長在碰到行政比如
說組長缺的時候，要去找老師來當，這時候就會碰到
很多難題。校內如果有很多老師就可共體時艱，校長
跟他講他就直接來做了，但很多老師不是這樣的，老
師的想法是『為什麼是我』？這個就是碰到兩難。有
的是自願說想當行政，可是你衡量結果他並不適合。

有的你覺得他好的，但他沒有意願，那這個時候怎麼辦呢？每個職務都要有人做 …… 導師要用輪的是因為我們按照積分，如果行政再用輪的話，那萬一輪到不適任的當行政也是很麻煩的，所以我是反對用行政輪替，可是老師卻認為可以。」（P05-20080305）

「另外還有一個就是，行政人員的任用。有時候行政人員的任用也會陷入一個兩難，比如說這個主任他可能是原來校長留下來，或者是原來校長推薦，因為有時候面臨到一個新環境，因為你不瞭解，但是當你用了之後你會發現說其實沒有非常非常妥當。……就是你會常常在那邊權衡 …… 所以常常會陷入這樣一種考量。」（P03-20080417）

四、校長、行政人員與教師間觀念的不一致

由於校長、行政人員及教師彼此間所負責的工作及扮演的角色並不一樣，所以常會有觀念落差及不一致之情形。

「老師跟行政之間觀念的偏差，觀念的不能溝通。因為行政必須要執行教育政策，那老師就比較不受教育行政政策的影響，所以老師的想法會比較自由，行政比較嚴謹。一般這個時候你會碰到老師跟行政之間在執行的時候有大問題。比如說現在臺北縣政府有

規定作文一學期要六篇，那以前大概學校都寫四篇，
這個時候就碰到一個難題啦，縣政府規定要六篇，
老師認為四篇就好，那這個時候怎麼辦，這個時候
也是個道德的難題。老師會認為說為什麼要六篇，
那縣政府會說六篇是因為要提升學生的寫作能力，
老師如果讓學生多寫你多改，學生的寫作就會進步，
那對他將來來說是好的。我們的立場是這樣。那行
政大部分就是上面怎麼規定我們就怎麼做，可是老
師就覺得不是這樣。」（P05-20080305）

「另外就是一些理念的落差、個人想法、或是
教育背景，他自己信守的理念可能有些不同。」
（P06-20080311）

「例如說對同仁的某一些作為我不一定認同……
舉個例子，我們教務處作業抽查，沒交的學生就
是記警告一次，說真的我是很不認同這件事。」
（P07-20080324）

五、親師生的衝突

師生衝突是國中校園常見的問題，因為師生的衝突也導
致親師的衝突，此外家長對老師的班級經營或教學的不滿也
會引起親師的衝突，而身為一校之長的校長就必須面對並加

以處理。處理過程是要顧及教師的尊嚴？還是要聽從家長的訴求或維護學生的學習權益？就會形成校長倫理價值選擇的左右為難。此外，家長告老師或家長告學校的情形時有所聞，有一位校長表示曾遇到家長告老師的事情，對他造成兩難。

> 「我覺得現在還有一個議題 …… 就是師生衝突的時候怎麼樣去取得一個平衡，或者是怎麼樣在顧及老師的尊嚴跟學生的學習權益之間，去做一個處理。」（P09-20080416）

> 「其實最常碰到的行政倫理是師生的衝突，還有一個是親師衝突。老師難免在處理的過程當中會有一些小瑕疵，這個小瑕疵有時候正好就被家長放大。這時候你必須顧及到老師應有的尊嚴，但在事實上可能確實有比較不妥當的地方，那這個時候怎麼樣徵求家長的一個諒解，這個就是真的要去分析，我怎麼樣可以做到面面俱到。」（P10-20080417）

> 「有時候也會有兩難，譬如像我也曾經有家長告到教育局去，老師班級經營狀況不是很好 …… 」（P08-20080414）

六、不適任教師的處理

長期以來校園一直存在著不適任教師的問題，在處理過程也會造成校長的困擾，例如不適任教師的認定問題。許淑玫（2008）的研究亦發現，國小校長的主要倫理困境為不適任教師的處理。

「……舉個例子，這裡面就想說到底某些教師是不是要提報不適任教師，我覺得這也是一個問題，因為不適任教師當然政府有規定……」（P07-20080324）

「不適任教師的工作權與學生的受教權問題。」
（P04-20080107）

七、行政人員間的工作紛爭

基本上，國民中學的行政業務是採分層負責的運作方式，且各處室及各組專業分工，而在這樣運作模式下常會產生各處室本位主義及工作的推諉之情形，因而造成校長處理上的困擾。

「工作它有的是會推嘛！認為說這不是我的工作，這應該是哪一個人的工作，那校長在批公文的時候，或批示的時候，應該是歸哪個才對，為什麼是推給我？這種情形會有。」（P06-20080311）

「另外一個就是行政之間的一個摩擦，大家都是新
手，對於個人的責任區或者對對方，他認為這樣就
可以了，用自己的常識來做專業的東西，那另外他
認為你這樣不行要這樣子啊，他就會認為說你是找
我麻煩。……就大家都站在本位，沒有足夠的上位觀
念。」（P10-20080417）

貳、校長的倫理決定

綜合校長的訪談內容，國中校長在面臨行政倫理議題時，
所採取的倫理決定方式，大致上可歸納為「依法行政，遵循
行政程序或制度」、「進行溝通或協調」、「以學生的學習為考
量」，進一步說明討論如下：

一、依法行政，遵循行政程序或制度

多位接受訪談的國中校長在面臨行政倫理議題時，是採
取依法、依規定辦理，遵循行政程序或建立制度。例如學生
編班方式，有多位校長指出是採依教育局的規定辦理的。

由於國民中學是屬於公部門單位，存在著科層體制，諸
多校務運作均有各項法規的依據，如果違反相關規定，輕者
記過申誡，重者撤職查辦，所以校長在面臨學校行政倫理議
題時，大都戰戰兢兢，惟恐觸法。但也有校長會在法的規定
之下進行彈性處理。

本文之文獻探討所提到的倫理決定模式為：面臨倫理問

題、蒐集倫理相關議題、研擬可行方案、選擇較佳方案、方
案實踐執行、成效評估等步驟。但國中校長似乎較少有這樣
的處理模式，多位國中校長處理行政倫理議題之倫理決定是
採取進入法定程序或依循制度。

「原則上依縣府規定常態編班，師生公開抽籤，課
任老師則儘量力求公平。」（P04-20080107）

「該我們幫忙的該協助的地方都沒辦法，就只好走
制度的面向來做一個處理。」（P02-20071228）

「我覺得法還是要先站在前面啦，但是法之外有時候
如果我們能幫得上忙的範圍……但是你沒有辦法真
的完全順應他們的需求，因為我覺得法還是很重要，
而且照顧多數孩子，我覺得這個還是蠻重要的。」
（P03-20080107）

「……我覺得我還是大部分依法比較多，那怎麼樣
建立制度，我覺得所謂依法就是建立一個制度，然後
這樣子的時候我就可以跟家長也好、民意代表也好，
就是說因為有這樣的制度校長也不能破例呀，那我
們只能在這制度之下找一點彈性來運用，我覺得還
是在那個制度之下有一點小小的彈性，原則上我還
是用一定的制度在 run，否則我覺得我窮於應付，所

以我是試圖建立某一個制度來做，當然前提是教育
局的規定裡面也許有一點小彈性來做一些空間啦。」
（P07-20080324）

「有些家長會指定廠商。……我不可能說一口回絕，
說『啊！這不行！』我都跟他們說我們學校有一個
行政程序。」（P01-20071217）

「當然依法行政是最高的一個原則，比較沒有一些困
擾，有時候也會有兩難的，譬如像我也曾經有家長告
到教育局去，老師班級經營狀況不是很好，我接到這
樣一個陳情信，教育局反過來問我怎麼來處理，我還
是依法行政，依相關的規定辦理。」（P08-20080414）

「關說難免，像家長大概關說的時候是編班，那編
班我們現在絕對是依據縣政府的教育守則在編班，
一定是用抽籤公開的，包括導師的抽籤。另外最重
要我現在在講的以身作則，就是我們學校的主任，
我們學校老師的孩子一樣抽籤，絕對是公開的，但
是一樣是抽籤沒有任何的竅門，就是說這樣的情形
就可以阻絕了很多的關說。」（P06-20080311）

二、進行溝通或協調

多位校長在面對學校行政倫理議題時會進行溝通或協調，例如行政人員與教師觀念的不一致時，就會多方溝通。以下是幾位校長所陳述的內容。

「另外有關性騷擾這樣的議題，學校以往曾經也有一兩個例子 …… 同時也跟當事人做一些溝通，後來當事人也勉強接受。」（P08-20080414）

「 …… 當面！我都希望當面把他找過來，然後再找他們共同或比較資深的老師或同事來做第三者，做一個見證，從中做一些協調或潤滑，那大致上都可以解決。」（P06-20080311）

「工作它有的是會推嘛！…… 我會把相關的人找過來做協調，那一方面有時候慣例，或者是依照你個人的看法做什麼樣的協調，我想大概都可以解決。」（P06-20080311）

「比如說現在臺北縣政府有規定作文一學期要六篇，那以前大概學校都寫四篇，這個時候就碰到一個難題啦，…… 行政大部分就是上面怎麼規定我們就怎麼做，可是老師就覺得不是這樣。老師會說如果寫四篇

我仔細的改四篇，學生程度可能進步更快。如果寫六篇我隨便改，那效果也許不好，老師想法是這樣，好像也有道理。那你如果說按照老師的想法我們就四篇，那違背教育局的政策，這時候怎麼辦？這時候就必須要多方溝通，說明利害關係……老師怎麼改的就是剛剛講的，詳批簡批面批統一批，都可以，就是用溝通啦。」（P05-20080305）

「例如說我對同仁的某一些作為我不一定認同……舉個例子，我們教務處作業抽查，沒交的學生就是記警告一次，說真的我是很不認同這件事……說真的如果我來做我希望這些沒交的學生通通集中在某個地方，主任組長留下來看到他們寫好為止，但這一點又要他們犧牲時間，因為這一定是放學後嘛，說真的如果今天我來做我希望這樣做，或者我留也可以。可是我沒有強力去作為的就是因為這要先跟家長溝通，要跟老師溝通，要有人陪下來，因為他們不可能讓校長一個人留。」（P07-20080324）

「另外還有一個就是，行政人員的任用。……我會先做提醒。比如說這個人這個主任我覺得他的兼職太多了，他外面跟裡頭這樣很難兼顧，那我要他取捨，我是私下找他，私下提醒說你是要繼續當主任，或是你要去外面做包括像輔導團的工作，所以

你只能取其一，要不然你很難把一件事情做好。」
（P03-20080107）

三、以學生的學習為考量

學校行政最後的目的是要促進學生的學習，有四位校長
提到他們在面臨一些行政倫理議題時，所採行的倫理決定會
考量學生的學習及受教權。這樣的倫理決定與「學校行政倫
理的積極目的是在於促進學生的學習並維護學生的最大利益」
之觀點不謀而合，Shapiro 和 Stefkowich（2005）也指出學生
的最大利益應該是教育專業倫理最核心的考量。

> 「我們用學生的學習當作核心，所以我們寫作文為
> 學生在著想，不是為老師著想。」（P05-20080305）

> 「以學生的受教權為重，但是必須瞭解教師不適任
> 的原因。」（P04-20080107）

> 「導師輪替，我覺得第一個考量的是對學生的學習，
> 我們的教育意涵在哪裡？」（P09-20080416）

> 「因為我們都是為學生為教育，不至於太過計較。」
> （P06-20080311）

「其實最常碰到的行政倫理是師生的衝突，還有一個是親師衝突。……在不傷害學生的原則下，就是第一個學生不能受到傷害，我會儘量去顧及老師應有的尊嚴。就是說我會比較站在老師這邊，但是前提是不傷害學生。家長那方面可能會運用一些社會關係來做處裡，因為家長比較會是情緒性的。」(P10-20080417)

第五節　結論與建議

依據本研究之質性訪談結果，獲得以下的主要結論：

第一，經由訪談內容之分析，國中校長面臨的行政倫理議題包括「學生編班」、「導師的輪替或安排」、「行政人員的輪替或任用」、「校長、行政人員與教師間觀念的不一致」、「親師生的衝突」、「不適任教師的處理」、「行政人員間的工作紛爭」等七項行政倫理議題，其中學生編班、導師輪替、行政人員的任用三項被較多的校長提出來闡述。

第二，「依法行政，遵循行政程序」、「進行溝通或協調」、「以學生的學習為考量」是國中校長較常採取的倫理決定方式。換言之，國中校長在面臨行政倫理議題時，較常採取依法行政、進行溝通、考量學生的學習之倫理決定。

根據研究結果，本研究提出以下三點建議：

第一，教育主管機構應訂定合理可行的相關法規並適時修改：雖然學校本位管理已受重視，但國中仍受教育部及各

縣市教育處或教育局的管轄，因此學校諸多行政業務之推動要依法行政。有鑑於此，教育主管機關在訂定相關教育法規就必須更加謹慎，並且要集思廣益，多聆聽教育實務界的看法，進而擬訂出合理可行的教育法規，同時針對不合時宜的教育法規也要適時修正。

第二，校長在法的基礎上可多進行溝通，並考量學生之學習權：本研究發現多位校長是採依法行政或依行政程序來處理兩難困境，此一方式值得採行，但處理的同時也可多進行溝通或個別關懷，並充分說明其倫理決定的理由，如此法理情三者當可顧及。此外，學生之學習應列為重要的考量因素，亦即學校行政倫理之決定不能損及學生之學習，畢竟學校行政是為教師之教學及學生之學習而存在的。

第三，未來的研究可依本研究結果進行大量問卷調查：由於過去並無國民中學校長經常面臨的學校行政倫理議題與倫理決定之研究，因此本研究可視為初步及探索式的質性研究，且本研究訪談對象僅有北部的 10 位國中校長，推論之範圍有限，建議未來的研究可以本研究之研究結果為基礎，進行問卷調查來蒐集更大量的相關資料，以獲得更為普遍性的原則或發現。

第十二章

國民中小學校長智慧研究

第一節　緒論

　　長久以來，東西方文化皆將智慧視為人類修鍊所欲達到的最高境界。有智慧的人能夠以宏觀的視野及長遠的眼光，圓滿解決人生的問題，而不為事物的表象所迷惑（黃富順，2007：99）。做一個有智慧的教育領導者亦應是多數學校領導者所祈求的目標，有智慧的校長會以智慧帶領師生並解決困難問題，進而發展校務。柏拉圖亦曾言人們若無智慧，即使擁有財富、健康、權利、榮譽也是無益，因為他們將不知道如何從中獲益（引自曾錦達，2009；Csikzentmihalyi & Rathunde, 1990）。

　　幾乎每位教育領導者都想要擁有智慧，但國內教育行政研究關於校長智慧之文獻卻僅有少數幾篇（林志成，2004；陳利銘，2006；曾錦達，2009；楊世英，2009）。亦即智慧對教育領導這麼重要，但兩者關係的研究卻這麼少，所以智慧與教育領導關係之探討還有很大的開拓空間，值得吾人加以探究。進一步而言，校長領導理論與實務引入智慧因素，可以協助校長分析劣質與優質領導的區別（楊世英，2009）。也就是說，智慧相關概念若能融入校長領導之考量因素，則能幫助校長判斷何種領導行動是好的、何種領導行動是要避免的，此乃是智慧理論對於校長領導之重要性的緣由，也是進行本研究的主要動機。

　　Takahashi 與 Bordia 於 2000 年研究發現東西方對於智慧有不同的界定，西方偏重知識、才能與認知層面；東方在認

知層面外更強調情感涉入及謹慎謙虛的態度（引自陳利銘、吳璧如，2007）。曾錦達（2009）主張領導智慧是指一個具備善德美等核心特質的領導者，能結合自己與組織成員的優點與需求，在不確定的組織環境中作出深思熟慮的判斷與行動，並以人類公益作為達成組織目標最重要的考量。劉靜軒（2005）參考 Ardelt 所發展的三元智慧量表，探究老人社會大學學員智慧，研究結果指出受試者在「認知」、「情感」與「反思」均呈現中上程度，且老人社會大學學員智慧與生活滿意度呈現正相關。謝佩妤（2009）所建構出的教師智慧內涵則包含反思、先知先覺、情感調節、開放、幽默、知行合一、豐富多樣的經驗、利益平衡。Ylimaki 與 McClain（2009）研究發現，有效能的校長透過佛教的六個智慧美德可以增進績效。Yang 於 2001 年的研究結果顯示，臺灣社群中的華人認為一個有智慧的人應同時具備博學有才幹、仁慈有愛心、開明有深度、謙虛不囂張等四個特質（楊世英，2009）。至於國民中小學校長智慧的內涵與特質為何，則有待進一步探究，此為進行本研究的另一動機。

　　基於此，本研究的主要目的在於探究以國民中小校長的自身角度來看校長智慧的特質，最後根據研究結果提出建議，以供教育領導者參考。

第二節　文獻探討

壹、智慧的內涵與特質

依《牛津字典》的解釋，「智慧」（wise）是指具有或顯示經驗、知識、良好的判斷、審慎等。Birren 和 Fisher（1990：326）認為智慧是人類能力之情意（affective）、意動（conative）及認知（cognitive）面向的整合，以回應生活中的工作任務與問題。Smith 和 Baltes（1990）指出智慧是對於人生根本問題的專門知識，能對重要但不確定的人生問題，具有良好的判斷力，並提出妥善的建議（黃富順，2007）。

黃武鎮（1997）認為智慧是以慧心、慧眼去觀照，發現問題後，運用經驗、知識與有關資料解決困難、困惑的問題；有智慧的學校行政人員，就是用智慧、有能力解決學校行政上的問題，並發展學校行政。Chandler 和 Holliday 在 1990 年的研究結果指出，智慧是一個複雜而多元面向的能力指標，包括五個主要成分：(1) 能夠從一般經驗與例外中學習的超凡理解力；(2) 具有判斷與提出忠告的能力；(3) 具一般的知能，由個人智力與教育所構成；(4) 具靈敏的社交人際技巧；(5) 能敏銳觀察並審慎行事的能力（黃富順，2007：100）。

郭為藩（2003：332）指出：「智慧較接近後設認知，且以豐富的生活經驗與堅實的專門知識為基礎，所以智慧常限於一特定領域，智慧也代表正確的判斷與高瞻遠見，並能做出所謂『明智的選擇』，有某種良知上的堅持。」朱倩儀

（2003）認為：「智慧源於對於人生真理的探求慾望，透過一般知能、判斷與溝通能力、審慎思考能力、反省能力、接受不確定與例外的寬容力、洞察力、發現問題的能力、情緒的掌握能力等，以克服個人與環境限制，追求人類全體的福祉。」

　　陳明蕾（2004：135）綜合哲學與心理學的觀點指出：「智慧乃是人類心智能力的最高表現，也是一種專家系統的知識。其中與智慧有關的心智能力則包括有後設認知的能力、批判反省的能力及發現問題的能力。此外，以哲學的觀點而言智慧是一種天賦的能力，心理學則認為智慧是個體後天發展而來的一種認知能力。」黃富順（2007）將智慧的內涵歸結以下九項：(1) 一般知能；(2) 判斷與溝通能力；(3) 審慎思考能力；(4) 反省能力；(5) 發現問題的能力；(6) 解決生活問題的能力；(7) 情緒掌握能力；(8) 克服個人與環境限制的能力；(9) 追求人類福祉的想法。

　　楊世英（2009：223）歸納指出，心理學對智慧所下的定義，大致可分為四類：(1) 智慧是個人特質或能力；(2) 智慧為人類在經歷發展階段所得之高層認知結構或是心理自我強度；(3) 智慧是人類文化中所有與生命相關的實用知識的集合；(4) 智慧是經由一系列歷程而在真實世界中發揮正向影響力的特殊現象。曾錦達（2009）認為：「智慧是以善、德、美為核心，以知與情為運作要素，透過個體與外在環境的互動，產出深思熟慮的判斷、決定、溝通與行動，並以達到公益為目標的一個統合、平衡與和諧的狀態及動態性的發展歷程。」

謝佩妤（2009）所建構出的教師智慧內涵包含反思、先知先覺、情感調節、開放、幽默、知行合一、豐富多樣的經驗、利益平衡。黃子宸、黃秀霜和曾雅瑛（2007）以國民中小學生為研究對象，結果發現低智慧表現學生較自我中心並缺乏解決問題策略，而高智慧表現學生考量多方利益且重視經驗學習。

　　綜合之，智慧的定義與內涵特質各家看法頗為紛歧，且從哲學、宗教到文化人類學、政治科學、教育、心理學均有在探討智慧此一議題（Baltes & Staudinger, 2000），而總括上述來看，智慧的特徵或特質可歸納為：就自己本身而言，有豐富的知識與經驗，並具有判斷力，有自知之明，能調整負面的情緒；自己與別人方面，能有良好的人際關係；在個人與事情處理方面，能有效的處理困難的問題，並能妥善運用各種資源以解決問題；在自己與所處的情境方面，則是能瞭解並掌握情境的變化。

貳、智慧模式與理論之探討

　　有關智慧的模式與理論各家觀點不一，柏林（Berlin）智慧模式是相當知名的，其認為智慧有以下五個特色（陳明蕾，2004：142）：(1) 智慧是指對生命事件做正確的判斷；(2) 智慧也可以是指和生命事件有關的知識；(3) 與智慧有關的知識乃是朝向生命共同的利益；(4) 與智慧有關的知識其本質上不同於傳統的智力；(5) 情緒是使智慧轉化成行動的重要基礎。

童鳳嬌（2009）研究的行動智慧則包括覺察的智慧、知行的智慧與省思的智慧三個層面，覺察的智慧由「覺、悟及洞察力」所組成；知行的智慧由「知、行、勇及執行力」所組成；省思的智慧由「思、仁、盼及研發能力」所組成。

　　如圖 12-1 所示，Kramer 指出認知與情感的發展可以彼此影響，因而產生與智慧有關的技能或過程（引自劉靜軒，2005：22）。Labuvie-Vief 於 1990 年亦指出，能將成年期中的認知與情感進行統整，就會導致睿智行動的產生（黃富順，2007：110）。由此可見，智慧除了認知層面外，還包括情感面向的統整（陳利銘、吳璧如，2007：74）。

　　Ardelt（2003, 2004）也認為智慧包括認知、自省與情意三大面向，認知包括知識與現象的瞭解，自省面向意指能超越自我中心與具有價值多元觀，情意即是能妥善調節負面情緒並積極關懷他人。因此，在領導者不斷的自我發展歷程中，藉由自省其思維及調節情緒以涵育心理的成熟度（陳利銘，2006）。Orwoll 和 Achenbaum（1993）則從人格、認知、意欲（conation）三大面向，以及個人內在、人際、超越個人提出智慧整合模式。如表 12-1 所示，人格、認知、意欲與個人內在、人際、超越個人交互作用後會產生九種表現，可見智慧是多面向的統整概念，而 Orwoll 和 Achenbaum 的智慧整合模式值得作為探究智慧理論之參考（朱倩儀，2003）。

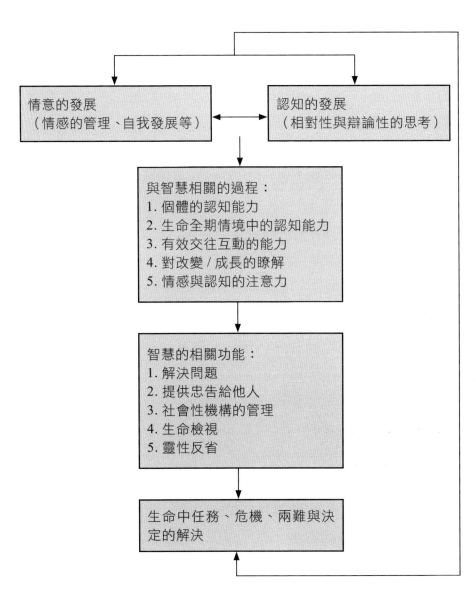

圖 12-1　Kramer 的智慧模式

資料來源：劉靜軒，2005：23

表 12-1　Orwoll 和 Achenbaum 的智慧整合模式

	個人內在	人際	超越個人
人格	自我發展	同理心	自我超越
認知	自我知識	理解	知覺知識與理解之侷限
意欲	正直	成熟的關係	哲學／靈性的投入

資料來源：Orwoll & Achenbaum, 1993: 275

　　具體而言，智慧在認知層面外，更能統整情感、意欲層面，不但能保持內在正直及調節負面情緒，還能保持人際關係的成熟，更能進一步自我超越及靈性投入，具有趨善的意向性（陳利銘、吳璧如，2007：74）。

參、提升校長智慧的策略

　　陳利銘（2006）提出使智慧領導落實在教育領域的具體建議為：(1) 有智慧的教育領導者要以專業知能為本；(2) 有智慧的教育領導者要能慎思篤行；(3) 智慧領導應納入情境實務因素的考量；(4) 智慧領導者源於自省及情意的心理成熟度；(5) 以共善為願景、以意志來鞭策；(6) 以智慧領導來涵育有智慧的學生、教師及教育行政人員。黃富順（2007）對於促進成人智慧的發展，提出六項作法：(1) 參與學習活動，促進智慧的發展；(2) 發展成熟的人格；(3) 加強反省的能力；(4) 增加與他人互動交流的機會；(5) 學習智者的典範；(6) 具備與智慧有關的豐富知識。基於智慧理論及相關學者的看法，

以下從「充實教育專業知織，以奠基學校領導智慧」、「累積各項教育實務經驗，並常進行經驗互動分享」、「妥善運用情緒管理，以轉化觀念並激勵教師工作士氣」、「培養利他之靈性情操，協助教師自我實現」、「常自我省思，並提升後設認知能力」等五方面分別闡述提升校長智慧的策略。

第一，充實教育專業知織，以奠基學校領導智慧：智慧係奠基於知識的基礎之上，且智慧常是知識運作的結果（黃富順，2007：106）。是以想要成為一個有智慧的校長，必須不斷充實自己的教育專業知能，以教育專業知能形成良好的專業判斷，如同一個有智慧的醫師也是以充分的醫學知識為基礎，才能進行正確的醫療診斷一樣。

第二，累積各項教育實務經驗，並常進行經驗互動分享：Sternberg 認為學習過程中有機會與所謂「智者」進行對話，不僅有利於明白智者的特質，並可瞭解智者如何將其知識轉化成為智慧的行動（陳明蕾，2004：155）。因此，校長除了累積經驗外，宜經常與資深優良校長或學者進行經驗交流與分享，以增進領導智慧。

第三，妥善運用情緒管理，以轉化觀念並激勵教師工作士氣：一個有智慧的人在面臨生命中的困境時，會嘗試以反省與辯證的思考方式來尋找解決的途徑（陳明蕾，2004：139）。Kunzman 與 Baltes 認為當個體遇到困難或衝突時，必須要將智慧相關的知識轉化為行動，以達到成功的狀態，是以個體在轉化的過程中採用哪一種情緒反應的機制，將是影響個體能否成功發展的重要因素（引自陳明蕾，2004：

145）。職此之故，正向思考及轉念是個人遇到困難是否能成功發展的重要因素，因此當校長面臨挫折或難題時，應該從不同角度思考，並將情緒給予轉化成為更為積極的力量，而不是在挫折所產生的負面情緒中打轉，卡住而走不出來。質言之，中小學校長必然面臨各種難題以及善意或非善意的批評，要做一個有智慧的校長必須妥善運用情緒管理，還要轉化觀念並激勵教師工作士氣。

第四，培養利他之靈性情操，協助教師自我實現：一個有智慧的人除了會尋求自己生命價值的最佳化，往往也會因其自我反省的能力及去自我中心，而能從自身及他人利益，以及情境中的各種因素，取得一個最大多數人的最大利益平衡點，也就是一種利他主義式的生活價值（陳明蕾，2004）。職此之故，做一個有智慧的校長必須培養利他的靈性情操，服務師生並協助教師自我實現。

第五，常自我省思，並提升後設認知能力：一般說來，反思（reflective）而不是衝動（implusive）的認知型態，在問題解決上表現出來的智能程度較高，沒有全盤思考清楚就急忙跳入問題中會導致走錯路，得到錯誤的結論（洪蘭譯，1999）。若校長常自我反思，藉此有效解決問題並提升自知之明之後設認知能力，進而修正自己不足之處並強化自己的優點，且在面對行政工作能慎思考量妥善解決問題，如此才可稱為是一位有智慧的校長。簡言之，透過反思可以培養校長具有良好的判斷力，進而能有更好的決定品質及獲得更佳的教育效果。

　　智慧概念之範疇必然跟道德判斷、情緒智商、後設認知及自我認同的研究有關（郭為藩，2003：333）。總括來說，中小學的校長智慧是認知、情意與反思三者交互作用而產生的，就認知來看是校長應有豐富的教育專業知能，就情意觀之是校長情緒管理及關懷他人之情操發展，就反思而言是校長能不斷地反省修正成長。值得一提的是，若沒有反思與情意的成分，則以知識為基礎所測量獲得的是智力或是高層次的認知功能，不必然是智慧（劉靜軒，2005：23-24；Webster, 2003）。基於此，提升校長智慧的策略可從上述五個方面加以實踐。

第三節　研究方法

壹、研究工具

　　基於本研究的動機與目的，研究者自編調查問卷，採開放式的問卷調查方式。調查問卷內容計有一題，即請受試校長就其認為一位有智慧的國民中小學校長要具有哪些特質，以文字條列描述一至三項。

貳、研究對象與實施程序

　　本研究以高雄縣市公立國民中小學校長為研究對象，高雄市國小 88 所、高雄縣國小 154 所、高雄市國中 36 所、高雄縣國中 50 所，每所學校發出調查問卷 1 份給校長填寫。在擬定問卷並確定研究對象之後，研究者於 2010 年 8 月 5 日起陸續發出調查問卷 328 份，並於 2010 年 9 月 15 日止，回收 105 份。可用問卷 97 份，回收率 32.01%，可用率 29.57%，有效樣本的基本資料分析如表 12-2 所示。

表 12-2　有效樣本的基本資料分析

類別	項目	填答人數	百分比（%）
校長性別	男性	61	62.88%
	女性	27	27.83%
	漏填	9	9.27%
年齡	30-40 歲	1	1.03%
	41-50 歲	49	50.51%
	51 歲以上	41	42.26%
	漏填	6	6.18%
服務階段	國民小學	62	63.91%
	國民中學	26	26.80%
	國中小學均勾選	2	2.06%
	漏填	7	7.21%

參、資料處理

　　為凸顯本土文化特色的領導及管理學知識，可以採取紮根理論（grounded theory）的研究方式來進行厚實的研究（鄭伯壎、黃敏萍，2008：226）。紮根理論是歸納的方式，對現象加以分析整理所得的結果，發展紮根理論的人不是先有一個理論然後去證實它，而是從研究領域中萌生概念和理論（徐宗國譯，1997）。因此，本研究蒐集實務現場之校長質性意見，以研究中小學校長智慧，在從頭到尾反覆閱讀填答問卷之質性內容後，探尋問卷回答內容或語意是否有相似或共同聚焦之處，並加以歸納分析整理。

第四節　研究結果分析與討論

　　在調查問卷回收後，研究者反覆閱讀受試校長所填答的內容，於約290條的描述句中，試圖歸納出一些較為聚焦集中的觀點，基本上如果被提出之共同或相似觀點其次數超過7次以上才進行討論。茲就國民中小學校長智慧之調查，加以分析討論如下。

壹、高 EQ 並有圓融的人際關係與溝通

本研究由 97 位校長之質性文字陳述中蒐集約 290 條校長智慧之描述句，並從中萃取超過 7 次以上重複被提出的相似概念，並加以分析歸納建構。如表 12-3 所示，「高 EQ 並有圓融的人際互動與溝通」被受試校長提出的有 27 處之多，其中 EQ 一詞一共出現 7 處。例如，編號 054 受試校長認為校長智慧的特質是「擁有高度 EQ，懂得傾聽及同理心」，編號 004 受試者直接指出校長智慧特質是「高 EQ」。此外，編號 047 填答校長表示「要具備良好的協調溝通能力」，編號 050 校長認為「具備正向溝通能力」是校長智慧的內涵，問卷編號 016、編號 021、編號 023、編號 024、編號 029、編號 031、編號 089 等受試校長均有同樣類似的觀點與看法，所以「高 EQ、高溝通力」（編號 061）是校長智慧應具備的特徵。

表 12-3　國民中小學校長智慧歸納分析

國民中小學 校長智慧	填答問卷內容及編號
高 EQ 並有圓融的人際關係與溝通	1. 高 EQ。（編號 004） 2. 家和萬事興，專於溝通協調。（編號 016） 3. 要有危機態度的情緒管理。（編號 020） 4. 高 EQ；溝通協調能力。（編號 021） 5. 能夠瞭解他人的心思與想法。（編號 023） 6. 善溝通。（編號 024） 7. 成熟圓融的人際關係；高 EQ。（編號 029） 8. 具良好的人際關係能力（含溝通能力）。（編號 031）

國民中小學校長智慧	填答問卷內容及編號
高 EQ 並有圓融的人際關係與溝通	9.具有同理心與接納溝通的特質。（編號 037） 10.良好人際溝通與相處能力。（編號 039） 11.善於傾聽。（編號 040） 12.要具備良好的協調溝通能力。（編號 047） 13.具備正向溝通能力。（編號 050） 14.情緒穩定。（編號 051） 15.擁有高度 EQ，懂得傾聽及同理心。（編號 054） 16.良好的溝通能力。（編號 055） 17.高 EQ 的圓融處事態度，但應以教育為前提，以學童為優先。（編號 059） 18.高 EQ、高溝通力。（編號 061） 19.公共關係方面：處理人際圓融，但仍能依法行政。（編號 064） 20.具備溝通協調能力，力求行政運作和諧。（編號 069） 21.傾聽、接納、同理心。（編號 075） 22.控管情緒的 EQ。（編號 076） 23.懂得如何與教師與家長溝通。（編號 077） 24.傾聽→同理心→溝通再推動願景。（編號 078） 25.傾聽、溝通能力。（編號 079） 26.圓融的態度與行為。（編號 087） 27.有溝通、協調的智慧──化解紛爭、聚人和。（編號 089）
寬闊包容的胸襟	1.開闊的胸襟；包容的氣度。（編號 002） 2.包容。（編號 019） 3.容納所有的雅量。（編號 020） 4.廣納異見，胸襟廣闊。（編號 022） 5.格局大、待人寬厚。（編號 023） 6.有民主開放的胸懷。（編號 024） 7.願意接納。（編號 028） 8.器量要寬闊：肯吃虧。（編號 032） 9.寬容有親和力。（編號 037）

國民中小學 校長智慧	填答問卷內容及編號
寬闊包容的 胸襟	10.一顆寬容的心，能包容各類型的工作同仁。（編號 041） 11.要能內觀、自省，看到自己的不足與缺失，接納不同意見的特質。（編號 042） 12.心如江河大海廣納百川。（編號 043） 13.包容。（編號 044） 14.對人寬容，對己自律。（編號 060） 15.寬宏大量，品德高超。（編號 063） 16.包容雅量。（編號 075） 17.廣納意見。（編號 080） 18.察納建言的雅量。（編號 084） 19.寬容的胸襟：包容而不排異。（編號 086） 20.有包容力。（編號 093） 21.慈悲寬容。（編號 095） 22.有容乃大。（編號 097）
統觀全局並 具前瞻性	1.能縱橫全局，協調並指揮各單位。（編號 004） 2.能從巨觀到微觀的推演；從微觀到巨觀的歸納。（編號 006） 3.前瞻的視野。（編號 007） 4.宏觀創新的剖劃。（編號 009） 5.能以全方面眼光洞悉全局，有效掌握。（編號 011） 6.不會刻意吹噓自己，但遇到問題，有其專業的、全面性的剖析，足以令人信服。（編號 025） 7.要有縱觀全局，瞭解趨勢，擘劃未來的特點。（編號 042） 8.率先士卒，領導創新，規劃未來。（編號 043） 9.綜合統觀，具前瞻性。（編號 048） 10.具有前瞻的教育理念。（編號 050） 11.背景知識豐富，具有洞燭機先的能力。（編號 066） 12.宏觀、細心、遠見。（編號 075）

國民中小學 校長智慧	填答問卷內容及編號
統觀全局並 具前瞻性	13.宏觀的視野：前瞻而不短視；多元的思維：統觀而不狹隘。（編號 086） 14.有創新發展的願景領導能力。（編號 088） 15.有宏觀、前瞻的智慧。（編號 089） 16.前瞻視野，大格局，優良品格。（編號 090） 17.有前瞻宏觀的教育觀及優質的領導風格。（編號 091）
教育專業 素養	1.專業的堅持。（編號 007） 2.不斷學習吸收新知的性質。（編號 029） 3.學問要淵博，見地要高明：勤學、經典。（編號 032） 4.專業素養。（編號 036） 5.教育專業素養與理念。（編號 039） 6.擇善堅持的專業。（編號 040） 7.專業的素養與堅持。（編號 055） 8.專業、創意、品質、效率。（編號 056） 9.一位有智慧的國中小學校長，應該是一位擁有豐富的專業知識，並具備宗教家胸懷的人。（編號 062） 10.以學術專長領導統御。（編號 063） 11.具有專業領導能力。（編號 065） 12.背景知識豐富，具有洞燭機先的能力。（編號 066） 13.豐富的專業學養。（編號 076） 14.具備豐富的教育專業常識、趨勢及社會體驗。（編號 077） 15.持續學習的心態，專業進修。（編號 090）

國民中小學校長智慧	填答問卷內容及編號
謙沖為懷	1.謙沖為懷，虛心學習。（編號 002） 2.謙虛的個性。（編號 007） 3.謙卑為懷。（編號 014） 4.專業修為，卻懂得謙卑為懷。（編號 022） 5.打不還手，罵不還口，虛心請教。（編號 043） 6.身段柔軟，態度謙和，立場堅定，融合「僕人領導」之精神要義。（編號 059） 7.謙卑專業。（編號 060） 8.圓融謙沖的個性。（編號 081）
遇事沉穩並能化解問題與危機	1.解決問題的態度。（編號 009） 2.遇事沉著。（編號 013） 3.解決危機的能力。（編號 016） 4.化解危機的能力。（編號 026） 5.危機處理的能力。（編號 029） 6.解決問題核心。（編號 048） 7.沉穩。（編號 053） 8.危機管理方面：冷靜沉著，處事有條理、原則。（編號 064） 9.沉穩、內斂的修養，冷靜旁觀事物之變。（編號 069） 10.良好的解決問題能力。（編號 070） 11.外圓內方，沉穩內斂。（編號 071） 12.果斷，敏於覺知，能臨危不亂。（編號 072） 13.冷靜、沉著、遇事不慌亂。（編號 078） 14.沉穩，不急躁。（編號 079） 15.有危機處理的火線領導能力。（編號 088）

貳、寬闊包容的胸襟

除了「高 EQ 並有圓融良好的人際關係與溝通」外，如表 12-3 所示，「寬闊包容的胸襟」亦是校長提出校長智慧的另一特質。例如，編號 002 受試者表示「開闊的胸襟；包容的氣度」是校長智慧特質之一，編號 041 受試校長特別指出校長智慧是「一顆寬容的心，能包容各類型的工作同仁」，編號 043 受試校長甚至指出「心如江河大海廣納百川」是校長智慧的重要特徵，編號 019 及編號 044 的受試校長者直接指出「包容」應是校長智慧的特質。其餘問卷編號 020、編號 023、編號 028、編號 037、編號 060、編號 063、編號 075、編號 080、編號 084、編號 086、編號 093、編號 095、編號 097 等都有相似的觀點。

參、統觀全局並具前瞻性

也有不少校長認為「統觀全局並具前瞻性」是校長的重要智慧。例如，編號 004 校長指出校長智慧之一是「能縱橫全局，協調並指揮各單位」，編號 011 校長表示有智慧的校長要「能以全方面眼光洞悉全局，有效掌握」，編號 042 受試者陳述「要有縱觀全局，瞭解趨勢，擘劃未來的特點」，編號 048 受試者指出「綜合統觀，具前瞻性」是校長智慧特徵之一。其餘問卷編號 006、編號 009、編號 025、編號 050、編號 066、編號 075、編號 086、編號 088、編號 089、編號

090、編號091等受試校長都有同樣的看法。

肆、具有教育專業素養並謙沖為懷

「教育專業素養」及「謙沖為懷」分別被提出15次及8次，研究者將兩者一併討論。首先，許多校長指出專業是校長智慧之重要特質，例如「專業的堅持」（編號007）、「專業素養」（編號036）、「教育專業素養與理念」（編號039）；編號055及編號062的受試校長也分別表示「專業的素養與堅持」、「一位有智慧的國中小學校長，應該是一位擁有豐富的專業知識的人」。其餘編號040、編號056、編號063、編號065、編號066、編號076、編號077及編號090的受試校長均有同樣的看法。

其次，「謙沖為懷」亦是校長智慧的另一特質，例如編號002受試校長指出「謙沖為懷，虛心學習」，編號007校長直接表示「謙虛的個性」，編號043的受試者甚至指出「打不還手，罵不還口，虛心請教」，編號081的校長也提到「圓融謙沖的個性」，其餘編號014、編號022、編號059、編號060等均有相似的觀點。

伍、遇事沉穩並能化解問題與危機

沉穩、解決問題及化解危機分別有多位受試者提出，因為沉穩、解決問題及化解危機三者概念頗為相近，都是面對

事情的態度，所以研究者將三者結合一併討論，並將主題稱為「遇事沉穩並能化解問題及危機」，此乃校長智慧的特質之一。誠如編號 078 的受試校長指出「冷靜、沉著、遇事不慌亂」是校長智慧的特質之一，編號 013 的受試者也認為「遇事沉著」是校長智慧的特徵，編號 079 受試者表示校長智慧應是「沉穩，不急躁」，編號 069 的受試校長直接陳述「沉穩、內斂的修養，冷靜旁觀事物之變」。此外，編號 009、編號 016、編號 026、編號 029、編號 048、編號 070 及編號 088 也認為解決問題與危機的能力是校長智慧的一種表現，編號 064 的受試校長更具體陳述校長智慧在「危機管理方面：冷靜沉著，處事有條理、原則」，編號 070 亦認為「良好的解決問題能力」是校長智慧之特質。

陸、綜合討論

就本研究所歸納的第一項及第二項校長智慧是「高 EQ 並有圓融的人際關係與溝通」及「寬闊包容的胸襟」而言，理論上指出智慧包括認知、情意與反思（Ardelt, 2004），但實務上校長所反應的校長智慧偏向情意部分。此一研究發現也與前述文獻提到，研究顯示東西方對於智慧有不同的界定，西方偏重知識、才能與認知層面，東方在認知層面外更強調情感涉入及謹慎謙虛的態度（引自陳利銘、吳璧如，2007），有不謀而合之處，並印證了東方對於智慧的看法是強調情意及態度。此亦提醒教育領導者應多培養正向的情意

態度，果能如此，才算是一位有智慧的校長。有學者亦指出，若沒有反思及情意的成分，則以知識為基礎所測量獲得的是智力或是高層次的認知功能，不必然是智慧（劉靜軒，2005：23-24；Webster, 2003）。再者，前述各種智慧理論與模式也都強調情意對智慧的重要（Ardelt, 2004; Orwoll & Achenbaum, 1993）。

再就「高 EQ 並有圓融的人際關係與溝通」進一步觀之，情緒管理與良好人際溝通都是強調差異與多元之後現代社會所需要的領導智慧特質及表現，過去研究也指出「溝通聆聽」是教師心目中理想的校長領導行為（蔡進雄，2010a）；Orwoll 與 Achenbaum（1993）亦指出，有智慧的人在人際方面要有同理心、理解及成熟的關係。易言之，校長智慧特徵之一就是要有良好的情緒管理、維持成熟人際關係並不斷溝通協調。就「寬闊包容的胸襟」而言，茲因校長居於上位必須領導眾多師生，所以包容性要大，並要廣納不同意見，故寬闊包容的心胸亦是校長很重要的領導智慧。此外，本研究也歸納發現「統觀全局並具前瞻性」是校長智慧的另一重要特徵，校長的職責是綜合校務，所以能統觀整體校務並能前瞻規劃學校發展方向是校長必備的智慧特質。

「具有教育專業素養並能謙沖為懷」的發現呼應了 Yang 於 2001 年的研究結果，臺灣社群中的華人認為一個有智慧的人是博學有才幹、謙虛不囂張的特質（楊世英，2009），而且認知也是智慧很重要的基礎，即智慧係奠基於知識的基礎之上，智慧常是知識運作的結果（黃富順，2007：106）。是以

想要成為一個有智慧的校長必須不斷充實自己的教育專業知能，以教育專業知能形成良好的專業判斷，如同一個有智慧的醫師也是以充分的醫學知識為基礎，才能進行正確的醫療診斷一樣。除了有豐富的專業知識外，有智慧的校長同時也要有謙卑的個性，誠如編號002的受試校長所言「謙沖為懷，虛心學習」。由於校園危機事件對校長是一大考驗，所以不難想像「遇事沉穩並能化解問題與危機」是校長智慧的重要特質之一，黃武鎮（1997）、朱倩儀（2003）、陳明蕾（2004）及黃富順（2007），也都提到發現及解決問題是智慧的重要內涵。

另外，從智慧理論發展角度來討論，智慧的內涵或理論研究均頗為紛歧，各家觀點及理論模式也不盡相同，可見智慧理論還在發展當中。至於各行專業人士的智慧亦均是有待開拓的學術領域，例如謝佩妤（2009）研究教師智慧的研究結果與本研究校長智慧之研究發現亦有所差異，由此可知不同專業及職位所應具備及被期待的智慧特質應該有所不同。

總括說來，從以上的研究歸納及討論，我們似乎可以初步下個結論：在臺灣地區國民中小學校長智慧之特質偏向情意，例如前述歸納之情緒管理及人際溝通、開闊的包容心胸、態度謙卑，除此之外，擔任校長者亦要能掌握全局、具前瞻性、遇事能沉穩並化解危機及問題。一言以蔽之，如圖12-2所示，本研究發現有智慧的校長在個人方面要有教育專業知識並謙沖為懷，在人際方面要有高EQ並善溝通、能包容，在事情處理方面沉穩不慌亂並能化解問題與危機，在學校組

織發展方面能統觀全局並有前瞻眼光。

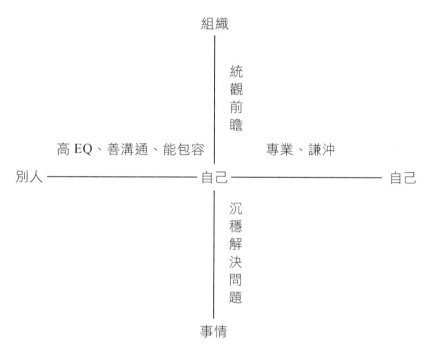

圖 12-2　國民中小學校長智慧的特質

第五節　結論與建議

　　智慧是許多領導者渴望追求的特質，但研究卻是那麼有限，基於智慧對教育領導者的重要性，本研究採紮根理論，透過 97 位校長所提供約 290 條的質性描述資料，歸納結論為校長智慧分別是：高 EQ 並有圓融的人際關係與溝通、寬闊包容的胸襟、統觀全局並有前瞻性、教育專業素養並有謙沖

個性、沉穩不慌張並能化解問題與危機。基於研究結論，本研究提出以下五項建議，以供教育領導者之參考。

第一，要有「大」的心胸與格局：本研究顯示，寬闊包容胸襟及統觀全局是校長的重要智慧，而包容性與掌握全局均與「大」有關，因此一位具有智慧的校長應該要有大的氣度及大的格局與視野，對教師及成員方面要有包容性，所謂有容乃大；對校務整體之組織發展方面要有大的格局，所謂格局影響結局。也就是說，擔任校長者要有宏觀視野並統整綜理校務發展，掌握大方向及願景，而不是枝節細微之事項。

第二，重視情緒管理及人際溝通：本研究發現高 EQ 及良好的人際溝通是受試校長提出最多次的，可見實務現場很需要情緒管理及建立良好圓融的人際關係。畢竟校長每天必須要大量地與教職員生及家長互動，加上教師、行政人員及家長等對校務均會有不同的意見，所以良好的情緒管理及人際溝通更顯得重要。

第三，充實教育專業並謙沖為懷：本研究發現專業是校長智慧特質之一，沒有專業知能則校長智慧不易展現，因為遇到教育問題必須以專業知識為判斷的基準。此外，校長也要有謙虛的個性、不高傲，所謂滿招損謙受益也，誠如編號022 的受試校長所言「專業修為，卻懂得謙卑為懷」。

第四，培養正向的情意態度並內化成為人格的一部分：依智慧理論觀之，智慧展現於認知、情意與反思等方面，但從本研究之調查歸納發現，大多數的校長所提供的調查意見，多傾向情意層面，例如對人的包容、人際的溝通、情緒的管

理、謙沖的個性等。此亦提醒教育領導者應持續培養正向的情意態度並內化為人格的一部分，以成為一位有智慧的校長。

第五，遇事能沉穩冷靜並化解問題與危機：本研究發現沉穩是校長的智慧特質之一，特別是如果發生校園危機，校長更需要冷靜不慌張地有效處理危機。故建議校長平時多培養穩健特質且遇事能沉穩冷靜判斷與處理，如此才能稱為是一位有智慧的校長。

最後是對於未來研究的建議，智慧的內涵或理論研究均頗為紛歧，各家觀點及理論模式也有所差異、不盡相同，可見智慧理論還在持續發展當中。未來研究者可以本研究為基礎，發展校長智慧量表並建立信效度，以供校長領導過程融入智慧特質之參考。再者，還可以進一步探究校長智慧對教師教學及學校效能的影響情形，以印證校長智慧的影響層面及其重要性。此外，本研究是從校長的角度出發探討校長智慧的特質，然有些智慧特質是學者專家及理論認為重要的，但在本研究中並未有明顯的發現，例如反思在學者專家觀點及智慧理論中被指出是智慧的重要特徵，但在本研究較少被受試校長提出，此一情形亦值得未來研究者繼續探究及開拓。

第 IV 篇

被領導者研究

第十三章

學校教育人員被領導者
行為量表之建構、
發展與印證：

本土化的觀點

第一節　緒論

國內外學術界有關領導理論的研究及文獻可說是汗牛充棟，但多數領導理論研究大都是以領導者（leader）為探討對象，對於被領導者（follower）之研究就顯得零零散散。且整體而言，領導理論也都是以領導者所應表現之領導行為加以建構而得，相對之下，被領導者的研究就僅是聊備一格，較不受領導之學術研究者的青睞。Yukl 也認為對於領導行為的成功與否，我們似較重視領導者的功勞而忽略下屬其實也扮演了重要的角色。事實上，小組的工作成果是否能達到完美，與主動而有能力的下屬有密不可分的關係。部屬可用維持合作的工作關係、提供具建設性的建議等方式促成有效的領導（宋秋儀譯，2006：157；Yukl, 2006：135）。換言之，組織目標是否能有效達成，領導者與被領導者都扮演著關鍵性的角色。

沒有被領導者或追隨者就沒有領導者，領導者與被領導者應該受到同樣的重視，但國內學校領導研究領域少有人探討被領導者行為。謝文全（2003：316）就曾指出，對「被領導之道」（followership）的研究與對「領導之道」的研究是同等重要的。在教育行政運作過程中，必須領導者與被領導者密切配合才能竟其功，被領導者若不能配合，所有的領導都會歸於無效。事實上，領導與追隨是相依相存的，就像如果沒有「左」，「右」這個字的存在就變得毫無意義。換句話說，他們之間具有共生關係（楊幼蘭譯，1994：25-26；

Kelley, 1992）。亦即領導與追隨並非完全彼此對立，而是具有相輔相成之關係（羅虞村，1999：517），是故在領導過程中被領導者與領導者都應該受到重視（Russell, 2003）。從另一方面來看，優質領導者亦是良好的追隨者，若不能好好追隨別人，就無法好好領導別人（吳秉恩，2006）。

　　基於被領導者行為與領導者行為兩者應該等量齊觀同樣要受到看重的觀點下，蔡進雄（2006）曾以國民小學校長為研究對象，研究發現校長心目中理想的被領導者行為主要是主動積極與具有團體意識兩個層面。因此，研究者想進一步以主動積極與團體意識為內涵，編擬學校教育人員被領導者行為量表，並以統計考驗建立臺灣地區學校教育人員被領導行為層面的信度及效度，且以領導者對被領導者之被領導滿意度（leader's followership satisfaction with follower）（簡稱被領導滿意度）依變項，探討被領導者行為與被領導滿意度兩者的相關情形，以及被領導者行為對被領導滿意度的預測力。具體而言，本研究的目的為：(1) 建構臺灣地區學校教育人員被領導行為量表；(2) 探討教育人員被領導者行為與被領導者滿意度的情形；(3) 分析不同背景變項在被領導者行為與被領導滿意度的差異情形；(4) 探討教育人員被領導者行為與被領導滿意度的相關情形；(5) 探討教育人員被領導者行為對被領導滿意度的預測力情形。

第二節　文獻探討

　　領導者與被領導者兩者對組織目標的達成都有其重要
性，但若仔細探究國內外學校領導或教育領導之研究，不難
發現大多數的教育領導研究都關注在領導者（尤其是校長）
的特質及行為之相關議題上，對於被領導者或部屬行為的
探討相較之下就較為缺乏。例如，美國教育資源資料中心
（Educational Resources Information Center，簡稱 ERIC）
只有少數幾篇在探討被領導者之道（Parker, 1991；Sevier,
1999；Smith, 1997；Thody, 2003）；研究者亦曾搜尋國內相
關資料庫（國家圖書館之全國博碩士論文資料網、國立教育
資料館之教育論文全文索引資料庫），發現國內教育領域對於
被領導者行為之系統性研究如鳳毛麟角般相當有限，而被領
導者行為之相關論述亦不多見。以下僅就「被領導者行為之
相關理論」、「有關被領導者行為的觀點與研究」及「被領導
者之本土化研究的必要性」等三方面加以闡述，以作為本研
究的理論基礎。

壹、被領導者行為之相關理論

　　被領導者（follower）也有人稱為追隨者或部屬，但在本
研究主要是採用被領導者一詞，而被領導者行為的相關理論
大致可以從被領導者類型分析、向上管理及政治行為等三方
面加以闡述（引自蔡進雄，2005c）：

一、被領導者類型分析

Kelley（1992）以思考獨立（independent thinking）及積極參與（active engagement）兩個特質歸納出五種被領導者型態，是追隨者或被領導行為研究較常被引述的文獻，此五種被領導者型態分別是（楊幼蘭譯，1994；Kelley, 1992）：

1. 模範型：模範型的被領導者能兼顧追隨者最重要的兩個層面，一方面富有獨立性與批判性的思考力，使他（她）們擺脫領導者與組織的束縛；另一方面凡事積極參與，為組織貢獻心力。

2. 順從型：順從型的被領導者具備高度的參與力，但卻缺乏獨立性的思考。

3. 疏離型：疏離型的被領導者雖然具有獨立性與批判性的思考力，但不熱中扮演追隨者的角色，有時甚至會若無其事，根本就不關心什麼責任、義務。

4. 被動型：被動型的被領導者凡事仰賴領導者的判斷與思考，並讓負責人去處理頭痛的問題。

5. 務實型：務實型的被領導者最大的特色是堅守中庸之道，他（她）們一向守本分，會花適度的心思，完成自己的任務，但不會多做一些分外的事（引自蔡進雄，2005c：137-138）。

二、向上管理

所謂向上管理（managing up）的意義為：在一組織中，部屬為實現自己的工作滿足感，提高組織效能，而運用策

略，建立及維持與上司的有效關係，也發揮下對上的影響歷程即為向上管理（吳百祿，1996：252）。向上管理的歷程與步驟為：(1) 瞭解上司；(2) 評估自己；(3) 創造符合雙方需求與作風的關係；(4) 努力維持良好的關係（吳百祿，1996：253-258）。龍炳峰（1999）研究國民小學教師向上影響策略，結果顯示，國小教師使用向上影響策略大致有：理性說服、友善討好、婉轉訴求、妨害抵制、攀拉交情、越級求援及組織結盟等七項。尤怡文（2005）探討國民中學教師向上影響策略與學校效能的關係，研究結果發現：(1) 國中教師使用的向上影響策略包括理性說服、展現專業知能、利益交換、形成聯盟、逢迎及施壓；(2) 理性說服策略的使用效果最佳，施壓則為使用效果最差的策略；(3) 向上影響策略與學校效能有顯著相關，且具有預測力。

三、政治行為

政治行為是組織成員運用權力、影響力、資源或表現出各種行為，以達成個人或組織的目標（蔡進雄，2004d：18）。一般在組織中，只要將權力付諸行動就可稱之為政治行為。而政治行為有許多的定義，大體而言都強調運用權力以影響組織中的決策，或強調員工為追求私利而遂行組織所不能認可的行為。因此，政治行為包括正當性及不正當性、合法性及不合法性（張慶勳，1996：306-307）。謝文全（2003：363）將政治策略歸納包括：論理、逢迎、結盟、談判、交易、強求、高攀、威脅利誘、合法化、控制資源、印象管理、

調整人事、操控會議、分而治之等十四項。蘇奕禎（2006）
研究國民小學教師向上政治行為與學校效能之相關情形，研
究結果指出：(1) 宜蘭縣國民小學教師在向上政治行為使用頻
率屬於中下程度，最常使用理性說服策略，最少使用訴諸上
級策略；(2) 教師的自我促銷及專家姿態行為愈高，學校行政
效能就愈高；(3) 男性教師的強勢要求向上政治行為多於女性
教師，國小資深教師的情感攻勢向上政治行為高於資淺教師；
(4) 教師的理性說明及訴諸上級等向上政治行為對學校效能具
有正向預測力，教師的強勢要求及政治謀略等向上政治行為
對學校效能具有負向預測力，

　　綜合以上所述，被領導者行為的相關理論主要有「被領
導者類型」、「向上管理」與「政治行為」。在被領導者類型方
面，本文說明 Kelley 的類型劃分方式。向上管理是說明下對
上的影響策略，誠如管理大師 Peter Drucker 所言：你不必去
喜歡和尊敬你的老闆，你也不必去恨他，然而你確實必須管
理他（林靜容，1991：95）。而政治行為與向上管理的內涵有
部分相同之處，都是為了企圖影響他人或上司，研究顯示理
性說服是較佳的運用策略。

貳、有關被領導者行為的觀點與研究

一、各家對被領導者行為的觀點

Drucker 在《五維管理》(*5-D Management for Manager*)一書中提到五維管理包括：自我管理、對上管理、對下管理、橫向管理與對外管理。Drucker 認為「管理你的上司」並不是指所謂的政治策略，或者假意地恭維自己的上司。Drucker 並精心總結了「管理」好上司的 10 項基本原則分別為（劉志遠譯，2005：108-113）：(1) 自信，卻不自傲；(2) 尊重，卻不卑下；(3) 服從，卻不盲從；(4) 決斷，卻不可擅權；(5) 親近，卻不親密；(6) 多聽，卻並不等於閉嘴；(7) 功高不自居；(8) 要勇於表現自己，卻不可鋒芒畢露；(9) 要齊心協力，也要風雨同舟；(10) 要心底無私，也要顧全大局。

Chaleff（1995：6-8）認為有勇氣的被領導者有：承擔責任的勇氣、服務的勇氣、挑戰的勇氣、參與轉型的勇氣及離開的勇氣等五個層面。Kleinsmith 和 Everts-Rogers（2000）表示有效的被領導者之道是成為團隊的一員、強烈的工作倫理、高度的個人期望、高自尊、樂觀及人際智慧。Yukl（2006：138）也指出被領導者的 10 項指南：(1) 瞭解自己應該做的事；(2) 主動處理問題；(3) 向主管報告你的決定；(4) 確認提供給主管正確的資訊；(5) 鼓勵主管提供誠實的回饋；(6) 支持主管進行必要的改革；(7) 適時表達感激與認同；(8) 挑戰主管所提出有缺失的計畫；(9) 抗拒主管不恰當的影響；(10) 適時提供向上教導與諮詢。

國內學者謝文全（2003：316-319）曾愷切表示被領導者之道的重要性，並針對被領導者如何做好被領導之道，提出七項看法，分別為：(1) 懷有透過組織來自我實現的理想；(2) 主動完成分內工作；(3) 樂於協助分外工作；(4) 主動提高自己對組織的價值；(5) 與相關人員建立良好合作關係網絡；(6) 既不與領導者為敵也不當應聲蟲；(7) 善用理性說服等影響策略。此外，蔡進雄（2005c：140-141）也參酌相關文獻後，就學校行政人員及教師如何做好被領導之道，從以模範型部屬自許、善用理性說服以影響領導者、兼顧組織承諾與專業承諾、瞭解領導者的社交風格等四方面闡述被領導之道。

二、被領導者行為的相關研究

Mmobuosi（1992）曾以實驗型態研究被領導者行為對領導者的影響，結果發現領導者行為會受被領導者之不合作行為所影響。余永章（2002）則參考 Kelley 從思考獨立及積極參與兩個構面所歸納出的五種追隨型態，研究結果指出不同類型的追隨者對領導者評價有差異性。陳秀清（2005）亦將被領導者行為分為思考獨立型與積極參與型，並以國軍軍官、文官為研究對象，研究指出：(1) 國軍文官比軍官具有較高的思考獨立性；(2) 參與積極型的追隨者對領導者喜歡程度與服從程度均顯著高於思考獨立型追隨者。

此外，在被領導者行為之實徵研究方面，值得一提的是，國內鄭伯壎和姜定宇（2000）指出，西方的研究者將認同與內化視為主管忠誠的主要內容；然而，在華人的企業當

中,除了認同與內化外,主管忠誠還包括犧牲奉獻、業務輔佐、服從不貳及主動配合等。但鄭伯壎和姜定宇(2000)所指的主管忠誠是以企業組織為研究對象而建構的;而蔡進雄(2006)則以臺北市國民小學校長為研究對象,分析校長心目中理想的被領導行為,經由質性資料之彙整分析,萃取歸納「主動積極的工作態度」、「具有團體意識,能為組織目標而努力」兩項是受試校長提出最多的心目中理想的被領導者行為,而「陽奉陰違,表裡不一」、「抗爭抗拒,為反對而反對」、「自私自利,缺乏團體意識」是受試校長表達最多的最不欣賞或最不喜歡的被領導者行為。本研究是基於此一結果,想要進一步發展出教育人員被領導者行為問卷,並考驗教育人員被領導者行為與被領導滿意度的相關情形。

參、被領導者行為之本土化研究的必要性

多年來,整個社會科學界過度依賴於西方學術的研究典範,讓我們不能或不敢正視自身的文化傳統,其結果是研究者、被研究者及所研究的文化都喪失掉主體性,造成國內社會科學長期的低度發展,因此社會科學研究者宜思考「歷史/文化/社會」因素(黃光國,1998:自序)。國外學者Yukl(2006:439)亦認為隨著全球化及經濟的快速發展,跨文化領導已成為研究的重要議題。

楊國樞(1999)在〈社會科學研究的本土化與國際化〉一文中,指出10項提升本土契合性的具體作法,值得參考:

(1) 要忍受懸疑未決的狀態；(2) 要儘量反映中國人的思想；
(3) 要批判地運用西方理論；(4) 要強調社會文化的脈絡；(5)
要研究特有心理與行為；(6) 要詳細觀察或描述所研究的現
象；(7) 要同樣重視內容與機制（歷程）；(8) 要與華人學術傳
統銜接；(9) 要兼顧傳統與現代心理；(10) 要兼研今人與古人
心理。

　　楊中芳（2001）也指出，過去幾十年來中國之心理學研
究始終停留在驗證外來心理學理論，以及研究工具是否在中
國人身上適用的階段，充其量只能扮演驗證他人理論之全球
普遍性的角色，無助於幫助我們瞭解中國人日常生活中，具
體的心理運作及行為背後的意義。

　　而臺灣地區教育領導研究長期以來受到西化的影響甚
多，我們甚至可以說臺灣地區所建構或研究的學校領導模式，
其實大都是追隨西方及美國的腳步。雖然吾人亦清楚知道本
土化的必要性，但一般而言大都僅停留在「只聞樓梯響」的
階段，是故一時之間國內教育領導研究恐怕還是無法擺脫西
方領導研究的束縛。即便如此，本土化的研究取向畢竟是一
條值得走且應走的路線。本研究就是企圖從本土扎根，捨去
西方理論，開發建構本土化的被領導者行為量表，以作為學
校教育人員的參考，並期望為學校教育人員領導及被領導者
行為之本土化研究貢獻一己之力。

第三節　研究設計與實施

壹、研究概念與假設

在研究概念方面，本研究首先建構被領導者行為量表（含主動積極及具有團體意識兩個層面）及被領導滿意度量表；其次，探討教務主任之被領導者行為及校長對教務主任之被領導滿意度的情況；再其次，分析不同背景變項下（主任性別、年齡、婚姻狀況及校長性別），在被領導者行為及被領導滿意度的差異情形，之後分析被領導者行為與被領導者行為滿意度的相關，並探究被領導者行為對被領導滿意度的預測情形。基於研究目的及研究概念，本研究之研究假設有四項，分述如下：(1) 不同背景變項在學校教育人員被領導者行為上有顯著差異；(2) 不同背景變項在學校教育人員被領導滿意度上有顯著差異；(3) 學校教育人員被領導者行為與被領導滿意度有顯著的相關；(4) 學校教育人員被領導者行為對被領導滿意度有顯著的預測力。

貳、被領導者行為與被領導者滿意度量表的形成與發展

本研究所發展的學校教育人員被領導者行為預試量表初稿，係參考蔡進雄（2006）之〈國民小學校長心目中理想的被領導者行為之研究〉的研究內容。蔡進雄（2006）以143

位臺北市公立國民小學校長為研究對象，進行全面性的普查，研究受試校長心目中理想的被領導行為，收回有效問卷 105 份，之後進行受試者所填答問卷之內容分析，在反覆閱讀問卷內容後，尋找問卷回答內容是否有共同之處，並加以歸納整理，基本上如果被提出之共同觀點其次數超過 15 次以上才進行討論。

如表 13-1 所示，針對問卷第一題「校長心目中理想的被領導者行為」，受試者填寫最多的是「主動積極的工作態度」。例如，問卷編號 001 的受試者就表示心目中理想的被領導者行為是「具有願意主動、積極、熱情的參與行為」，更多的校長指出「主動發現問題並提出具體解決策略」（編號 011）、「勇於任事，主動積極」（編號 048）、「積極正向的工作態度」（編號 057）、「積極參與」（編號 059）、「積極正向」（編號 075）、「能主動解決問題」（編號 076）、「掌握目標，積極主動達成任務」（編號 079）、「主動積極」（編號 087）等是其心目中理想的被領導者行為（蔡進雄，2006）。

此外，亦如表 13-1 所示，與「主動積極的工作態度」同樣被校長看重的被領導者行為是「具有團體意識，願意為組織目標而努力」。有位受試者就指出其心目中期待的部屬是「明識大體：知道領導者所面對處理的是眾人之事，因此要為團體和大局著想」（編號 009），也有一位校長（編號 098）認為「具有團隊意識，肯為團隊犧牲奉獻」，是他心目中所期望的被領導者行為，問卷編號 064 的受試者其心目中理想的被領導者行為是「為學校整體利益充分表現團隊一致的合作行為」（蔡進雄，2006）。

表 13-1 「校長心目中理想的被領導者行為」之內容分析

心目中理想的被領導者行為	填答問卷內容及編號
主動積極的工作態度	1.具有願意主動、積極、熱情的參與行為。（編號 001） 2.積極正向的人格特質。（編號 005） 3.主動積極。（編號 007） 4.主動發現問題並提出具體解決策略。（編號 011） 5.積極主動，參與關心。（編號 036） 6.主動積極，熱誠專注。（編號 039） 7.能主動發現問題，提出具體建議。（編號 041） 8.主動的付出。（編號 045） 9.主動提問，主動參與。（編號 047） 10.勇於任事，主動積極。（編號 048） 11.能積極執行指令。（編號 054） 12.積極正向的工作態度。（編號 057） 13.積極參與。（編號 059） 14.有教育熱忱，願投注心力於工作，主動積極。（編號 061） 15.瞭解自己的角色任務，主動積極達成組目標。（編號 063） 16.積極正向。（編號 075） 17.能主動解決問題。（編號 076） 18.掌握目標，積極主動達成任務。（編號 079） 19.主動積極。（編號 087） 20.積極參與。（編號 091） 21.主動積極，認真負責。（編號 097） 22.主動積極且有創意。（編號 098） 23.主動積極，腳踏實地。（編號 099） 24.積極：因有動力願意去實踐。（編號 103）

心目中理想的被領導者行為	填答問卷內容及編號
具有團體意識，為組織目標而努力	1.向心力強，有團體觀念。（編號 004） 2.明識大體：知道領導者所面對處理的是眾人之事，因此要為團體和大局著想。（編號 009） 3.關心團體的發展，具有團隊精神。（編號 012） 4.符合組織目標表現出來的行為。（編號 031） 5.能為公共事務之利益共同付出努力。（編號 032） 6.能掌握目標及方法，能自行規劃設計及推動。（編號 038） 7.對組織的承諾、認同感，願意奉獻心力。（編號 039） 8.能依組織目標，行使自己應做的任務。（編號 041） 9.提供意見，促成團體進步。（編號 042） 10.重視自己及團體的榮譽心。（編號 046） 11.組織認同，無個人主義。（編號 049） 12.關心組織成長，適時提供建言。（編號 063） 13.為學校整體利益充分表現團隊一致的合作行為。（編號 064） 14.具團隊意識。（編號 071） 15.以學校、學生為中心思考。（編號 073） 16.為整體目標奉獻能力。（編號 091） 17.重視組織承諾，全力以赴，達成目標。（編號 094） 18.具有團隊意識，肯為團隊犧牲奉獻。（編號 098） 19.工作效益，目標達成率。（編號 100）

資料來源：蔡進雄，2006：161-162

　　本研究之調查問卷主要是以蔡進雄（2006）的質性分析內容為主，並參酌學校實務環境狀況，加以編製而成。被領導者行為之預試量表內容有兩個層面，說明如下。

在主動積極方面，其內容包括：能主動發現問題，提出具體意見；積極正向的工作態度；不必提醒而能主動完成分內任務等。本預試量表之第 1、3、5、7、9、11、13、15、17、19、21 題等 11 題均為測量「主動積極」因素。

在具有團體意識方面，其內容包括：常以組織發展為重；關心團體的發展；常考慮學校及學生的利益等。本預試量表之第 2、4、6、8、10、12、14、16、18、20、22 題等 11 題均在測量「團體意識」因素。

臺灣地區學校教育人員被領導者行為預試量表之主動積極及團體意識兩構面的題目分配，整理如表 13-2 所示。

表 13-2　被領導者行為預試量表各層面題目分配表

層面	題數	題號
主動積極	11	1、3、5、7、9、11、13、15（*）、17、19、21
團體意識	11	2、4、6、8（*）、10、12、14、16、18、20、22（*）

註：* 表反向敘述題

被領導滿意度量表之內容主要是參考廖裕月（1998）所編製的問卷為基礎，加以修改。廖裕月（1998）之問卷內容是在瞭解教師對校長的領導滿意度。本研究加以修改後，問卷內容計八題，旨在瞭解校長對教務主任（即被領導者）的工作表現、為人處世、作為工作夥伴、在部屬角色上的表現、對學校及學生所作的努力、工作態度等之滿意度。

為避免受試者的敏感反應，將量表標題訂為「國民小學教育人員被領導者行為調查問卷」。此外，本量表施測係依據受試校長對教務主任的察覺與感受，加以填答，並以李克特五點量表（Likert-five-point-scale）的填答方式計分，受試者依其所知覺該校教務主任的被領導者行為，在「總是這樣」、「時常這樣」、「有時這樣」、「很少這樣」、「從未這樣」等五個不同選項中勾選，計分則依次給予 5 分、4 分、3 分、2分、1 分，反向題則反向計分。而在被領導者滿意度量表，亦是由受試校長知覺教務主任之被領導者表現的滿意情況，在「非常滿意」、「滿意」、「普通滿意」、「不大滿意」、「很不滿意」等五個不同選項中勾選，計分則依次給予 5 分、4 分、3分、2 分、1 分。

參、預試研究樣本的選取

預試量表編製完成之後，即依縣市之國民小學校數，選取基隆市 7 位、臺北市 28 位、臺北縣 44 位、桃園縣 33 位、新竹縣 13 位及苗栗縣 25 位等北部六縣市之公立國民小學150 位校長，作為預試之受試者。從 2006 年 11 月 1 日開始直接寄發量表給受試校長，於 2006 年 12 月 5 日止，共發出量表 150 份，回收 112 份，回收率為 74.66%，並刪除填答不全及明顯反應心向者的問卷 1 份，得到有效樣本 111 份，可用率為 74.00%，其中男性校長 81 位，女性校長 30 位。

肆、量表的選題及正式量表之信效度考驗

　　預試問卷收回後，即進行量表的選題及正式量表之信效度考驗。本研究之被領導者行為量表及被領導滿意度量表題目的篩選，採分層面之探索式因素分析進行，首先採主要成分分析法（principal component analysis），並用極變法（Varimax）進行直交轉軸，結果發現除了在「具有團體意識」層面之第 22 題的因素負荷量為 -.478 偏低而給予刪題外，其餘各題均加以保留。

　　為檢驗正式量表的效度與信度，以因素分析檢驗被領導者行為正式量表及被領導滿意度正式量表的效度，並採內部一致性係數考驗本量表的信度，闡述分析如下：

一、因素分析

　　由表 13-3 可知，各分量表的 KOM 值（Kaiser-Meyer-Olkin measure of sampling adequacy）均在 .80 以上表示因素分析適合性佳（邱皓政，2004）。因此，進一步採探索式因素分析考驗被領導者行為各分層面的因素負荷量，以檢驗本正式量表的效度。首先採主要成分分析法（principal component analysis），之後並用極變法（Varimax）進行直交轉軸，所得到的因素負荷量之統計結果如表 13-4 所示。

　　從表 13-3 可知，被領導者行為量表之第一個因素是主動積極，共計 11 題，因素負荷量在 .899 至 -.582 之間，並僅萃取單一因素；第二個因素是具有團體意識，共計 10 題，因素負荷量在 .911 至 .-553 之間，並僅萃取單一因素。另外，由表 13-4 顯示，被領導滿意度量表共計 8 題，因素負荷量在 .922 至 .833 之間，並僅萃取單一因素。整體而言，經過統計考驗後，被領導者行為之二個因素及被領導者滿意度量表均具有良好的效度。

表 13-3　被領導者行為之正式量表因素分析結果摘要表

層面	題號	因素負荷量	取樣適切性數量值（KMO）	層面	題號	因素負荷量	取樣適切性量數值（KMO）
主動積極	1	.769	.948	具有團體意識	2	.838	.951
	3	.846			4	.821	
	5	.834			6	.844	
	7	.819			8（*）	-.553	
	9	.892			10	.867	
	11	.846			12	.897	
	13	.810			14	.899	
	15（*）	-582			16	.878	
	17	.899			18	.820	
	19	.818			20	.911	
	21	.890					

註：（*）表示反向敘述題

表 13-4　被領導滿意度之正式量表因素分析結果摘要表

層面	題號	因素負荷量	取樣適切性數量值（KMO）
被領導滿意度	1	.904	.946
	2	.922	
	3	.887	
	4	.833	
	5	.914	
	6	.915	
	7	.864	
	8	.903	

二、內部一致性信度分析

　　本量表信度採 Cronbach α 係數說明，α 係數指題目的內部一致性。由於問卷題目有兩題反向題，因此將反向題目反向計分後，再進行信度考驗，由表 13-5 顯示：主動積極因素的 Cronbach α 係數為 .948，具有團體意識因素的 Cronbach α 係數為 .949，整體被領導者行為量表的 Cronbach α 係數為 .973。據此可知，被領導者行為各層面之內部一致性很高，而整體量表之 Cronbach α 係數亦高達 .973。此外，如表 13-6 所示，被領導滿意度量表的 Cronbach α 係數亦高達為 .964，表示被領導者滿意度量表之內部一致性亦屬於良好。

表 13-5　領導者行為量表的內部一致性信度分析

層面	主動積極	團體意識	整體被領導者行為
α 係數	.948	.949	.973
題數	11	10	21

表 13-6　被領導滿意度量表的內部一致性信度分析

層面	被領導者滿意度
α 係數	.964
題數	8

伍、正式問卷調查的樣本選取與實施

　　正式量表編製完成之後，即選取基隆市、臺北市、臺北縣、桃園縣、新竹縣及苗栗縣等北部六縣市之公立國民小學629 位校長，作為正式施測之受試者。值得說明的是，正式問卷的受試者即是排除預試時的受試校長後，以北部六縣市（基隆市、臺北市、臺北縣、桃園縣、新竹縣及苗栗縣）之所有公立國民小學校長為研究對象。量表從 2007 年 2 月 8 日開始直接寄發給受試校長，於 2007 年 3 月 13 日止，共發出量表 629 份，回收 371 份，回收率為 58.98%，並刪除填答不全及明顯反應心向者的問卷，得到有效樣本 365 份，可用率為 58.03%，有效樣本的基本資料分析如表 13-7 所示。

表 13-7　有效樣本的基本資料分析

類別	項目	填答人數	百分比（%）
教務主任性別	男性	196	53.7
	女性	169	46.3
教務主任年齡	29 歲以下	6	1.6
	30-39 歲	129	35.3
	40-49 歲	181	49.6
	50-59 歲	42	11.5
	60 歲以上	7	1.9
教務主任婚姻狀況	已婚	339	92.9
	未婚	26	7.1
校長性別	男性	251	68.8
	女性	114	31.2

陸、調查資料的處理

　　本問卷正式施測所得到有效問卷資料，經全部輸入電腦後，以 SPSS12.0 統計套裝軟體進行資料分析處理，所採取的統計方法敘述如下：(1) 以因素分析及 Cronbach α 係數建構被領導者行為量表及被領導滿意度之效度及信度；(2) 求出國民小學校長知覺教務主任之被領導者行為及被領導滿意度的平均數、標準差，以瞭解各層面及整體的現況；(3) 以平均數差異顯著性考驗，分析不同性別校長在知覺教務主任之被領導者行為及被領導滿意度上的差異情形，並分析不同性

別及婚姻狀況之教務主任在被領導者行為及被領導滿意度的
差異情況；(4) 以單因子變異數分析（one-way ANOVA）考
驗不同年齡之教務主任在被領導者行為及被領導滿意度的差
異情況，若差異達到顯著水準，則進一步以薛費法（Scheff's
method）進行事後比較；(5) 以皮爾遜積差相關（Pearson's
product-moment correlation）分析國民小學教務主任被領導
者行為與被領導滿意度兩者的相關情形；(6) 以逐步多元迴歸
分析（stepwise multiple regression analysis）統計方法，檢定
國民小學教務主任被領導者行為對被領導滿意度的預測力。

第四節　研究結果分析與討論

壹、國民小學教務主任之被領導者行為與被領導滿意度之現況

　　由表 13-8 的資料顯示可知：目前國民小學教務主任之被
領導者行為在「主動積極」構面上，平均每題分數為 4.29；
在「團體意識」構面上，平均每題分數為 4.35；在「整體被
領導者行為」上，平均每題分數為 4.30。整體觀之，被領導
者各層面及整體被領導者行為，平均每題得分介於 4.29 至
4.35 之間，在五點量表中是屬於高的程度。此外，在被領導
滿意度方面，平均每題分數為 4.30，在五點量表中是屬於高
的程度。

表 13-8 教務主任被領導者行為與被領導者滿意度之分析結果摘要表（N=365）

構面	平均數	標準差	題數	平均每題得分	每題最高得分
主動積極	47.24	6.72	11	4.29	5
團體意識	43.25	6.20	10	4.35	5
整體被領導者行為	90.50	12.77	21	4.30	5
被領導滿意度	34.44	5.48	8	4.30	5

貳、不同性別教務主任被領導者行為與被領導滿意度的差異情形

校長所知覺男性教務主任與女性教務主任在被領導者行為及被領導者滿意度的平均數、標準差及 t 考驗結果，列於表13-9。由表 13-9 的資料顯示：經由 t 考驗，其差異未達顯著水準，表示不同性別教務主任在被領導者行為兩個構面及被領導滿意度上沒有顯著差異。

表 13-9　不同性別教務主任之被領導者行為與被領導滿意度的差異
　　　　情形

構面	類別	樣本數	平均數	標準差	t
主動積極	男	196	46.93	6.93	-.93
	女	169	47.59	6.47	
團體意識	男	196	43.02	6.49	-.77
	女	169	43.52	5.86	
被領導滿意度	男	196	34.28	5.68	-.61
	女	169	34.63	5.26	

參、不同年齡教務主任之被領導者行為及被領導滿意度的差異情形

　　校長所知覺不同年齡教務主任之被領導者行為及被領導滿意度得分的平均數、標準差、變異數分析，見表 13-10，說明如下。

　　依表 13-10 的統計顯示：不同年齡的教務主任，在被領導者行為及被領導滿意度的平均數得分，經由單因子變異數分析，其差異達 .05（$p<.05$）的顯著水準。再以薛費法（Scheff's method）進行事後比較，結果如表 13-11 所示：在教務主任被領導者行為及被領導滿意度上，30 至 39 歲及 40 至 49 歲的教務主任顯著高於 60 歲以上的教務主任，其餘各組則未達顯著差異。

表 13-10　不同年齡教務主任之被領導者行為及被領導滿意度的平均數、
標準差與變異數分析

構面	類別	樣本數	平均數	標準差	變異來源	SS	df	MS	F
主動積極	30 歲以下	6	44.33	6.34	組內	992.974	4	248.243	5.78***
	30-39 歲	129	48.43	5.27	組間	15452.325	360	42.923	
	40-49 歲	181	47.23	6.44	總和	16445.299	364		
	50-59 歲	42	45.66	8.31					
	60 歲以上	7	37.57	15.16					
團體意識	30 歲以下	6	41.66	7.52	組內	755.743	4	188.936	5.12***
	30-39 歲	129	44.22	5.08	組間	13266.049	360	36.850	
	40-49 歲	181	43.20	5.78	總和	14021.792	364		
	50-59 歲	42	41.92	7.57					
	60 歲以上	7	34.42	14.93					
被領導滿意	30 歲以下	6	31.66	5.64	組內	716.300	4	179.075	6.28***
	30-39 歲	129	35.72	4.25	組間	10253.798	360	28.483	
	40-49 歲	181	34.29	5.22	總和	10970.099	364		
	50-59 歲	42	32.64	7.08					
	60 歲以上	7	27.71	11.54					

表 13-11　校長知覺不同年齡教務主任之被領導者行為及被領導滿意度得分的事後比較

		30 歲以下	30-39 歲	40-49 歲	50-59 歲	60 歲以上
主動積極	平均數	44.33	48.43	47.23	45.66	37.57
	30 歲以下　44.33	—				
	30-39 歲　48.43		—			＊
	40-49 歲　47.23			—		＊
	50-59 歲　45.66				—	
	60 歲以上　37.57		＊	＊		—

		30 歲以下	30-39 歲	40-49 歲	50-59 歲	60 歲以上
團體意識	平均數	41.66	44.22	43.20	41.92	34.42
	30 歲以下　41.66	—				
	30-39 歲　44.22		—			＊
	40-49 歲　43.20			—		＊
	50-59 歲　41.92				—	
	60 歲以上　34.42		＊	＊		—

		30 歲以下	30-39 歲	40-49 歲	50-59 歲	60 歲以上
被領導滿意	平均數	31.66	35.72	34.29	32.64	27.71
	30 歲以下　31.66	—				
	30-39 歲　35.72		—			＊
	40-49 歲　34.29			—		＊
	50-59 歲　32.64				—	
	60 歲以上　27.71		＊	＊		—

肆、不同婚姻狀況教務主任之被領導者行為與被領導滿意度的差異情形

表 13-12 是校長所知覺不同婚姻狀況教務主任在被領導者行為兩個構面，及被領導滿意度的平均數、標準差及 t 考驗結果。從表 13-12 得知：經由 t 考驗，其差異未達顯著水準，表示不同婚姻狀況教務主任在被領導者行為及被領導滿意度上沒有顯著差異。

表 13-12　不同婚姻狀況教務主任之被領導者行為及被領導滿意度的差異情形

構面	類別	樣本數	平均數	標準差	t
主動積極	已婚	339	47.14	6.78	-1.01
	未婚	26	48.53	5.85	
團體意識	已婚	339	43.15	6.26	-1.12
	未婚	26	44.57	5.27	
被領導滿意度	已婚	339	34.42	5.56	-.23
	未婚	26	34.69	4.49	

伍、不同性別國小校長所知覺教務主任被領導者行為與被領導滿意度的差異情形

不同校長性別所知覺教務主任在被領導者行為及被領導者行為滿意度的平均數、標準差及 t 考驗結果，列於表

13-13。由表 13-13 的統計資料顯示：經由 t 考驗，其差異未達顯著水準，表示不同性別校長對教務主任被領導者行為及被領導者滿意度的知覺上沒有顯著差異。

表 13-13 不同性別校長知覺被領導者行為及被領導滿意度之差異情形

構面	類別	樣本數	平均數	標準差	t
主動積極	男	251	47.35	6.52	.48
	女	114	46.99	7.16	
團體意識	男	251	43.53	5.93	1.20
	女	114	42.64	6.76	
被領導滿意度	男	251	34.67	5.28	1.41
	女	114	33.86	5.90	

陸、被領導者行為與被領導滿意度的相關情形

由表 13-14 的資料顯示：教務主任被領導者行為之「主動積極」、「團體意識」及「整體被領導者行為」與「被領導滿意度」的相關，皆在 .857 至 .878 之間的正相關，且均達 .01（p<.01）的顯著水準，是屬於高度的正相關。

整體而言，本研究結果顯示被領導者行為之主動積極及團體意識與被領導滿意度具有正面的密切相關。換言之，教務主任表現出主動積極及團體意識之行為愈多，則校長對被領導滿意度也會愈高。

表 13-14　被領導者行為與被領導滿意度的相關情形（N=365）

相關項目＼項目	主動積極	團體意識	整體被領導者行為
被領導滿意度	.877 **	.857**	.878**

**p<.01

柒、被領導者行為對被領導滿意度的預測作用

　　教務主任被領導者行為之主動積極和團體意識兩個構面對被領導滿意度的預測情形，根據逐步迴歸分析，結果如表13-15 所示。

　　由表 13-15 顯示：在預測「校長對教務主任被領導滿意度」上，主動積極和團體意識兩個變項，均達 .001（p<.001）的顯著水準，二者的預測力累積量達 .774，其解釋力令人滿意，其中以主動積極的影響力最大。

表 13-15　各變項預測被領導滿意度的逐步迴歸分析

步驟	投入變項順　　序	多元相關係數（R）	決定係數（R平方）	決定係數增加量	β 係數	F
1.	主動積極	.877	.769	.769	.653	1208.443***
2.	團體意識	.880	.774	.005	.236	620.713***

***p<.001

捌、綜合討論

綜合以上分析，可以得知目前教務主任之被領導者行為與被領導滿意度，在五點量表得分是屬於高的程度，顯示校長相當認同教務主任在主動積極及具有團體意識上的表現，校長也高度滿意教務主任的部屬行為，因此應該肯定教務主任在被領導者行為方面的努力。在不同背景變項下之被領導行為與被領導滿意度差異部分，在年齡方面，整體觀之，30至39歲及40至49歲的教務主任在被領導者行為及被領導滿意的得分顯著高於60歲以上的教務主任，其原因可能是此年齡的教務主任正值人生的壯年階段，體能及教育工作經驗均處於良好階段；另外也有可能是60歲以上的教務主任已接近退休年紀，而可能有退休心態，但這些原因只是一種推論，值得進一步探討。而本研究也發現不同性別、婚姻狀況之教務主任及不同性別校長，在被領導者行為與被領導者滿意度上的得分並沒有顯著差異，因此本研究假設一：不同背景變項在學校教育人員被領導者行為上有顯著差異，以及研究假設二：不同背景變項在被領導滿意度上有顯著差異，大部分未獲得支持。

在被領導者行為與被領導滿意度之關係方面，本研究證實兩者有高度的正相關，且主動積極及具有團體意識對被領導滿意度具有預測力，其中又以主動積極的預測力較大。國內過去並未有教育研究者建構教育人員被領導者行為的行為構面，本研究是屬於探索性的研究。而依一般推論言之，因

為本研究所建構的被領導者行為之主動積極及團體意識兩個構面，都是積極正向的行為內涵，所以當校長知覺教務主任時常表現出主動積極及事事以團體為主的被領導者行為時，校長對其工作表現及態度相對也會覺得滿意；而另一方面，也間接說明及印證了本研究所建構的被領導者行為層面有其參考價值。質言之，本研究假設三：學校教育人員被領導者行為與被領導滿意度有顯著的相關，以及研究假設四：學校教育人員被領導者行為對被領導滿意度有顯著的預測力，均獲得支持。

第五節　結論與建議

領導者與被領導者兩者對教育組織發展及學校目標達成都具有影響力，但教育人員被領導者行為或被領導者之道的研究不管在質或量方面，顯然無法與教育領導者之探究相比。因此本研究以主動積極及團體意識兩個向度編擬被領導者行為問卷，並以國民小學校長為預試對象，問卷填答方式是以校長知覺該校教務主任的被領導者行為及被領導滿意度情況，在統計考驗下，主動積極和團體意識兩個構面及被領導滿意度量表均具有良好的信度與效度。之後本研究進一步實施正式問卷調查，以驗證被領導者行為與被領導滿意度的相關及被領導者行為對被領導滿意度的預測作用。

具體言之，本研究以北部地區之國民小學校長為研究對

象來知覺被領導者行為及對被領導者的滿意度，研究發現：
(1) 本研究建構「主動積極」和「具有團體意識」為學校教育
人員被領導者行為的兩個行為層面；(2) 受試之國民小學校長
高度肯定教務主任在主動積極和團體意識的表現，同時也對
教務主任被領導行為及態度有很好的滿意程度；(3) 除了年齡
外，整體而言，不同背景變項（教務主任性別、婚姻狀況、
校長性別）在被領導者行為及被領導滿意度上，並沒有顯著
差異；(4) 被領導者所表現之主動積極、團體意識與被領導滿
意度具有高度的顯著正相關，亦即教務主任表現愈多之主動
積極及肯為團體犧牲奉獻行為時，則校長對教務主任在工作
表現、為人處世及部屬角色就會感到愈滿意；(5) 被領導者行
為之主動積極及團體意識兩層面對被領導滿意度具有預測力，
其中以主動積極的影響力較大。

　　基於上述的研究結論，本研究有以下幾點建議：

　　第一，本研究發現大多數的教務主任在被領導者行為及
被領導滿意度有高的得分情形，因此吾人應肯定大多數教務
主任的努力與表現。

　　第二，主動積極及團體意識是被領導者所應表現的被領
導者行為，因此建議主任及學校教育人員在被領導者行為上
宜多表現出主動積極及團體意識之行為態度，果能如此，當
可獲得上司的肯定與滿意。

　　第三、本研究以校長為領導者，以教務主任為被領導者，
未來研究可以擴大研究對象之範圍，例如以學校主任為領導者，
以組長為被領導者，以驗證本被領導者行為量表的推廣性。

　　第四，本研究以被領導者行為為自變項，以被領導滿意度為依變項，未來研究可以加入更多的被領導者行為之前因後果因素，以進一步建構更為完整之臺灣地區學校教育人員被領導者行為模式。

　　第五，本研究經由校長之開放式描述，紮根建構屬於本土化的被領導者行為，而非取自或修改國外問卷，是故本量表所建構的向度可供臺灣地區學校教育人員之參考。

　　第六，由於本研究之發現，研究者建議國內教育行政之領導或被領導研究不必一味移植國外或美國的概念與量表，畢竟國內與國外的文化及教育環境是有所不同。例如蔡進雄（2006）就研究發現，臺灣地區教育人員被領導者行為與國外學者 Kelley 所提出的獨立思考與積極參與兩向度是有所差異的，這也激發研究者進行本研究的動機。而本研究除了建構學校教育人員被領導者量表並驗證其效果外，另外的收穫及啟示是，國內教育領導研究應該建立屬於適合臺灣地區的教育領導或被領導者行為構面，而國外或美國的領導或被領導者理論並不見得適用國內的教育環境。因此，在足夠的理由與證據下，吾人應該勇於推翻國外學者的理論或量表，並建構本土化的教育人員領導或被領導之行為構面，也期待本研究對於教育領導及被領導者行為之本土化研究有拋磚引玉之效。

第十四章

主任被領導者行為研究

第一節　緒論

對於領導行為的成功與否，我們似乎較重視領導者的功勞而忽略下屬其實也扮演了重要的角色。讓我們想想撰寫美國《獨立宣言》的傑弗遜總統，時至今日大部分的人都認為他是有效領導最好的例子。然而在當時，傑弗遜只不過是個下屬。亦即小組的工作成果是否能達到完美，與主動而有能力的下屬有密不可分的關係。下屬可用其他方式促成有效的領導，例如維持合作的工作關係、提供具建設性的建議、分享領導功能及支持領導能力的發展等（宋秋儀譯，2006：157）。

承上所述，領導者與被領導者兩者對於組織目標的達成都有其重要性，但若仔細探究國內外學校領導或教育領導之研究，不難發現大多數的教育領導研究都關注在領導者特質及行為的相關議題上，對於被領導者或部屬的被領導者行為之探討相較之下就少很多。筆者曾搜尋相關資料發現國內教育研究對於被領導者角色及行為之研究相當有限，但領導者與被領導者兩者應該受到相同的重視，職此之故，筆者曾以臺北市國民小學校長為研究對象進行研究，試圖瞭解國小校長心目中理想的被領導者行為，研究結果顯示校長心目中理想的被領導者行為是主動積極及具有團隊意識，陽奉陰違、抗爭抗拒及自私自利是多數校長最不欣賞的被領導者行為（蔡進雄，2006）。此一研究結果激發筆者對於被領導者行為後續研究的動力，筆者想要進一步探討的是被領導者心目中理想

的被領導者行為為何，且領導者與被領導者對被領導者行為的期望是否有所差異。

學校主任是學校組織的重要核心幹部，也是一級主管，其與校長互動的過程中，是否能恰如其分地扮演好自己的角色及表現出良好的被領導者行為，是值得吾人深入探索的課題。基於此，本研究以國民小學主任為研究對象，研究目的在於探討歸納何種行為是主任自己認為理想的主任被領導行為，以及何種行為是主任認為不恰當的主任被領導者行為，最後提出建議，供學校行政人員之參考，以喚起學校行政主管認識及瞭解被領導者之道，並扮演好自己的角色且發揮影響力，進而與校長共同創造學校美好的未來，以促進教育目標的達成。

第二節　研究方法

壹、研究工具

基於研究動機與目的，研究者自編調查問卷，採開放式的問卷調查方式，調查問卷內容計有兩題，第一題是請受試主任描述其認為最理想的主任被領導者行為，第二題是請主任回答其認為何種主任被領導者行為最不恰當。

貳、研究對象

　　本研究以 142 位臺北市公立國民小學教務主任為研究對象，進行全面性的普查。

參、實施程序

　　擬定問卷並確定研究對象之後，研究者於 2007 年 8 月 7 日寄出問卷給受試者，總計郵寄出調查問卷 142 份。為提高回收率，致贈給每位填答者一支原子筆，於 2007 年 9 月 18 日止，回收 61 份，回收率 42.96%，可用率 42.96%。

肆、資料處理

　　調查問卷收回後給予每份問卷編號，並依主任所填答問卷之內容進行分析，在詳閱問卷內容後，探尋問卷回答內容是否有共同之處，並加以萃取歸納分析整理。

第三節　研究結果分析與討論

　　問卷調查回收後，研究者反覆閱讀受試者所填答的內容，試圖萃取歸納出較為集中的觀點，基本上如果被提出之共同觀點其次數超過 15 次以上才進行討論。茲就「最理想的主任

被領導者行為」與「最不恰當的主任被領導者行為」兩部分，
加以分述討論如下：

壹、「最理想的主任被領導者行為」之內容分析

　　從調查問卷之內容分析，在主任認為最理想的主任被領
導者行為方面，經歸納發現「執行貫徹校長的理念及交待任
務」是受試者提出最多的被領導者行為，其餘的觀點及看法
則未見較為集中或聚焦之處，因此不進行討論，以下就「執
行貫徹校長的理念及交待任務」之主任被領導者行為進一步
闡述如下。

　　如表 14-1 所示，針對問卷第一題「最理想的主任被領導
者行為」，受試者填寫最多的是「執行貫徹校長的理念及交待
任務」。例如，問卷編號 011 的受試主任表示理想的主任被領
導者行為是「為校長的理想找到實踐的方法」，更多的主任指
出「主任雖為主管，但也是校長的幕僚，故學校經營須貫徹
校長的經營理念，成為經營團隊一分子」（編號 004）、「依校
長指示完成交待工作」（編號 012）、「做好一級幕僚角色，協
助校長推展校務」（編號 015）、「認同校長理念，貫徹校長意
志達成任務」（編號 023）、「體會校長的教育理想，考量現實
面，達成最大化實踐方式；公開場合，絕對捍衛校長理想」
（編號 035）、「積極處理校長交辦事務」（編號 045）、「明確
掌握校長理念」（編號 048）、「瞭解校長的理念與想法」（編
號 050）等，皆是主任認為的理想主任被領導者行為。

　　如第十三章文獻探討所述，Kelley（1992）以思考獨立及積極參與兩個特質，歸納出模範型的被領導者、順從型的被領導者、疏離型的被領導者、被動型的被領導者、務實型的被領導者等五種被領導者型態（楊幼蘭譯，1994；Kelley, 1992），但本研究調查問卷中，卻未明顯發現 Kelley 所指出具有思考獨特及積極參與之模範型被領導者行為之呈現。此或許是中西文化對被領導者行為之期待不同所致。

　　但就主任的角色而言，從上述分析及表 14-1 亦可瞭解多數主任認為主任應該多顧及校長的理念，亦即宜擔任配合者、協助者及「抬轎者」的角色，如受試編號 017 所言「主任遵從校長指示辦理校務。遇有意見相左時委婉陳述意見或建議。若校長仍堅持原意，則應以校長為主，畢竟校長負全校經營之責」，受試編號 038 亦指出主任應該「理解校長理念，願意主動配合執行校務工作，並給予校長積極性之建議」。此一發現與吳清山（1997）、江文雄（1998）及黃志龍（2000）所認為的主任應扮演幕僚輔助者的觀點，頗為一致。

表 14-1　「最理想的主任被領導者行為」之內容分析

最理想的主任被領導者行為	填答問卷內容及編號
執行貫徹校長的理念及交待任務	1.能明瞭領導者意圖，並配合自主意志，共同執行決策，完成貫徹領導者指示任務。（編號 003） 2.主任雖為主管，但也是校長的幕僚，故學校經營須貫徹校長的經營理念，成為經營團隊一分子。（編號 004）

最理想的主任被領導者行為	填答問卷內容及編號
執行貫徹校長的理念及交待任務	3.完成的事情能讓校長知道，讓校長安心。（編號006） 4.為校長的理想找到實踐的方法。（編號011） 5.依校長指示完成交待工作。（編號012） 6.支持並完成校長校務經營的教育理念。（編號013） 7.於共同目標下，主任確切執行領導者決策。（編號014） 8.做好一級幕僚角色，協助校長推展校務。（編號015） 9.主任遵從校長指示辦理校務。遇有意見相左時委婉陳述意見或建議。若校長仍堅持原意，則應以校長為主，畢竟校長負全校經營之責。（編號017） 10.從領導者的立場思考。（編號022） 11.認同校長理念，貫徹校長意志達成任務。（編號023） 12.充分瞭解校長的理念與初發心，協助校長達成目標。（編號032） 13.與校長理念接近或一致，且協助實踐校長領導意志。（編號033） 14.依領導者理念的執行者。（編號034） 15.體會校長的教育理想，考量現實面，達成最大化實踐方式；公開場合，絕對捍衛校長理想。（編號035） 16.理解校長理念，願意主動配合執行校務工作，並給予校長積極性之建議（編號038） 17.合乎法律與相關規定的前提下，尊重校長法職權的領導，並努力追求學校共同願景的實現，同時協助校長達成其校務發展與治校理念。（編號039） 18.主任能正確的同理校長關注的焦點。（編號042） 19.能忠誠與務實完成校長與學校事務的推動，並具運籌帷幄與組織溝通協調能力，協助校務推動，減輕校長負擔（編號044）。

最理想的主任被領導者行為	填答問卷內容及編號
執行貫徹校長的理念及交待任務	20.積極處理校長交辦事務。（編號045） 21 善盡幕僚責任，提供分析與建議後，以首長決定為方針，盡力執行決策。（編號047） 22.明確掌握校長理念。（編號048） 23.瞭解校長的理念與想法。（編號050） 24.確實執行領導者交辦事項。（編號055） 25.服從，確實執行。（編號056） 26.瞭解領導者的需求盡力完成。（編號059） 27.尊重行政倫理，且善盡幕僚職責。（編號060）

貳、「最不恰當的主任被領導者行為」之內容分析

從調查問卷之內容分析，經歸納發現「固著己見、抗拒、唱反調」是受試教務主任提出最多的不恰當之主任被領導者行為，其餘的觀點及看法則未見較為集中或聚焦之處，因此不進行討論，以下就「固著己見、抗拒、唱反調」之主任被領導者行為進一步說明。

表14-2所示，固著己見、抗拒、與校長唱反調、為反對而反對的行為是受試者認為不恰當的主任被領導者行為。例如，編號009的受試者就清楚表示「固著於己見，和領導者唱反調，盛氣凌人」是主任最不恰當的被領導者行為，更多受試者指出最不恰當的被領導者行為是「與校長理念不同時，未溝通即拒做，或消極抵制」（編號007）、「對抗」（編號018）、「不合作、頑抗，無團隊合作概念」（編號023）、「堅

持己見，違反校園倫理」（編號032）、「為反對而反對」（編號040）、「對於校長的領導指示視而不見」（編號041）、「理念意見與校長相左，並一意孤行」（編號044）、「在公開場合反對校長所作之決策」（編號051）等。有一位主任甚至指出「當主任與校長意見或理念相左時，主任堅持己見，並與校長抗衡，此乃學校之不幸，主任應速求去」（編號015）。

　　整體而言，堅持己見、與校長唱反調、無法配合校長的理念及抗爭行為，是受試主任認為最不適宜的主任被領導者行為。其原因之一可能是受試者認為校長是學校最高首長綜理校務，是以主任應該尊重校長的理念及作法，不應固執己見或與校長唱反調。此外，此一研究結果與蔡進雄（2006）研究發現，校長最不欣賞的被領導者行為之一是「抗爭抗拒，為反對而反對」，兩篇研究在此方面的研究結果頗為一致，亦即主任與校長均認為被領導者不宜表現唱反調及抗爭行為。

表 14-2　「最不恰當的主任被領導者行為」之內容分析

最不恰當的主任被領導者行為	填答問卷內容及編號
固著己見、抗拒、唱反調	1.堅持己見，不能以身作則，無法擔任校長與教師間聯繫工作者，形成人脈小團體。（編號002） 2.行為上與領導者意志相背離。（編號003） 3.與校長理念不同時，未溝通即拒做，或消極抵制。（編號007） 4.理念與作法與校長相左。（編號008） 5.固著於己見，和領導者唱反調，盛氣凌人。（編號009）

固著己見、抗拒、唱反調	6.當主任與校長意見或理念相左時，主任堅持己見，並與校長抗衡，此乃學校之不幸，主任應速求去。（編號 015） 7.對抗。（編號 018） 8.不合作、頑抗，無團隊合作概念。（編號 023） 9.堅持己見，違反校園倫理。（編號 032） 10.為反對而反對。（編號 040） 11.對於校長的領導指示視而不見。（編號 041） 12.理念意見與校長相左，並一意孤行。（編號 044） 13.與校長的行政哲學不一致時，採取漠視或不聞不問的態度，甚至在私底下搞小團體，公然反對校長。（編號 046） 14.違背行政倫理，抗拒或陽奉陰違。（編號 047） 15.在公開場合反對校長所作之決策。（編號 051） 16.對抗。（編號 054）

第四節　結論與建議

　　教育行政未來研究內容應強化被領導者角色的研究，讓被領導者瞭解如何扮演好被領導者的角色，而過去的研究都集中在領導者該如何領導，是不夠周延的（謝文全，2003：565）。事實上，有關領導者行為與被領導行為之研究，前者的文獻可說是汗牛充棟，而後者相關的研究及文獻卻是零零星星，雖然國外也有一些被領導者行為之探究（Kelly, 1992; Parker, 1991; Sevier, 1999; Smith, 1997; Thody, 2003），但整體而言，被領導者行為之學術研究成果實在有限。至於國內教育行政研究也大都是針對校長領導或教育領導者進行探討，

亦少有教育研究者進行有系統的被領導者行為之實徵性研究，然而部屬行為與領導者行為兩者應等量齊觀，不能有所偏廢，否則無法有效達成組織目標（蔡進雄，2006）。

職此之故，本研究以臺北市國民小學教務主任為研究對象，從被領導者自身的觀點探討主任被領導者行為，經由回收的 61 份有效問卷之內容中歸納發現「執行貫徹校長的理念及交待任務」是受試者提出最多的最理想之被領導者行為，而「固著己見、抗拒、唱反調」是受試教務主任提出最多的最不恰當之被領導者行為。基於研究發現，提出以下幾項建議，以供學校相關人員及未來研究的參考。

第一，本研究顯示，國小主任認為理想的主任被領導者行為，被提出最多的是「執行貫徹校長的理念及交待任務」，因此建議主任宜主動瞭解校長的想法，積極貫徹執行校長的理念，並樂於處理校長交辦任務。

第二，本研究也發現，受試主任普遍認為不恰當的主任被領導者行為是堅持己見、抗拒、唱反調，因此建議學校主任避免為反對而反對，儘量配合校長的理念與作法，畢竟校長綜理校務，要負起辦學績效之責。

第三，臺灣地區教育領導研究長期以來受到西化的影響甚多，我們甚至可以說臺灣地區所建構或研究的教育領導學，其實都是追隨美國的腳步，是以國內的教育領導研究須兼顧本土化。而本研究所紮根歸納出的理想之被領導者行為亦與國外 Kelley 的典範部屬行為有所不同，因此未來之研究可以在本研究的基礎上繼續建構，探討教育人員被領導者行為之

本土化模式。

　　第四，在研究方法方面，本研究是以國小主任為調查研究對象，未來可採訪談法，以更為深入瞭解被領導者之行為。此外，亦可探討校長對主任之被領導者行為的看法，並加以比較分析校長與主任兩者對主任被領導者行為之觀點差異情形。

　　第五，教育人員領導行為已經有相當的文獻與研究，但教育人員被領導者行為之研究較少；而領導者與被領導者均是不可或缺，是以建議未來教育研究者除了持續探討教育領導者行為外，對於被領導者或部屬行為亦宜投入更多的關注與研究。

第 V 篇

理論與研究
的匯聚

第十五章

綜合結論與未來展望

第一節　綜合結論

壹、學校領導宜兼具環境情境、領導者與被領導者三者之探究

　　學校領導的視野與角度宜包含內外部環境情境、領導者與被領導者之探究。全球化之外部環境將會影響學校內部的領導及經營方向，是以本書從全球化的角度來闡述校長應有的領導作為。其次對於學校內部組織環境，則是從複雜理論及專業學習社群加以分析，此乃因自我組織、混沌邊緣及學習社群是未來學校組織與領導的重要發展趨勢。另外，在學校內部環境之行政文化方面，本書亦發現各校所展現之行政文化不一，且校長是影響行政文化之重要關鍵人物。而邊界管理及學校同形化也相當值得吾人加以關注。

　　本書對於學校領導者之探討採取質性研究取向，植基於在地實務現場，並從校長智慧、校長核心價值、校長文化、校長倫理決定、校長領導行為等不同面向探討學校領導者，以開拓不同的校長研究領域，所得之研究結果值得教育領導者參考。再者，有領導者就會有被領導者或追隨者，教育人員之被領導者行為研究長期以來是教育領導研究的缺口，本書亦植基於在地現場，採紮根理論的研究方式，探究國內教育人員之被領導者行為，並獲得具體之研究成果。總而言之，兼具環境情境、領導者與被領導者較能完整地探究學校領導。

貳、全球化、複雜理論、專業學習社群、邊界管理及體制理論對學校領導深具啟示及影響

　　全球化所衍生的地球村現象愈來愈明顯，也是學校領導所面臨的重要課題，本書因而特別闡述在全球化時代下校長應有的作為，歸納其具體作為包括：應具有全球化教育的思維；重視語文及資訊教育；以創新管理經營學校；兼顧全球化教育、本土化教育及多元文化教育等。此外，強調自我組織、湧現現象及混沌邊緣之複雜理論，將是繼混沌理論另一影響學校組織領導的新趨勢，故本書提出「基於自我組織，學校經營宜朝建立學習社群的方向發展並將組織彈性化」、「基於混沌邊緣概念，動態平衡地處理兩難困境並締造創新、展現新氣象」、「基於非線性之現象，校長宜採量子型管理」、「基於去中心化控制，校長宜多採取分散式領導型態」、「基於湧現之現象，學校經營與領導宜主動調適」、「基於共同演化，校長宜重視教師參與及彼此關係之建立」、「基於增強組織適應力，校長領導宜主動建構」等建議，相當值得學校經營與領導之參考。

　　專業學習社群是一群志同道合的人，時常自動自發地找時間聚在一起，討論分享工作上的事。明顯地，在自我組織之組織趨勢下，專業學習社群之發展與倡導亦將是學校組織內部發展的重要面向，而學校領導者宜創造願景、創造時間、創造空間、創造文化、創造人才、創造關係、創造合作及創造學習等，並克服學習社群之瓶頸與問題，以使學校轉型成

為專業學習社群。

此外，邊界管理主張學校應與外界互動，但仍要保持獨立性及自主性；而學校因法令規章、專業評鑑及模仿學習所形成的學校同形化亦值得學校領導者深思。

參、學校領導者宜以核心價值為基礎，瞭解校長文化的內涵，表現適宜的校長領導行為，進行適切的倫理決定，並展現校長智慧

價值是教育行政的根本，本書研究發現以學生為主體、尊重、關懷、服務、專業等是學校領導者的教育行政核心價值；校長文化是對內重視績效及特色表現、對外重視人際關係及行銷，理想的校長領導行為是以關懷體恤、溝通聆聽、以身作則及具有願景與目標；校長倫理決定是依法行政、進行溝通或協調、以學生為考量；校長智慧是高 EQ 並有圓融良好的人際互動、寬闊包容、統觀全局有前瞻性、專業素養並有謙沖個性及能化解危機。

總括而言，學校領導者宜以學生為主體、尊重、服務、關懷、專業等核心價為基礎，進一步瞭解目前教育環境的校長文化，表現出適宜的校長領導行為，面對倫理兩難能做出適切的倫理決定，並能展現校長智慧。果能如此，則學校領導者在領導師生及經營學校時，將可展現出理想的學校效能並達成教育目標。

肆、教育人員宜表現典範部屬之行為，主動積極、具團隊意識

本書探究結果發現國內教育人員的典範部屬理想行為是主動積極、具團隊意識，此一發現值得作為被領導者之參考。值得一提的是，本書的研究發現與國外所建構的被領導者行為有所不同，此乃理想的被領導者行為之表現，各文化認定不一定相同，故特別值得國內教育人員之參考。例如，國外研究者認為獨立思考是被領導者行為之要項，而本書的研究發現，具團隊意識才是被領導者的重要行為，剛好反映出西方重個人主義及華人重團體意識之文化差異。

有關領導者行為與被領導行為之研究，前者的文獻可說是汗牛充棟，而後者相關的研究及文獻相對而言卻是稀少。國內教育行政研究也大都是針對校長領導或教育領導者進行探討，亦少有教育研究者進行有系統的被領導者行為之實徵性研究，然而部屬行為與領導者行為兩者應等量齊觀，不能有所偏廢，否則無法有效達成組織目標。

具體而言，被領導者行為與領導者行為應該同樣受到看重，唯有被領導者也能表現出良好的被領導者行為，學校領導及校務才能得以順利推展。質言之，教育人員宜展現典範部屬之行為，主動積極並具團隊意識，如此一來，領導者行為與被領導者行為在正向循環之相互影響下，將更易產生良好的教育領導效能。

第二節　未來研究展望

壹、學校領導研究的多元化

　　學校領導研究的多元化意指研究議題、研究對象及研究方法的多元化。首先，學校領導研究議題將來是多元化的發展，以教育領導理論與模式而言，在後現代的教育環境下已呈現百花齊放之現象，各種教育領導理論紛紛被提出，例如情緒領導、靈性領導、後英雄式領導、教學領導、倫理領導等。

　　其次，在研究對象方面，過去主要是研究領導者亦即校長的領導行為，但學校中階主管、教師及被領導者之研究亦漸受到重視，而不再僅限於領導者之探究，是以本書亦從被領導者行為探討學校領導。簡言之，學校領導研究議題及研究對象之趨勢將會朝多元化方向發展。

　　再者，學校領導研究方法也將往多元化之趨勢發展，基本上研究方法有量化研究及質性研究兩大類，前者以統計分析為主，後者以文字描述詮釋為主。未來學校領導之量化研究及質性研究將依研究目的之不同加以運用，不再是僅以量化研究為主的學校領導研究，而質量兼顧的混合研究亦逐漸受到研究者之注意與採用。

貳、學校領導研究的本土化

從政治角度觀之，本土化是殖民地尋求主體的過程，是被統治人民恢復自我尊嚴的基本人權訴求（莊萬壽、林淑慧，2003）。而我們在從國外教育行政理論擷取重要概念的同時，也應該深入瞭解本土化的特性，並萃取國外之長，以彌補本地之短（郭秋勳，2005）。

長期以來，國內學校領導研究一直亦步亦趨地跟隨著美國，但屬於社會科學之學校領導研究畢竟會受文化因素之影響。也就是說，學校領導研究有其脈絡性及文化底蘊，但國內教育領導研究幾乎成為美國之「殖民地」。今後我們應該思考如何建構屬於國內的學校領導知識體系，甚至進一步輸出供他國參考。值得提醒的是，強調學校領導研究本土化並不是排斥國外的研究成果，倘若國外教育領導知識體系有值得學習之處，也應該要虛心接受及學習，進而截國外之長、補國內之短，以兼容並蓄。此外，在借用或引介國外理論或概念的同時，要思考如何轉化，不宜一味照單全收。例如，本書所研究建構的教育人員被領導者行為，就與國外廣泛被引用的被領導者行為模式不同。總括說來，學校領導研究方法宜朝本土化發展，並使學校領導研究在地化成為一種趨勢，特別是研究議題更應該考量國內社會及教育環境，將文化因素納為未來學校領導研究的重要考量及範疇。

參考文獻

一、中文部分

丁明勇、鄭毅萍譯（2009）。**組織行為學**。S. L. McShane & M. A. V. Glinow 原著。臺北：美商麥格羅・希爾。

卜達海（1988）。從行政倫理談人事人員的服務態度。載於銓敘部主編，**行政管理論文選輯第三輯**（頁 647-681）。臺北：銓敘部。

尤怡文（2005）。**國民中學教師向上影響策略與學校效能關係之研究**。國立臺灣師範大學教育學系碩士論文。

方志華（2004）。**關懷倫理學與教育**。臺北：洪葉文化。

方志華譯（2006）。**明日的孩子——21 世紀夥伴關係教育藍圖**。Eisler, R. T. 原著。臺北：洪葉文化。

方國榮（2002）。教師文化氛圍下國中小教師評鑑制度的省思。**學校行政雙月刊**，**21**，103-116。

毛秀云（2006）。**轉型經濟中制度環境對組織同形影響之研究——以中國食品業通路為例**。東海大學企業管理學系碩士班碩士論文。

牛格正（1991）。**諮商專業倫理**。臺北：五南。

王仁炳（2007）。**教師法實施對校園文化影響之研究——以臺北縣國民中小學為例**。國立臺灣師範大學教育學系在職進修碩士班碩士論文。

王如哲（1998）。**教育行政學**。臺北：五南。

王如哲（1999）。教育行政的回顧與展望。載於王如哲等著，**教育行政**（頁 289-303）。高雄：麗文文化。

王如哲等譯（2004）。**教育行政研究手冊**。J. Murphy & K. S. Louis 主編。臺北：心理。

王旭統（2001）。行政院「建立行政核心價值體系方案」淺析。**人事月刊，33**（4），44-55。

王旭統（2002）。**形塑新行政文化之方向與策略**。國立臺灣大學國家發展研究所碩士論文。

王臣瑞（1995）。**倫理學**。臺北：學生書局。

王躍生（2000）。**新制度主義**。臺北：揚智文化。

朱金池（2001）。新制度論的組織理論初探。載於張潤書教授榮退紀念論文集編輯委員會編，**新世紀的行政理論與實務──張潤書教授榮退紀念論文集**（頁330-374）。臺北：三民。

朱秋萍（2009）。**檢視臺灣電視產業之模仿同形：以臺灣兒童電視頻道為例**。國立交通大學傳播研究所碩士論文。

朱倩儀（2003）。智慧的研究取向及其對高齡者智慧發展的啟示。**成人教育，73**，20-32。

朱景鵬（2004）。**國際組織管理：全球化與區域化之觀點**。臺北：聯經。

江文雄編著（1998）。**走過領導的關卡**。臺北：五原。

江明修（2000）。**公共行政學：理論與社會實踐**。臺北：五南。

江明修、姜誌貞、陳定銘（1997）。臺灣行政倫理之初探：臺北市政府政策規劃人員決策價值之質的研究。**中國行政評論，7**（1），1-56。

何景榮譯（2002）。**新制度主義政治學**。J. Lane & S. Ersson 原著。臺北：韋伯文化。

何雍慶、方慧臻（2007）。以資源基礎理論與體制理論觀點探討臺灣壽險業進入市場之研究。**企業管理學報，73**，95-123。

何福田（2006）。**論校長：知識經濟時代的品格觀**。臺北：高等教育。

何懷宏（2002）。**倫理學是什麼**。臺北：揚智。

但昭強、王川台和施惠文（2007）。行政主管的價值領導。載於吳英

明、但昭強和施惠文主編，**價值領導與管理：激發公部門生命力的理論與實務分享**（頁 181-203）。臺北：五南。

余一鳴（2005）。**我國軍人核心價值之研究——理論建構與實證分析**。政治作戰學校政治研究所博士論文。

余永章（2002）。**追隨者類型與領導者評價關係之研究**。國防管理學院資源管理研究所碩士論文。

余朝權（2005）。**組織行為學**。臺北：五南。

吳成豐（2005）。**企業倫理的實踐**。臺北：前程文化。

吳百祿（1996）。向上管理。載於蔡培村主編，**學校經營與管理**。高雄：麗文文化。

吳函倩（2010）。**以社會資本與體制理論探討綠色創新與綠色管理績效之研究**。國立屏東商業技術學院行銷與流通管理系碩士論文。

吳宜蓁（1998）。**議題管理：企業公關的新興課題**。臺北：正中。

吳忠聖（2008）。**組織文化、跨界人員與策略聯盟績效關係之探討**。國立中山大學人力資源管理研究所碩士論文。

吳秉恩審訂（2006）。**領導學：原理與實踐**。A. Shriberg, D. L. Shriberg, & R. Kumari 原著。臺北：智勝文化。

吳奕慧等譯（2004）。**領導學**。S. P. Robbins & D. A. DeCenzo 原著。臺北：臺灣培生教育。

吳英瑞（2011）。**決策模仿行為與地主國制度的同形化**。靜宜大學企業管理學系碩士論文。

吳康寧譯（1994）。**非學校化社會**。I. Illich 原著。臺北：桂冠。

吳得源（2003）。論國際關係社會建構論與組織社會學新制度論之關連性。**臺灣政治學刊，7**（1），3-37。

吳清山（1996）。**學校行政**。臺北：心理。

吳清山（2003）。**知識經濟與教育發展**。臺北：師大書苑。

吳清山（2005）。**學校行政研究**。臺北：高等教育。

吳清山（2006）。教育行政的倫理面向。載於謝文全等著，**教育行政學：理論與案例**（頁71-99）。臺北：五南。

吳清山、林天祐（2003）。全球化。**教育資料與研究，51**，115-116。

吳清山、林天祐（2003）。教育正義。**教育資料與研究，54**，152。

吳清山、黃美芳、徐緯平（2002）。**教育績效責任研究**。臺北：高等教育。

吳清基（1990）。重建教育行政。**研習資訊，63**，1-5。

吳筱玫（2003）。網路傳播概論。臺北：智勝文化。

吳餘修（1989）。**組織文化之研究──理論與應用之探討**。國立政治大學公共行政研究所碩士論文。

吳瓊洳（1997）。**國中學生次級文化之研究**。國立高雄師範大學教育學系碩士論文。

吳瓊恩（1992）。**行政學的範圍與方法**。臺北：五南。

吳瓊恩（1998）。**行政學**。臺北：三民。

宋玲蘭、林溥鈞譯（2001）。**當代管理學**。G. R. Jones & J. M. George 原著。臺北：美商麥格羅‧希爾。

宋秋儀譯（2006）。**組織領導學**。G. Yukl 原著。臺北：華泰文化。

李元墩、陳璧清譯（2006）。**領導應該做什麼**。W. Bennis 原著。臺北：大是文化。

李弘暉（2003）。**知識經濟下領導新思維**。臺北：聯經。

李田樹、李芳齡譯（2003）。**成功不墜──最適者再生**。D. N. Sull 原著。臺北：天下。

李宗勳、周威廷（2004）。公共服務核心價值之推動與落實──公共服務的意義、精神與價值的觀點。人事月刊，**39**（3），30-36。

李明譯（2000）。**亂序**。Hock, D. 原著。臺北：大塊文化。

李青芬、李雅婷、趙慕芬譯（2002）。**組織行為學**。Stephen P. Robbins 原著。臺北：華泰文化事業公司。

李青芬、李雅婷、趙慕芬譯（2006）。**組織行為學（11 版）**。Stephen P. Robbins 原著。臺北：華泰文化事業公司。

李英明（2003）。**全球化下的後殖民省思**。臺北：生智文化。

李英明（2005）。**新制度主義與社會資本**。臺北：揚智文化。

李郁怡（2006）。打造全球化經理人。**管理雜誌**，**384**，126-130。

李錫津（2001）。校園的價值領導。**師友**，**408**，36-39。

沈姍姍（1998）。教育改革趨向與影響因素分析──國際比較觀點。**教育資料集刊**，**23**，39-53。

沈清松（1996）。**追尋人生的意義──自我、社會與價值觀**。臺北：臺灣書店。

沈清松（2004）。**大學理念與外推精神**。臺北：五南。

汪益譯（1992）。**一分鐘倫理管理**。K. Blanchard & N. V. Peale 原著。臺北：聯經。

辛治寧（2008）。從制度理論解讀博物館的變與不變。**國立歷史博物館學報**，**37**，119-137。

阮光勛（2001）。後現代主義對學校行政革新的啟示。**學校行政雙月刊**，**15**，77-84。

周弘憲（2006）。價值領導與公務人員核心價值。**考銓季刊**，**47**，1-15。

周成功（2002）。尼采的狂放世界。載於齊若蘭譯，**複雜──走在秩序與混沌邊緣**（序）。臺北：天下文化。

周旭華譯（2002）。**覺醒的年代──解讀弔詭新未來**。C. Handy 原著。臺北：天下遠見。

周百崑（2004）。**國民小學校長倫理決定之研究**。國立臺中師範學院國民教育研究所碩士論文。

周祝瑛（2011，1月9日）。校長遴選制度 防霸凌絆腳石。**聯合報**，A15 版。

林火旺（2001）。**倫理學**。臺北：五南。

林玉体（1984）。**教育價值論**。臺北：文景。

林立武（2005）。**國民小學學校行政倫理議題之倫理決定**。國立中正大學教育研究所碩士論文。

林志成（2004）。校長卓越領導之行動智慧。**學校行政雙月刊，33，**10-20。

林志成主編（2011）。**特色學校理論、實務與案例**。臺北：高等教育。

林志忠（2004）。**教育行政理論——哲學篇**。臺北：心理。

林育薪（2008）。**基層國稅人員行政核心價值探討——以財政部臺灣省中區國稅局臺中市分局為例**。東海大學公共事務碩士在職專班碩士論文。

林明地（1999）。重建學校領導的倫理學觀念。**教育政策論壇，2**（2），129-157。

林明地（2010）。校長領導核心價值。載於陳清溪主編，**教育核心價值實踐之研究**（頁207-233）。臺北：國家教育研究院籌備處。

林明地、楊振昇、江芳盛譯（2000）。**教育組織行為**。R. G. Owens 原著。臺北：揚智。

林明地等譯（2003）。**教育行政學：理論、研究與實際**。W. K. Hoy & C. G. Miskel 原著。高雄：麗文文化。

林金榜譯（2003）。**策略巡禮**。H. Minzberg, B. Ahlstrand, & J. Lampel 原著。臺北：商周。

林俊宏譯（2010）。**群的智慧——向螞蟻、蜜蜂、飛鳥學習組織運作絕技**。P. Miller 原著。臺北：天下遠見。

林俊宏譯（2011）。**大科學**。N. Johnson 原著。

林南（2005）。**社會資本**。臺北：弘智文化。

林思伶、蔡進雄（2005）。論凝聚教師學習社群的有效途徑。**教育研究月刊，132，**99-109。

林思伶譯（2005）。**領導與新科學**。M. J. Wheatley 原著。臺北：梅霖
　　文化。

林振春（2004）。全球化危機下的臺灣社區教育因應策略。載於中華
　　民國社區教育學會主編，**社區教育與全球化**（頁 1-18）。臺北：
　　師大書苑。

林素卿（2005）。淺談「一綱多本」之全球教育。**研習資訊**，**22**（3），
　　43-53。

林純雯（2001a）。**國民中學校長道德領導之研究**。國立臺灣師範大學
　　教育學系碩士論文。

林純雯（2001b）。道德領導──學校行政領導的新面向。**中等教育**，
　　52（4），110-127。

林清江（1982）。**教育社會學新論**。臺北：五南。

林逢祺（2000）。美感與道德教育：論道德教學的審美判斷。**教育資
　　料集刊**，**25**，127-146。

林進山（2011）。**國民中小學特色學校經營策略、品牌形塑與辦學績
　　效關係之研究**。國立臺北教育大學教育學院教育經營與管理學系
　　博士論文。

林錦慧譯（2011）。**Power**。J. Pfeffer 原著。臺北：時報出版。

林靜容（1991）。**如何管理上司**。臺北：遠流。

林龍和（2005）。**高雄市國民小學校長家長式領導與教師服務士氣關
　　係之研究**。國立高雄師範大學教育學系碩士論文。

林鍾沂（2002）。**行政學**。臺北：三民。

林麗珊（2009）。警察倫理教育之核心價值。**哲學與文化**，**416**，
　　99-120。

林麗惠（2004）。因應全球化之策略與作法。載於中華民國社區教育
　　學會主編，**社區教育與全球化**（頁 45-67）。臺北：師大書苑。

武文瑛（2003）。從混沌理論探究學校領導圖像之型塑。**學校行政雙**

　　　月刊，**25**，35-42。

邱皓政（2004）。**量化研究與統計分析**。臺北：五南。

邱華君（1995）。行政倫理理論與實踐。載於弘揚社會道德系列叢書
　　第二輯：**現代倫理道德的理論與實踐**（頁205-229）。臺北：財團
　　法人弘揚社會道德文教基金會印行。

邱華君（2002）。公務人員行政核心價值推動策略。**人事月刊，34**
　　（5），29-31。

邱瑞忠（2001）。行政倫理在公共管理中的規範性作用——倫理分析與
　　道德抉擇的途徑。**東海社會科學學報，21**，27-44。

俞慧芸（2007）。中譯本導讀：為資源依賴理論定位。載於作者譯注，
　　組織的外部控制：資源依賴觀點（頁5-35）。臺北：聯經。

俞慧芸譯（2007）。**組織的外部控制：資源依賴觀點**。J. Pfeffer & G.
　　R. Salancik 原著。臺北：聯經。

施懿玲（2000）。**組織間學習行為與制度同形現象之研究**。國立政治
　　大學企業管理學系碩士論文。

洪慧芳譯（2011）。**經理人的一天：明茲伯格談管理**。H. Mintzberg 原
　　著。臺北：天下。

洪蘭譯（1999）。**活用智慧（*Intelligence applied*）**。R. J. Sternberg 原
　　著。臺北：遠流。

紀舜傑（2003）。全球教育下之環境教育。**教育研究月刊，112**，
　　143-148。

胡玉婷（2006）。**高屏地區國小學生次級文化之研究**。國立屏東教育
　　大學教育行政研究所碩士論文。

范信賢、尤淑慧（2009）。跨越藩籬——學校與社區協力連結的案例研
　　究。**課程與教學季刊，12**（4），89-112。

范熾文（2000）。學校行政決定的革新趨向：倫理決定。**學校行政雙
　　月刊，8**，55-67。

香港管理專業發展中心（編）（2009）。**管理學原理**。香港：中文大學。

孫治本譯（1999）。**全球化危機**。U. Beck 原著。臺北：臺灣商務。

孫震（2006）。**經濟發展的倫理基礎**。臺北：商務。

徐木蘭（2004）。**管理零距離——徐木蘭談管理**。臺北：天下。

徐宗國譯（1997）。**質性研究概論**。A. Strauss & J. Corbin 著。臺北：巨流。

徐政揚（2010）。**制度壓力、人力資源實務同形與派外知識管理績效關係之研究**。東吳大學國際經營與貿易學系碩士論文。

徐炳勳譯（1998）。**與領導有約**。S. R. Covey 原著。臺北：天下。

徐瑋伶、黃敏萍、鄭伯壎、樊景立（2006）。德行領導。載於鄭伯壎和姜定宇等人著，**華人組織行為：議題、作法及出版**（頁122-149）。臺北：華泰文化。

徐慧真（2003）。**桃竹苗四縣市國民小學教師文化之研究**。國立新竹師範學院國民教育研究所碩士論文。

徐震、鄭怡世（2002）。社會工作實務中的倫理決策模式。載於徐震和李明政主編，**社會工作倫理**（頁575-607）。臺北：五南。

真如譯（2002）。**基業長青**。J. Collins & J. I. Porras 原著。臺北：智庫文化。

秦夢群（1997）。**教育行政——理論部分**。臺北：五南。

秦夢群（2001）。全球化的教育改革——美國一九九零年代後之教育改革及對我國之啟示？**教育資料與研究，43**，1-8。

秦夢群（2010）。**教育領導理論與應用**。臺北：五南。

馬自恆（2006）。譯序——由混沌孕育出生命。載於作者譯（J. Gribbin 原著），**深奧的簡潔——從混沌、複雜到地球生命的起源**（頁4-11）。臺北：商周。

高子梅譯（2004）。**模範領導**。B. Z. Posner & J. M. Kouzes 原著。臺北：臉譜。

高玉潔（1998）。**學生文化之研究——以桃園縣一所國中學生為例**。國立臺灣師範大學教育研究所碩士論文。

高強華（1996）。校園文化與校園倫理的重建。**訓育研究，35**（4），53-60。

高博銓（2000）。全球化與國家教育政策。**臺灣教育，598**，6-13。

高薰芳、陳劍涵（2003）。提升文化學習能力之教學策略：全球教育的啟示。**教育研究月刊，112**，127-142。

康自立、蘇國楨、張菽萱、許世卿（2001）。我國技職院校主管領導行為量表之發展。**人力資源管理學報，1**（3），43-57。

張文軍（1998）。**後現代教育**。臺北：揚智。

張世賢（2001）。行政管理的價值追求。載於銓敘部主編，**行政管理論文選輯**，第十五輯（頁1-17）。臺北：銓敘部。

張石光（2000）。**領導風格、行政倫理與組織公民行為之研究——以高雄市稅捐處為例**。國立中山大學人力資源管理研究所企業人力資源管理診斷專案研究成果研討會。

張佳琳（2002）。教育夥伴關係課程發展模式。**教育資料與研究，48**，60-68。

張明輝（2009）。**學校經營與管理新興議題研究**。臺北：學富文化。

張惟淳（2009）。**OLED 產業的式微與再起歷程之研究——複雜理論的觀點**。國立政治大學科技管理研究所未出版碩士論文。

張清濱（2008）。環境變遷與校長專業發展。載於國立臺中教育大學教育學系暨課程與教學研究所主編，**校長專業成長：培育、領導與在職進修**（頁21-49）。臺北：冠學文化。

張惠蓉（2004）。**組織跨界人：觀念介紹與實徵研究**。臺北：五南。

張景哲（2008）。「**教學卓越團隊**」之國民小學教師文化研究。國立嘉義大學教育行政與政策發展研究所碩士論文。

張進德、楊雪蘭、朱正民譯（2002）。**管理學**。T. S. Bateman & S. A.

Snell 原著。臺北：美商麥格羅‧希爾。

張慶勳（1996）。**學校組織行為**。臺北：五南。

張憲庭（2003）。**從倫理觀點探討國民小學校長道德與價值領導**。輔仁大學教育領導與發展研究所碩士論文。

戚樹誠（2010）。**組織行為：臺灣經驗與全球視野**。臺北：雙葉書廊。

曹俊漢（2003）。**行政現代化的迷思──全球化下臺灣行政發展面臨的挑戰**。臺北：韋伯文化。

莊世杰、賴志松、孫衙聰、龔昶元、葉穎蓉、許秉瑜（2005）。一個 ERP 系統之建構決定因素的理論探索：整合制度理論、資源依賴理論、資源基礎理論及交易成本理論之理論模型。**資訊管理學報，12**（1），149-170。

莊正民、朱文儀、黃延聰（2001）。制度環境、任務環境、組織型態與協調機制──越南臺商的實證研究。**管理評論，20**（3），123-151。

莊淑琴（2002）。另類的課程組織──自我組織。**教育科學期刊，2**（1），123-136。

莊萬壽、林淑慧（2003）。本土化的教育改革。**國家政策季刊，2**（3），27-62。

莊道明（1996）。**圖書館專業倫理**。臺北：文華。

莊慧貞（2001）。實施價值領導教化營造心靈安全校園。**北縣教育，40**，44-47。

許士軍（2003）。邁向「量子世界」的管理。載於金融時報大師系列。臺北：臺灣培生教育出版公司。

許士軍（2009）。企業組織變革新趨勢。**研考雙月刊，33**（3），14-22。

許士軍（2009）。**轉型中的我國大學和管理教育**。臺北：臺灣評鑑協會。

許元一、許立倫、夏道維和辜柏宏譯（2000）。**後現代組織**。W. Bergquist 原著。臺北：地景。

許育榮（2003）。**國民小學教師文化之調查研究**。國立嘉義大學國民教育研究所碩士論文。

許淑玫（2008）。國小校長面臨的倫理困境及其倫理決定探析。載於國立臺中教育大學教育學系暨課程與教學研究所主編，**校長專業成長：培育、領導與在職進修**（頁 303-320）。臺北：冠學文化。

許雅惠（2000）。迎接高級中學第二外語教育新紀元——高級中學第二外語教育五年計畫析論。**中等教育，51**（2），57-66。

許慶泉（2006）。**國民小學學校行政人員倫理困境與倫理決定之個案研究**。國立臺中教育大學國民教育研究所碩士論文。

郭為藩編著（2003）。**成人學習：心理學的探討**。臺北：心理。

郭秋勳（2005）。教育行政理論哲學思想的演進與發展。載於「**第6次地方教育行政論壇」會議論文集**（頁 17-27）。臺灣教育政策與評鑑學會主辦、國立暨南大學教育政策與行政學系承辦。

郭騰展（2007）。**臺北縣國民小學教師教師領導與學校文化關係之研究**。輔仁大學教育領導與發展研究所在職專班碩士論文。

陳木金（2002）。**學校領導研究：從混沌理論研究彩繪學校經營的天空**。臺北：高等教育。

陳世穎（2007）。談判的理論與技巧對學校經營者談判策略之啟示。**學校行政雙月刊，47**，43-66。

陳以慕（2011）。**組織跨界者角色認知與關係管理**。國立中正大學企業管理研究所博士論文。

陳正料（2008）。我國地方公務人員行政核心價值認知之實證分析：以高高屏為例。**行政暨政策學報，47**，1-56。

陳成宏（2007）。複雜理論對教育組織變革的解釋和啟示。**教育研究與發展期刊，3**（3），197-217。

陳利銘（2006）。智慧領導模式的評論及其教育實踐。**學校行政雙月刊，44**，136-144。

陳利銘、吳璧如（2007）。論智慧與智力。**教育研究學報，41**（2），69-82。

陳秀清（2005）。**領導者類型、追隨者類型與領導效能關係之研究——以國軍軍官及文官為實證對象**。元智大學管理研究所碩士論文。

陳忠賢（1999）。**臺灣企業集團的發展：同形或分歧？**國立清華大學工業工程與工程管理學系碩士論文。

陳明蕾（2004）。智慧的發展與學習。載於黃富順主編，**高齡學習**（頁133-156）。臺北：五南。

陳秉璋、陳信木（1990）。**價值社會學**。臺北：桂冠圖書。

陳奕安（2002）。**基隆市國民小學教師文化與教師專業成長態度之研究**。臺北市立師範學院國民教育研究所碩士論文。

陳奎熹（2003）。**教育社會學導論**。臺北：師大書苑。

陳彥良（2005）。**制度理論看跨國行銷活動的標準化程度**。輔仁大學管理學研究所碩士班碩士論文。

陳美智、楊開雲（2000）。組織真是「理性」的嗎？——一個組織社會學的新制度論觀點。**東海社會科學學報，20**，27-59。

陳國明（2008）。**全球化與領導**。2008年11月17日取自：http：//epaper.pccu.edu.tw/index.asp?NewsNo=4367。

陳惠芳（1998）。**組織正當性、組織學習與組織同形之關係研究——制度理論整合觀點**。國立臺灣大學商學研究所博士論文。

陳隆進（2006）。**高屏地區國民小學校長道德領導行為現況調查及其發展策略之研究**。國立高雄師範大學教育學系碩士論文。

陳福濱（1998）。**倫理與中國文化**。臺北：輔仁大學。

陳慧芬（1997）。**國民小學組織文化之研究——一所臺中市國民小學的個案分析**。國立臺灣師範大學教育學系博士論文。

陳憶芬（2003）。全球化時代中小學師資培育之革新。**教育資料與研究，52**，29-35。

陳璽等譯（2002）。**教育管理的專業發展**。L. Kydd, M. Crawford, & C. Riches 編。香港：香港公開大學出版社。

陳麗俐（2004）。批判理論對教師文化轉化的省思。**學校行政雙月刊，31**，81-96。

陳藹宜譯（2010）。**德行領導**。A. Havard 原著。臺北：橄欖。

傅寶宏（2002）。**倫理操作模式與學校行政倫理議題之研究：以中部地區國民小學為例**。靜宜大學企業管理學系碩士論文。

彭文賢（1992）。**行政生態學**。臺北：三民。

彭文賢（1996）。**組織原理**。臺北：三民。

彭安麗（1997）。**後官僚體制組織結構的轉變**。東海大學公共行政研究所碩士論文。

曾尹彥（2006）。**國民中學組織正當性之研究──以北部六縣市為例**。國立臺灣師範大學教育學系碩士論文。

曾仕強（1997）。**現代化的中國式管理**。臺北：聯經。

曾仕強（2002）。**中國式管理：具有華人特色的管理學**。臺北：百順。

曾威揚、李培芬（2005）。生物系統中的自組織現象。**全球變遷通訊雜誌，45**，24-27。

曾錦達（2009）。領導智慧初探。**國民教育，49**（6），40-47。

曾嬿芬（2004）。適當發展在地人的「全球性」能力。載於時報文教基金會叢書第 38 輯，**面對公與義──建構宏觀、包容與分享的社會**（頁 57-62）。臺北：時報文化。

程耀輝（1994）。**跨海峽企業生態系中的共同演化與制度同形**。國立政治大學企業管理研究所碩士論文。

童鳳嬌（2009）。**國中校長卓越領導、行動智慧與創新經營關係之研究**。國立新竹教育大學教育學系博士論文。

馮丰儀（2005）。**教育行政倫理及其課程設計之研究**。國立臺灣師範大學教育學系博士論文。

馮丰儀（2006）。意識打造學校行政倫理。載於張鈿富主編，**學校行政：理念與創新**（頁 153-169）。臺北：高等教育。

馮朝霖（2003）。**教育哲學專論：主體、情性與創化**。臺北：高等教育。

黃乃熒（2000）。**後現代教育行政哲學**。臺北：師大書苑。

黃乃熒（2001）。論學術自由及理想的學術組織經營型態的建構。**教育與社會研究**，**2**，91-122。

黃乃熒（2004）。後現代學校行政倫理及其兩難困境之解決。**教育研究集刊**，**50**（3），1-29。

黃乃熒、鄭杏玲、黃婉婷譯（2007）。**教育領導與組織永續發展**。D. Fink 原著。臺北：華騰。

黃乃熒等譯（2008）。教育領導與管理。T. Bush & D. Middlewood 原著。臺北：華騰文化。

黃子宸、黃秀霜和曾雅瑛（2007）。國民中小學生智慧評量之研發及相關研究探討。**測驗學刊**，**54**（1），59-96。

黃丹力譯（2010）。**談判新時代：談判要領之理論、技巧與實踐**。M. R. Carrell & C. Heavrin 原著。臺北：學富文化。

黃光國（1998）。知識與行動──中華文化傳統的社會心理學詮釋。臺北：心理。

黃志龍（2000）。**國民小學教務主任角色之研究──以臺北縣為例**。國立臺北師範學院國民教育研究所碩士論文。

黃坤錦（2001）。教育價值論。載於伍振鷟、林逢祺、黃坤錦、蘇永明合著，**教育哲學**（頁 127-154）。臺北：五南。

黃宗顯（1999）。一九九〇年後臺灣地區教育行政學術研究狀況之分析與展望。載於國立臺灣師範大學教育學系教育部國家講座主

編，**教育科學的國際化與本土化**（頁 387-422）。臺北：揚智。

黃怡潔（2007）。**高雄市國民小學教師專業發展評鑑知覺與教師文化之研究**。國立臺灣科技大學技術及職業教育研究所碩士論文。

黃昆輝（1989）。**教育行政學**。臺北：東華。

黃武鎮（1997）。有智慧有靈性的學校行政。**研習資訊，14**（1），1-8。

黃富順（2007）。智慧的發展與適應。載於黃富順、陳如山和黃慈編著，**成人發展與適應**（頁 97-111）。臺北：國立空大大學。

黃琬婷（2003）。**國民小學校長倫理取向與教師工作滿意之相關研究**。輔仁大學教育領導與發展研究所碩士論文。

黃鉦堤（2000）。**公共行政意象之研究——三種系統理論典範的觀點**。臺北：翰廬圖書。

黃靜君（2010）。**高雄市國民中學教師文化、學生文化與學校效能關係之研究**。國立高雄師範大學教育學系碩士論文。

黃營杉譯（2006）。**管理學**。R. W. Griffin 原著。臺北：東華。

楊中芳（1993）。試論如何深化本土化心理學研究：兼評現階段之研究成果。**本土心理學，1**，122-183。

楊中芳（2001）。**如何研究中國人：心理學研究本土化論文集**。臺北：遠流。

楊仁壽、卓秀足與俞慧芸（2011）。**組織理論與管理**。臺北：雙葉書廊。

楊文琳（2008）。**制度同形與產業演化關聯性之研究——以臺灣報紙產業 1997-2007 為例**。靜宜大學管理碩士在職專班碩士論文。

楊世英（2009）。智慧與領導。載於張鈿富主編，**教育行政：理念與創新**（頁 211-247）。臺北：高等教育。

楊幼蘭譯（1994）。**逆領導思考——傾聽追隨者的工作哲學**。R. Kelley 原著。臺北：時報文化。

楊忠衛（2006）。**服務品質、行政文化、稅務風紀與服務滿意度相關性研究：以臺南縣市記帳業者、地政士及一般民眾對稅務機關之服務為例**。南台科技大學高階主管企管碩士班碩士論文。

楊洲松（2002）。教育哲學研究新議題──全球化理論初探。**教育研究月刊**，**93**，116-122。

楊洲松（2004）。**當代文化與教育──文化研究學派與批判教學論的取向**。臺北：洪葉文化。

楊振富、潘勛譯（2005）。**世界是平的**。T. L. Friedman 原著。臺北：雅言文化。

楊國樞（1982）。**開放的多元社會**。臺北：東大。

楊國樞（1993）。我們為什麼要建立中國人的本土心理學。**本土心理學**，**1**，6-88。

楊國樞（1999）。社會科學研究的本土化與國際化。載於國立臺灣師範大學教育學系教育部國家講座主編，**教育科學的國際化與本土化**（頁 5-28）。臺北：揚智。

楊淑雅、鄧蔭萍（2008）。**幼兒品格主題之課程活動設計**。臺北：心理。

楊深坑（2005）。全球化衝擊下的教育研究。**教育研究集刊**，**51**（3），1-25。

楊陳傑（2005）。**國小女性校長領導特質與教師文化之研究──以桃竹苗四縣市為例**。國立新竹教育大學進修部學校行政碩士班碩士論文。

楊鎮維、方世杰、黃維民（2005）。醫療機構經營策略與營運績效之研究：社會性套系觀點。**福爾摩莎醫務管理雜誌**，**1**（2），124-133。

溫明麗（2008）。**教育哲學──本土化教育哲學的建構**。臺北：三民。

葉啟政（1991）。**制度化的社會邏輯**。臺北：東大出版。

葉啟政（2001）。**社會學和本土化**。臺北：巨流。

葉紹國（1996）。道德推理中關懷導向與正義導向思考之區辨及其中
國社會實踐的特徵。**本土化心理學研究，5**，264-311。

解志強、顏美芳譯（2006）。**邁向卓越：如何創造更好的學校**。J. A.
Langer 原著。臺北：文景。

詹棟樑（2002）。**教育倫理學導論**。臺北：五南。

詹靜芬（2006）。中級主管的行政倫理核心價值。**考銓季刊，47**，
81-100。

廖文祿（2006）。**以電子業管理模式為例探討企業核心價值對於管理
活動之影響**。國立清華大學工業工程與工程管理學系碩士論文。

廖春文（1995）。**二十一世紀教育行政領導理念**。臺北：師大書苑。

廖春文（2005）。全球化知識經濟時代學校行政領導整合模式之建構。
國民教育研究集刊，13，1-15。

廖昱琮（2006）。**全球化趨勢高中職校長具備能力與提升學校競爭力
實踐之調查研究**。輔仁大學教育領導與發展研究所在職專班碩士
論文。

廖炳惠（2003）。本土化與全球化的挑戰。**新世紀智庫論壇，22**，
36-43。

廖傳結（2008）。**國民小學學校創新經營與教師文化關係之研究**。國
立臺中教育大學教育學系碩士論文。

廖裕月（1998）。**國小校長轉化領導型式與領導效能之研究：以北部
四縣市為例**。國立臺北師範學院國民教育研究所碩士論文。

維基百科（2010）。**自我組織**。2010 年 8 月 24 日取自：http://
zh.wikipedia.org

齊若蘭譯（2002）。**複雜——走在秩序與混沌邊緣**。M. M. Waldrop 原
著。臺北：天下遠見。

劉子琦、林恒（2007）。連鎖西式速食產業的「組織同形」現象與競

爭關係之研究——以「必勝客（Pizza Hut）」為例的個案分析。**經營管理論叢，特刊**，49-74。

劉志遠譯（2005）。**五維管理：卓越經理人的第一本書**。P. Drucker 原著。臺北：百善。

劉智忠（2006）。**桃竹苗四縣市國民小學校長轉型領導與教師文化之研究**。國立新竹教育大學教育學系學校行政碩士班碩士論文。

劉慧玉譯（1999）。**調適性領導**。R. A. Heifetz 原著。臺北：麥田。

劉靜軒（2005）。**老人社會大學學員智慧與生活滿意度相關之研究**。國立中正大學高齡者教育研究所碩士論文。

劉曙光、宋景堂、劉志明譯（2009）。**品格的力量**。S. Smiles 原著。臺北：立緒。

歐陽教（1992）。**教育哲學導論**。臺北：文景。

潘瑛如、蔡錫濤（2008）。迎接全球化：全球教育的面向及內涵。**研習資訊**，**25**（3），121-128。

蔡文杰（2000）。從混沌理論探究教育革新的走向。**教育資料與研究**，**35**，74-83。

蔡金火（2005）。行政核心價值理論的衝突與調適：兼論我國行政核心價值的演變。**國家菁英季刊**，**1**（2），169-186。

蔡金田（2004）。從全球化教育競爭力的觀點談校長領導。**人文及社會學科教學通訊**，**15**（3），58-77。

蔡培村（2001）。全球化趨勢與成人教育之發展。**成人教育**，**64**，2-8。

蔡敦浩、利尚仁、林韶怡（2007）。複雜性科學典範下的創業研究。**創業管理研究**，**2**（1），31-60。

蔡敦浩、李慶芳（1996）。疆界管理：探索情境知識的本質與知識轉移。**科技管理學刊**，**11**（3），89-118。

蔡敦浩、藍紫堂（2004）。新興產業發展的複雜調適系統觀點——以臺

灣 E-Learning 產業為例。**管理學報**，**21**（6），715-732。

蔡進雄（2000）。**國民中學校長轉型領導、互易領導、學校文化與學校效能關係之研究**。國立臺灣師範大學教育學系博士論文。

蔡進雄（2001）。**學校行政領導**。臺北：師大書苑。

蔡進雄（2003a）。論校長如何展現倫理領導。**人文及社會學科教學通訊**，**14**（1），25-36。

蔡進雄（2003b）。**學校行政與教學研究**。高雄：復文。

蔡進雄（2004a）。策略管理在學校經營領導的實踐、啟示與省思。**學校行政雙月刊**，**34**，1-7。

蔡進雄（2004b）。臺灣地區近五十年來校長實徵研究之分析。**人文及社會學科教學通訊**，**14**（6），91-100。

蔡進雄（2004c）。論如何建立學校行政倫理。**公教資訊**，**8**（1），1-10。

蔡進雄（2004d）。學校組織中的政治行為分析。**師說**，**183**，17-21。

蔡進雄（2005a）。量子型管理對學校行政領導的啟示。**師說**，**185**，17-22。

蔡進雄（2005b）。論學校組織兩難管理。**師說**，**189**，44-48。

蔡進雄（2005c）。**學校領導理論研究**。臺北：師大書苑。

蔡進雄（2006）。國民小學校長心目中理想的被領導者行為之研究。**教育研究與發展期刊**，**2**（3），151-170。

蔡進雄（2007a）。國民中小學學校創新經營成效、實踐困難與因應途徑。**學校行政雙月刊**，**47**，1-26。

蔡進雄（2007b）。從紅布條文化談學校行銷。**國語日報**，第 13 版。

蔡進雄（2008）。**教育行政倫理**。臺北：五南。

蔡進雄（2009a）。**國民中小學校長領導之研究：專業、情緒與靈性的觀點**。臺北：高等教育。

蔡進雄（2009b）。國民中學學校行政文化之研究。**學校行政雙月刊**，

60，10-23。

蔡進雄（2009c）。從隱喻論學校經營領導典範的轉變。**教師之友，50**
（1），53-60。

蔡進雄（2009d）。學校經營的新典範：論教師學習社群的建立與發展。**教育研究月刊，188**，48-59。

蔡進雄（2010a）。國民小學教師心目中理想的校長領導行為之研究：本土化之觀點與初探。**教育經營與管理研究集刊，6**，27-50。

蔡進雄（2010b）。從複雜理論探討學校領導與經營的趨勢。**教師之友，51**（2），12-19。

蔡進雄（2011）。從隱喻論學校組織領導的發展趨勢。載於「**建國百年教育行政與評鑑：挑戰與展望**」學術研究討會會議手冊暨論文集（頁147-158）。主辦單位：臺北市立教育大學教育行政與評鑑研究所等。

蔡詩元（2005）。**併購、策略聯盟與策略同形：以石英晶體元件產業為例**。國立中興大學高階經理人碩士在職專班碩士論文。

鄭允誠（2009）。**疆界跨界人學習歷程及角色衝突之研究——以電子業客服工程師為例**。國立中山大學國際經營管理碩士班碩士論文。

鄭伯壎（2003）。臺灣的組織行為研究：過去、現在及未來。載於鄭伯壎、姜定宇和鄭弘岳主編，**組織行為研究在臺灣：三十年回顧與展望**（頁1-59）。臺北：桂冠。

鄭伯壎、周麗芳和樊景立（2000）。家長式領導：三元模式的建構與測量。**本土心理學研究，14**，3-64。

鄭伯壎、林姿葶等譯（2011）。**管理學大師中的大師：理論建構之旅**。K. G. Smith & M. A. Hitt 主編。臺北：五南。

鄭伯壎、姜定宇（2000）。華人組織中的主管忠誠：主位與客位概念對員工效能的效果。**本土心理學研究，14**，65-113。

鄭伯壎、黃敏萍（2008）。實地研究中的案例研究。載於鄭伯壎、樊

景立、徐淑英和陳曉萍編著，**組織與管理研究的實證方法**（頁225-258）。臺北：華泰文化。

鄭伯壎、樊景立與周麗芳（2006）。**家長式領導：模式與證據**。臺北：華泰文化。

鄭彩鳳（1998）。**學校行政：理論與實務**。高雄：麗文文化。

鄭彩鳳（2004）。教育領導研究現況與發展趨勢──從研究典範探析。**教育研究月刊，119**，139-149。

鄭燕祥（2001）。**學校效能及校本管理：發展的機制**。臺北：心理。

鄭燕祥（2003）。**教育領導與改革：新範式**。臺北：高等教育。

鄧玉英（2003）。全球化潮流中的教育未來──未來學的思考與分析。**教育研究月刊，109**，118-124。

盧希鵬（2009）。**老闆為什麼要開會？群體迷思與群體極化理論**。2009 年 11 月 3 日取自：http://140.118.9.116/mislab/?q=node/752

盧希鵬（2011）。**為什麼無法控制我的狗？**臺北：商周。

盧政春（1992）。當代社會系統理論大師：尼可拉斯‧魯曼。載於葉啟政主編，**當代社會思想巨擘**（頁 232-269）。臺北：正中書局。

盧淵源、蘇登呼、黃英忠（2009）。當管理風潮進入組織：探索經理人的資訊守門過程。**創業管理研究，4**（2），1-27。

蕭武桐（1995）。**行政倫理**。臺北：國立空中大學。

蕭武桐（2002）。**公務倫理**。臺北：智勝。

賴世剛（2006）。**都市、複雜與規劃──理解並改善都市發展**。臺北：詹氏。

賴世剛（2010）。**透視複雜：臺灣都市社會事件簿**。臺北：詹氏。

賴珮珊、吳凱琳譯（2000）。**混沌邊緣**。B. Cohen 原著。臺北：商周。

龍冠海（1979）。**社會學**。臺北：三民。

龍炳峰（1999）。**國民小學教師向上影響策略及其相關因素之研究**。國立嘉義師範學院國民教育研究所碩士論文。

戴文正譯（1995）。**組織意象**。M. Morgan 原著。臺北：五南。

戴曉霞（2002）。全球化及國家／市場關係之轉變：高等教育市場化之脈絡分析。載於戴曉霞、莫家豪和謝安邦主編，**高等教育市場化：臺、港、中趨勢之比較**（頁 4-39）。臺北：高等教育。

薛曉源、陳家剛（2007）。**全球化與新制度主義**。臺北：五南。

謝文全（1994）。**學校行政**。臺北：五南。

謝文全（1998）。道德領導——學校行政領導的另一扇窗。載於林玉体主編，**跨世紀的教育演變**（頁 237-253）。臺北：文景。

謝文全（2003）。**教育行政學**。臺北：高等教育。

謝文全（2009）。**教育行政學**。臺北：高等教育。

謝文全等譯（2002）。**學校行政倫理**。K. A. Strike, E. J. Haller, & J. F. Soltis 原著。臺北：學富文化。

謝佩妤（2009）。**國民中學、小學教師智慧與幸福感關係之研究**。國立政治大學教育研究所碩士論文。

謝明昆（1990）。**道德成長的喜悅**。臺北：心理

謝金青（2004）。跨文化的領導觀點——家長式領導的概念與回顧。**教育研究月刊，119**，41-51。

謝添進（2001）。培塑優質行政文化——「建立行政核心價值體系推動方案」介紹。人事月刊，**33**（2），25-32。

謝綺蓉譯（2001）。**第三智慧——運用量子思維建立組織創造性思考模式**。D. Zohar 原著。臺北：大塊文化。

鍾春枝（2001）。**臨床醫學倫理議題之判斷與處理方式的探討——比較醫護人員、宗教界與法界人士的看法**。臺北醫學院醫學研究所碩士論文。

顏士程（2010）。**學校教育創新與反思**。桃園：茂祥書局。

顏澤賢（1993）。**現代系統理論**。臺北：遠流。

羅瑞宏（2006）。**高職特教班教師文化與教師專業成長之研究**。國立

彰化師範大學特殊教育學系所碩士論文。

羅虞村（1999）。領導理論研究。臺北：文景。

羅耀宗等譯（2004）。企業全面品德管理。F-J. Richter & P. C. M. Mar 原著。臺北：天下。

譚光鼎（2010）。教育社會學。臺北：學富文化。

蘇文賢、江吟梓譯（2009）。教育行政與組織行為。E. M. Hanson 原著。臺北：學富文化。

蘇奕禎（2006）。國民小學教師向上政治行為與學校效能之相關研究。國立花蓮師範學院行政與領導研究所碩士論文。

蘇國楨、陳榮德（2003）。服務業主管領導行為、組織文化和領導效能之研究。人力資源管理學報，**3**（4），65-91。

顧淑馨譯（1994）。全球弔詭。J. Naisbitt 原著。臺北：天下文化。

顧慕晴（2009）。行政人員的控制──德性途徑的探討。哲學與文化，**416**，25-44。

二、英文部分

Aldrich, H., & Herker, D. (1977). Boundary spanning roles and organizational structure. *Academy of Management Review, 2*(2), 217-230.

Ardelt, M. (2003). Development and empirical assessment of a three-dimensional wisdom scale. *Research on Aging, 25*, 275-324.

Ardelt, M. (2004). Wisdom as expert system: A critical review of a contemporary operationalization of an ancient concept. *Human Development, 47*, 257-285.

Baltes, P. B., & Staudinger, U. M. (2000). Wisdom: A metaheuristic (Pragmatic) to orchestrate mind and virtues toward excellence. *American Psychologist, 55* (1), 122-136.

Bates, R. (2002). Administering the global trap: The role of educational leaders. *Educational Management & Administration, 30*(2), 139-156.

Beck, L. G. (1999). Metaphors of educational community: An analysis of images that reflect and influence school scholarship and practice. *Educational Administration Quarterly, 35*(1), 13-45.

Birren, J. E., & Fisher, L. M. (1990). The elements of wisdom: Overview and integration. In J. R.Sternberg（Ed.), *Wisdom: Its nature, origins, and development* (pp.317-322). New York: Cambridge University.

Blase , J., & Blase, J. (2004). *Handbook of instructional leadership* (2nd). Thousand Oaks, CA: Corwin.

Brown, S. L., & Eisenhardt, K. M. (1998). *Competing on the edge*. Harvard Business School Press: New York.

Bush, T. (2003). *Theories of educational leadership and management* (3rd ed.). London: Sage Publications.

Calabrese, R. L. (1988). Ethical leadership: A prerequisite for effective schools. *NASSP Bulletin, 72*(512), 1-4.

Campbell, E. (1997). Ethical school leadership: Problems of an elusive role. *Journal of School Leadership, 7*(4), 287-300.

Chaleff, I. (1995). *The courageous follower: Standing up to and for our leaders*. San Francisco: Berrett-Koehler Publishers.

Ciulla, J. B. (1998). *Ethics, the heart of leadership*. Westport, CT: Greenwood.

Copland, M. A. (2003). Leadership of inquiry: Building and sustaining capacity fo school improvement. *Educational Evaluation and Policy Analysis, 25*(4), 375-395.

Davies, S., Quirke, L., & Aurini, J. (2006). The new institutionalism goes to the market: The challenge of rapid growth in private K-12 education. In H. Meyer & B. Rowan (eds)., *The new institutionalism in education* (pp.103-122). Albany: State University of New York Press.

Dempster, N., & Berry, V. (2003). Blindfolded in a minefield: Principals' ethical decision-making. *Cambridge Journal of Education, 33*(3), 457-477.

DiMaggio, P. J., & Powell, W. W. (1983). The iron cage revisited: Institutional isomorphism and collective rationality in organizational fields. *American Sociological Review, 48*, 147-160.

Donaldson, G. A. (2001). *Cultivating leadership in schools: Connecting people, purpose and practice.* New York: Teachers College Press.

DuFour, R. (2003). Building a professional learning community. *School Administrator, 60*(5), 13-18.

Fiore, D. J. (2001). *Creating connections for better schools: How leaders enhance school culture.* Larchmont, NY: Eye on Education.

Flanary, R. A., & Terehoff, I. I. (2000). The power of leadership in a global environment. *NASSP Bulletin, 84*(617), 44-50.

Frick, W. C. (2009). Principals' value-informed decision making, intrapersonal moral discord, and pathways to resolution: The complexities of moral leadership praxis. *Journal of Educational Administration, 47*(1), 50-74.

Fullan, M. (2001). *Leading in a culture of change.* San Francisco: Jossey-Bass.

Furman, G. C. (1998). Postmodernism and community in schools: Unraveling the paradox. *Educational Administration Quarterly, 34*(3), 298-328.

Furman, G. C. (2004). The ethic of community. *Journal of Educational*

Administration, 42(2), 215-235.

Giddens, A. (1990). The consequences of modernity. Cambridge:Policy Press.

Gini, A. (1998). Moral leadership and business ethics. In J. B. Ciulla (Ed.), *Ethics, the heart of leadership* (pp.27-46). Westport, CT: Greenwood.

Goldring, E. B. (2002)。教育的領導：學校、環境與邊界的跨越。載於陳罿、吳國志、盧慧慧、馮施鈺珩譯，**教育管理：策略、質量與資源**。

Greenfiled, W. D., Jr. (2004). Moral leadership in schools. *Journal of Educational Administration, 42*(2), 174-196.

Halpin, A. W. (1966). *Theory and research in administration.* New York: Macmillan.

Hanna, D.（2002）。開放式的組織系統。載於黃婉儀、馮施鈺珩、吳國志、陳罿譯，**組織效能與教育改進**（頁 17-30）。香港：香港公開大學出版社。

Harris, A. (2003). Teacher leadership and school improvement. In A.Harris et al., *Effective leadership for school improvement* (pp.72-83). London: RoutledgeFalmer.

Harris, S., & Lowery, S. (2003). *Standards-based leadership: A case study book for the principalship.* Lanham, MD: Scarecrow.

Hinkin, T. R. (1995). A review of scale development practices in the study of organizations. *Journal of Management, 21*(5), 967-988.

Hitt, W. D. (1990). *Ethics and leadership: Putting theory into practice.* Battelle Memorial Institute.

Hodgkinson, C. (1996). *Administrative philosophy: Values and motivations in administrative life.* Oxford:Pergamon.

Hofstede, G. (2001). *Culture's consequences: Comparing values, behaviors, institutions, and organizations across nations*. Thousand Oaks: Sage.

Hoy, W. K., & Miskel, C G. (1996). *Educational administration: Theory, research and practice* (5th ed.). New York: McGraw-Hill.

Hudson, J. (1997). Ethical leadership: The soul of policy making. *Journal of school Leadership, 7*(5), 506-520.

Imants, J. (2002). Relationships in the study of learning communities. *School Effectiveness and School Improvement, 13*(4), 453-462.

Jun, J. S. (1994). *Philosophy of administration*. Seoul, Korea: Daeyoung Moonhwa International.

Keene, A. (2000). Complexity theory: The changing role of leadership. *Industrial and Commerical Training, 32*(1), 15-18.

Kelley, R. (1992). *The power of followership*. New York: Doubleday Currency.

Kimbrough, R. B.& Nunnery, M. Y. (1988). *Educational administration: An introduction*. New York: Macmillan.

Kirkwood, T. F. (2001). Our global age requires global education: Clarifying definition ambiguities. *The Social Studies, 92*(1), 10-15.

Kleinsmith, S. L, & Everts-Rogers, S. (2000). The art of followership. *School Administrator, 57*(8), 35-38.

Kostova, T., & Roth, K. (2002). Adoption of an organizational practice by subsidiaries of multinational corporations: Institutional and relational effects. *Academy of Management Journal, 45*(1), 215-233.

Lashway, L. (1996). Ethical leadership. *ERIC Digest*, Number 07. (ERIC Document Reproduction Service No.ED397463).

Lichtenstein, B. B., Uhl-Bien, M., Marion, R., Seers, A., Orton, J. D., & Schreiber, S. (2006). Complexity leadership theory: An interactive perspective on leading in complex adaptive systems. *Emergence: Complexity and Organization, 8*(4), 2-12.

Lunenburg, F. C., & Ornstein, A. C. (2004). *Educational administration: Concepts and practices* (4th ed.). Belmont, CA: Wadsworth.

Lunenburg, F. C., & Irby, B. J. (2006). *The principalship: Vision to action*. Belmont, CA: Wadsworth.

Lunenburg, F. C., & Ornstein, A. C. (2004). *Educational administration: Concepts and practices* (4th ed.). Belmont, CA: Wadsworth.

Lyons, N. P. (1988). Two perspectives: On self, relationships, and morality. In C.Gilligan et al. (Eds.), *Mapping the moral domain* (pp.21-43). Cambridge: Harvard University Press.

Maxcy, S. J. (2002). *Ethical school leadership*. Lanham, Md: Scarecrow Press.

McLaughlin, M. W., & Talbert, J. E. (2007). Building professional learning communities in high schools: Challenge and promising practices. In L. Stoll & K. S. Louis (eds.), *Professional learning communities: Divergence, depth and dilemmas* (pp.151-165). Maidenhead:Open University Press.

Meyer, H. D., & Rowan, B. (Eds.).(2006). *The new institutionalism in education*. Albany, NY: State University of New York Press.

Meyer, J. W., & Rowan, B. (1977). Institutionalized organizations: Formal structure as myth and ceremony. *The American Journal of Sociology, 83*(2), 340-363.

Miner, A. S., Amburgey, T. L., & Stearns, T. M. (1990). Interorganizational linkages and population dynamics: Buffering and transformational shields. *Administrative Science Quarterly, 35*, 689-713.

Mmobuosi, I. B. (1992). Followership behaviour: A neglected aspect of leadership studies. *Leadership & Organization Development Journal, 12*(7), 11-16.

Morrison, K. (2002). *School leadership and complexity theory*. London: Routledge.

Nigro, F. A., & Nigro, L. G. (1989). *Modern public administration* (7th ed.). New York: Harper & Row.

Noddings, N. (1984). *Caring: A feminine approach to ethics and moral education*. Berkerly: University of California Press.

Normore, A. H. (2004). The edge of chaos: School administrors and accountability. *Journal of Educational Administration, 42*(1), 55-77.

Norris, C. J., Barnett, B. G., Basom, M. R., & Yerkes, D. M. (2002). *Developing educational leaders: A working model, the learning community in action*. New York: Teachers College Press.

Ogawa, R. T. (1992). Institutional theory and examining leadership in schools. *International Journal of Educational Management, 6*(3), 14-21.

Ogawa, R. T., & Scribner, S. P. (2002). Leadership: Spanning the technical and institutional dimensions of organizations. *Journal of Educational Administration, 40*(6), 576-588.

Oliver, C. (1991). Strategic process to institutional process. *Academy of Management Review, 16*(1), 145-179.

Oliver, C. (1991). Strategic responses to institutional processes. *Academy of Management Review, 16*(1), 145-179.

Ontario Principals' Council (ed.) (2009). *The principal as professional learning community leader*. Thousand Oaks, Calif.: Corwin Press.

Orwoll, L., & Achenbaum, W. A. (1993). Gender and the development of wisdom. *Human Development, 36*, 274-296.

Parker, M. A. (1991). *The followership challenge*. (ERIC Document Reproduction Service No. EJ424756)

Plowman, D. A., Solansky, S., Beck, T. E., Baker, L., Kulkarni, M., & Travis, D. V. (2007). The role of leadership in emergent, self-organization. *Leadership Quarterly, 18*, 341-356.

Quick, P. M., & Normore, A. H. (2004). Moral leadership in the 21st century: Everyone is watching—especially the students. *The Educational Forum, 68* (summer), 336-347.

Raelin, J. A. (2003). *Creating leaderful organizations: How to bring out leadership in everyone*. San Francisco: Berrett-Koehler.

Roberts, P. W., & Greenwood, R. (1997). Integrating transaction cost and institutional theories: Toward a constrained-efficiency framework for understanding organizational design adoption. *Academy of Management Review, 22*(2), 346-373.

Roberts, S. M., Pruitt, E. Z. (2003). *Schools as professional learning communities: Collaborative activities and strategies for professional development.*

Robertson, R. (1992). *Globalization: Social theory and global culture*. London: Sage Publication.

Ruef, M., & Scott, W. R. (1998). A multidimensional mode of organizational legitimacy: Hospital survival in changing institutional environments. *Administrative Science Quarterly, 43*, 877-904.

Russell, M. (2003). Leadership and followership as a relational process. *Educational Management & Administration, 31*(2), 145-157.

Schein, E. H. (1992). *Organizational culture and leadership: A dynamic view*. San Francisco: Jossey-Bass.

Schussler, D. L. (2003). Schools as learning communities: Unpacking the concept. *Journal of School Leadership, 13*, 498-528.

Scott, W. R. (1987). The adolescence of institutional theory. *Administrative Science Quarterly, 32*, 493-511.

Scott, W. R. (1998). *Organizations: Rational, natural, and open systems.* Upper Saddle River, NJ: Prentice Hall.

Scribner, J. P., Cockrell, K. S., Cockrell, D. H., & Valentine, J. W. (1999). Creating professional communities in schools through organizational learning: An evaluation of a school improvement process. *Educational Administration Quaterly, 35*(1), 130-160.

Sergiovanni, T. J. (1992). *Moral leadership: Getting to the heart of school improvement.* San Francisco: Jossey-Bass.

Sergiovanni, T. J. (1996). *Leadership for the schoolhouse: How is it different? why is it important?* San Francisco: Jossey-Bass.

Sergiovanni, T. J. (2000). *The lifeworld of leadership: Creating culture, community, and personal meaning in our schools.* San Francisco: Jossey-Bass.

Sergiovanni, T. J. (2002). *Leadership: What's in it for schools?* New York: Routledge.

Sevier, R. A. (1999). *How to be an exceptional follower.* (ERIC Document Reproduction Service No. EJ579863)

Shapiro, J. P., & Stefkovich, J. A. (2005). *Ethical leadership and decision making in education: Applying theoretical perspectives to complex dilemmas* (2nd ed.). Mahwah, N.J.: Lawrence Erlbaum.

Smith, J., & Baltes, P. B. (1990). Wisdom-related knowledge: Age/cohort differences in responses to life-planning problems. *Developmental Psychology, 26*, 495-505.

Smith, R. M. (1997). *Defining leadership through followership: Concepts for approaching leadership development.* (ERIC Document Reproduction Service No. ED416547)

Spillane, J. P. (2006). *Distributed leadership.* San Francisco: Jossey-Bass.

Starratt, R. J. (1991). Building an ethical school: A theory for practice in educational leadership. *Educational Administration Quarterly, 27*(2), 185-202.

Stefkovich, J., & Begley, P. T. (2007). Ethical school leadership: Defining the best interests of students. *Educational Management Administration & Leadership, 35*(2), 205-224.

Stoll, L., & Louis, K. S. (2007). Professional learning communities: Elaborating new approaches. In L. Stoll & K. S. Louis (eds.), *Professional learning communities: Divergence, depth and dilemmas* (pp.1-13). Maidenhead:Open University Press.

Strike, K. A. (1999). Can schools be communities? The tension between shared values and inclusion. *Educational Administration Quarterly, 35*(1), 46-70.

Strike, K. A., Haller, E. J., & Soltis, J. F. (1988). *The ethics of school administration.* New York: Teachers College Press.

Suchman, M. C. (2006). Managing legitimacy: Strategic and institutional approaches. *Academy of Management Review, 20*, 571-610.

Takahashi, M., & Bordia, P. (2000). *The concept of wisdom: A cross-culture comparison. International Journal of Psychology, 35*(1), 1-9.

Thody, A. (2003). *Followership in educational organizations: A pilot mapping of the territory.* (ERIC Document Reproduction Service No. EJ671426)

Trevino, L. K. (1986). Ethical decision making in organizations: A person-situation interactionist model. *Academy of Management*

Review, 11(3), 601-617.

Uhl-Bien, M., Marion, R., McKelvey, B. (2007). Complexity leadership theory: Shifting leadership from the industrial age to the knowledge era. *Leadership Quarterly, 18* (4), 298-318.

Waters, M. (1995). *Globalization*. London:Routledge.

Webster, J. D. (2003). An exploratory analysis of a self-assessed wisdom scale. *Journal of Adult Development, 10*(1), 13-22.

Westheimer, J. (1999). Communities and consequences: An inquiry into ideology and practice in teachers' professional work. *Educational Administration Quarterly, 35*(1), 71-105.

Yang, S. H. (2001). Conceptions of wisdom among Taiwanese Chinese. *Journal of Cross-Culture Psychology, 32*(6), 662-680.

Ylimaki, R. M., & McClain, L. J. (2009). Wisdom-centred educational leadership. *International Journal of Leadership in Education, 12*(1), 13-33.

Yukl, G. (2002). *Leadership in organization* (5th ed.). Upper Saddle River, NJ: Prentice Hall.

Yukl, G. (2006). *Leadership in organizations* (6th ed.). Upper Saddle River, NJ: Prentice Hall.

Yukl, G. (2010). *Leadership in organizations* (7th ed.). Upper Saddler River, NJ: Prentice Hall.

五南文化廣場

横跨各領域的專業性、學術性書籍
在這裡必能滿足您的絕佳選擇！

五南全國展售門市

【逢甲店】　【台大店】

【嶺東書坊】　【海洋書坊】

【環球書坊】　【台中總店】

【高雄店】

【屏東店】

海洋書坊：202 基 隆 市 北 寧 路 2號 TEL：02-24636590　FAX：02-24636591
台 大 店：100 台北市羅斯福路四段160號 TEL：02-23683380　FAX：02-23683381
逢 甲 店：407 台中市河南路二段240號 TEL：04-27055800　FAX：04-27055801
台中總店：400 台 中 市 中 山 路 6號 TEL：04-22260330　FAX：04-22258234
嶺東書坊：408 台中市南屯區嶺東路1號 TEL：04-23853672　FAX：04-23853719
環球書坊：640 雲林縣斗六市嘉東里鎮南路1221號 TEL：05-5348939　FAX：05-5348940
高 雄 店：800 高 雄 市 中 山 一 路 290號 TEL：07-2351960　FAX：07-2351963
屏 東 店：900 屏 東 市 中 山 路 46-2號 TEL：08-7324020　FAX：08-7327357
中信圖書團購部：400 台 中 市 中 山 路 6號 TEL：04-22260339　FAX：04-22258234
政府出版品總經銷：400 台中市軍福七路600號 TEL：04-24378010　FAX：04-24377010
網 路 書 店　http://www.wunanbooks.com.tw

專業法商理工圖書・各類圖書・考試用書・雜誌・文具・禮品・大陸簡體書
政府出版品總經銷・中信圖書館採購編目・教科書代辦業務

國家圖書館出版品預行編目資料

教育領導研究：組織環境、領導者與被領導者
探析／蔡進雄著. －－初版.－－臺北市：五
南，2013.06
　　面；　公分
ISBN 978-957-11-6539-4 (平裝)
1.校長　2.領導　3.學校管理　4.教育行政
526.42　　　　　　　　　　　100027655

1IXM

教育領導研究
組織環境、領導者與被領導者探析

作　　　者 — 蔡進雄(367.3)

發 行 人 — 楊榮川

總 編 輯 — 王翠華

主　　　編 — 陳念祖

責任編輯 — 李敏華

封面設計 — 陳卿瑋

出 版 者 — 五南圖書出版股份有限公司

地　　　址：106台北市大安區和平東路二段339號4樓

電　　　話：(02)2705-5066　　傳　　真：(02)2706-6100

網　　　址：http://www.wunan.com.tw

電子郵件：wunan@wunan.com.tw

劃撥帳號：01068953

戶　　　名：五南圖書出版股份有限公司

法律顧問　林勝安律師事務所　林勝安律師

出版日期　2013 年 6 月初版一刷
　　　　　　2016 年 7 月初版二刷

定　　　價　新臺幣460元